日出学園高等学校

〈収録内容〉

2024 年度 …………………………… 前　期（数・英・国）

2023 年度 …………………………… 前　期（数・英・国）

2022 年度 …………………………… 前　期（数・英・国）

2021 年度 …………………………… 前　期（数・英・国）

2020 年度 …………………………… 前　期（数・英・国）

便利な DL コンテンツは右の QR コードから

解答用紙

非対応 リスニング

⇒

※データのダウンロードは 2025 年 3 月末日まで。
※データへのアクセスには、右記のパスワードの入力が必要となります。　⇒　791081

〈合格最低点〉

	前期一般
2024年度	(特進)200点／(進学)150点
2023年度	(特進)210点／(進学)170点
2022年度	(特進)209点／(進学)170点
2021年度	(特進)206点／(進学)170点
2020年度	(特進)201点／(進学)160点

※合計310点満点
※英検3級取得者に5点、
準2級以上取得者に10点加点

本書の特長

実戦力がつく入試過去問題集

- 問題 …………… 実際の入試問題を見やすく再編集。
- 解答用紙 …… 実戦対応仕様で収録。
- 解答解説 …… 詳しくわかりやすい解説には、難易度の目安がわかる「基本・重要・やや難」の分類マークつき（下記参照）。各科末尾には合格へと導く「ワンポイントアドバイス」を配置。採点に便利な配点つき。

入試に役立つ分類マーク

基本 確実な得点源！
受験生の 90％以上が正解できるような基礎的、かつ平易な問題。
何度もくり返して学習し、ケアレスミスも防げるようにしておこう。

重要 受験生なら何としても正解したい！
入試では典型的な問題で、長年にわたり、多くの学校でよく出題される問題。
各単元の内容理解を深めるのにも役立てよう。

やや難 これが解ければ合格に近づく！
受験生にとっては、かなり手ごたえのある問題。
合格者の正解率が低い場合もあるので、あきらめずにじっくりと取り組んでみよう。

合格への対策、実力錬成のための内容が充実

- 各科目の出題傾向の分析、合否を分けた問題の確認で、入試対策を強化！
- その他、学校紹介、過去問の効果的な使い方など、学習意欲を高める要素が満載！

解答用紙ダウンロード 解答用紙はプリントアウトしてご利用いただけます。弊社ＨＰの商品詳細ページよりダウンロードしてください。トビラのＱＲコードからアクセス可。

UD FONT 見やすく読みまちがえにくいユニバーサルデザインフォントを採用しています。

日出学園高等学校

校訓の「誠・明・和」がモットー 個性伸長ときめ細やかな 少人数教育が自慢の共学校

URL	https://high.hinode.ed.jp

普通科
生徒数　493名
〒272-0824
千葉県市川市菅野3-23-1
☎047-324-0071
京成本線菅野駅　徒歩5分
総武線市川駅　徒歩15分またはバス5分
常磐線松戸駅　バス20分

プロフィール　一人ひとりの個性を伸ばす

個性伸長の教育を目指し、特に持久力や忍耐力を鍛えることを重視している。小規模で生徒数も少ないため、一人ひとりに目を行き届かせた丹念な教育指導が特色である。学習面では基礎学力の充実に重点を置き、1クラス20名ほどの少人数制授業も実施している。授業、学級・学年・各部活動・生徒会などの活動や、様々な合宿などにより、視野を広め、ものごとを公正に判断し、社会に貢献できる人材の育成を目指している。

2013年4月より学校週6日制を実施し、土曜日も授業を行っている。カリキュラムも変更し、各教科指導のさらなる充実を図っている。

環境　緑豊かな環境で快適な学園生活

最寄り駅から徒歩で5分ほどと通学の便もよく、周辺には保護育成された老松が林立し、緑に恵まれた環境である。最先端技術を備えた視聴覚教室など施設も充実している。

また、学園の校外施設として軽井沢に山荘があり、学習合宿や部活合宿に利用されている。大自然と澄んだ空気に包まれた環境の中での集中学習は、大きな成果を収めており、学園生活の一つの節目ともなっている。

三代目キャラクター 日和（ひよ）かっぱ

カリキュラム　習熟度別の少人数制授業

「進学コース」では、1年次は全員が共通科目を履修し、基本を身につける。2年次に理系・文系の2コースに分かれ、3年次にはさらにコース別に自分の進路に合わせ、ブロック単位で授業を選択する。また、3年間を通して、英・数の授業は、4学級5～6展開の習熟度別クラス編成をとっている。2017年度より週39時間カリキュラムの「特進コース」を設置。2年次までに主要科目の大学入試出題範囲をほぼ終了し、3年次では演習問題中心に進める。

講習、補習も充実しており、1・2年次に、軽井沢山荘で5泊6日の学習合宿を実施するほか、夏期・冬期講習では、1週間の集中授業も行っている。

学校生活　好きなことだから楽しい…クラブ活動

クラブは運動・文化部合わせて21ある。中でも 2022年度に囲碁部の部員が全国優勝、2002年度に高校軟式野球部が全国大会準優勝、2022年度に中高両方のバトントワーリング部が全国大会に出場するなど優れた実績を残しており、その活躍ぶりは新聞でも紹介されたほど。そのほかパソコン部、陸上部、バスケット部、硬式テニス部、ソフトテニス部、サッカー部、軽音楽部、生物部、バレーボール部、水泳部、茶華道部、美術部、写真部なども活躍している。

学校行事も多彩である。入学直後に行うオリエンテーション合宿は特に楽しい行事。また、体育祭、日出祭、修学旅行、スピーチコンテスト、球技大会、視聴覚行事、ロードレース大会などもある。

TOEIC・TOEFL全員受験

[運動系部活]　軟式野球、バレーボール（女）、陸上、バスケットボール（男・女）、硬式テニス（男・女）、水泳、バトントワーリング、剣道、サッカー、ソフトテニス

[文化系部活]　茶道、美術、吹奏楽、写真、軽音楽、囲碁・将棋、生物、パソコン

進路　自分自身を見つめ興味と特性を生かす

生徒のほとんどが大学進学を考えている現状で、各自の興味と特性を自ら発見させる進路指導を展開。適性検査や進路講演などにより、自己分析を基とする進路計画を考えさせると共に、全国模試に参加させ、各自の勉強方法や希望大学への合格可能性の診断に役立てている。また、毎年発行される「進路の手引き」は、卒業生の状況を知る資料として活用されている。

主な進学先は、東京大、千葉大、筑波大、東京学芸大、電気通信大、北海道大、早稲田大、慶應義塾大、上智大、東京理科大、学習院大、明治大、青山学院大、立教大、中央大、法政大、成蹊大、成城大、明治学院大など。

2024年度入試要項

試験日　1/18（推薦・一般）
試験科目　国・数・英（推薦）
　　　　　国・数・英＋面接（一般）

2024年度	募集定員	受験者数	合格者数	競争率
推薦/一般	20/20	192/28	192/12	1.0/2.3

過去問の効果的な使い方

① **はじめに**　入学試験対策に的を絞った学習をする場合に効果的に活用したいのが「過去問」です。なぜならば，志望校別の出題傾向や出題構成，出題数などを知ることによって学習計画が立てやすくなるからです。入学試験に合格するという目的を達成するためには，各教科ともに「何を」「いつまでに」やるかを決めて計画的に学習することが必要です。目標を定めて効率よく学習を進めるために過去問を大いに活用してください。また，塾に通われていたり，家庭教師のもとで学習されていたりする場合は，それぞれのカリキュラムによって，どの段階で，どのように過去問を活用するのかが異なるので，その先生方の指示にしたがって「過去問」を活用してください。

② **目的**　過去問学習の目的は，言うまでもなく，志望校に合格することです。どのような分野の問題が出題されているか，どのレベルか，出題の数は多めか，といった概要をまず把握し，それを基に学習計画を立ててください。また，近年の出題傾向を把握することによって，入学試験に対する自分なりの感触をつかむこともできます。

過去問に取り組むことで，実際の試験をイメージすることもできます。制限時間内にどの程度までできるか，今の段階でどのくらいの得点を得られるかということも確かめられます。それによって必要な学習量も見えてきますし，過去問に取り組む体験は試験当日の緊張を和らげることにも役立つでしょう。

③ **開始時期**　過去問への取り組みは，全分野の学習に目安のつく時期，つまり，9月以降に始めるのが一般的です。しかし，全体的な傾向をつかみたい場合や，学習進度が早くて，夏前におおよその学習を終えている場合には，7月，8月頃から始めてもかまいません。もちろん，受験間際に模擬テストのつもりでやってみるのもよいでしょう。ただ，どの時期に行うにせよ，取り組むときには，集中的に徹底して取り組むようにしましょう。

④ **活用法**　各年度の入試問題を全問マスターしようと思う必要はありません。できる限り多くの問題にあたって自信をつけることは必要ですが，重要なのは，志望校に合格するためには，どの問題が解けなければいけないのかを知ることです。問題を制限時間内にやってみる。解答で答え合わせをしてみる。間違えたりできなかったりしたところについては，解説をじっくり読んでみる。そうすることによって，本校の入試問題に取り組むことが今の自分にとって適当かどうかが，はっきりします。出題傾向を研究し，合否のポイントとなる重要な部分を見極めて，入学試験に必要な力を効率よく身につけてください。

数学

各都道府県の公立高校の入学試験問題は，中学数学のすべての分野から幅広く出題されます。内容的にも，基本的・典型的なものから思考力・応用力を必要とするものまでバランスよく構成されています。私立・国立高校では，中学数学のすべての分野から出題されることには変わりはありませんが，出題形式，難易度などに差があり，また，年度によっての出題分野の偏りもあります。公立高校を含め，ほとんどの学校で，前半は広い範囲からの基本的な小問群，後半はあるテーマに沿っての数問の小問を集めた大問という形での出題となっています。

まずは，単年度の問題を制限時間内にやってみてください。その後で，解答の答え合わせ，解説での研究に時間をかけて取り組んでください。前半の小問群，後半の大問の一部を合わせて50%以上の正解が得られそうなら多年度のものにも順次挑戦してみるとよいでしょう。

英語

英語の志望校対策としては，まず志望校の出題形式をしっかり把握しておくことが重要です。英語の問題は，大きく分けて，リスニング，発音・アクセント，文法，読解，英作文の5種類に分けられます。リスニング問題の有無(出題されるならば，どのような形式で出題されるか)，発音・アクセント問題の形式，文法問題の形式(語句補充，語句整序，正誤問題など)，英作文の有無(出題されるならば，和文英訳か，条件作文か，自由作文か）など，細かく具体的につかみましょう。読解問題では，物語文，エッセイ，論理的な文章，会話文などのジャンルのほかに，文章の長さも知っておきましょう。また，読解問題でも，文法を問う問題が多いか，内容を問う問題が多く出題されるか，といった傾向をおさえておくことも重要です。志望校で出題される問題の形式に慣れておけば，本番ですんなり問題に対応することができますし，読解問題で出題される文章の内容や量をつかんでおけば，読解問題対策の勉強として，どのような読解問題を多くこなせばよいかの指針になります。

最後に，英語の入試問題では，なんと言っても読解問題でどれだけ得点できるかが最大のポイントとなります。初めて見る長い文章をすらすらと読み解くのはたいへんなことですが，そのような力を身につけるには，リスニングも含めて，総合的に英語に慣れていくことが必要です。「急がば回れ」ということわざの通り，志望校対策を進める一方で，英語という言語の基本的な学習を地道に続けることも忘れないでください。

国語

国語は，出題文の種類，解答形式をまず確認しましょう。論理的な文章と文学的な文章のどちらが中心となっているか，あるいは，どちらも同じ比重で出題されているか，韻文(和歌・短歌・俳句・詩・漢詩)は出題されているか，独立問題として古文の出題はあるか，といった，文章の種類を確認し，学習の方向性を決めましょう。また，解答形式は，記号選択のみか，記述解答はどの程度あるか，記述は書き抜き程度か，要約や説明はあるか，といった点を確認し，記述力重視の傾向にある場合は，文章力に磨きをかけることを意識するとよいでしょう。さらに，知識問題はどの程度出題されているか，語句(ことわざ・慣用句など)，文法，文学史など，特に出題頻度の高い分野はないか，といったことを確認しましょう。出題頻度の高い分野については，集中的に学習することが必要です。読解問題の出題傾向については，脱語補充問題が多い，書き抜きで解答する言い換えの問題が多い，自分の言葉で説明する問題が多い，選択肢がよく練られている，といった傾向を把握したうえで，これらを意識して取り組むと解答力を高めることができます。「漢字」「語句・文法」「文学史」「現代文の読解問題」「古文」「韻文」と，出題ジャンルを分類して取り組むとよいでしょう。毎年出題されているジャンルがあるとわかった場合は，必ず正解できる力をつけられるよう意識して取り組み，得点力を高めましょう。

数学

出題傾向の分析と合格への対策

●出題傾向と内容

本年度の出題数は大問6題・小問26題でほぼ例年通りであった。

出題内容は，[1]は数・式の計算，式の変形，平方根の計算，因数分解，二次方程式，一次方程式の応用問題，関数の変域，統計，平方根と平方数，確率などの小問群，[2]は平面・空間図形に関する小問群，[3]は図形と関数・グラフの融合問題，[4]は平面図形の証明と計量問題，[5]は因数分解，数の性質，確率，[6]は一次関数の利用であった。

標準的な問題が中心であるが，出題範囲は広く中学数学全体にわたっている。さらに融合問題が多く出題されている。

学習のポイント

計算力を鍛えるだけでなく，図形に関する知識を豊富に蓄えよう。読みにくい問題文の問題にもチャレンジしよう。

●2025年度の予想と対策

来年度も，問題数や全体的な難易度に大きな変化はないだろう。前半の計算や図形を中心とした基本～標準レベルの問題を素早く解き，後半の応用問題にかける時間を確保したい。

本校の問題は，中学数学の様々な範囲の事項を活用して工夫をこらす良問が多いので，日頃の学習姿勢が大きく影響する。まずは教科書で基本事項を確認してから，標準的な問題集で安定した実力を身につけよう。そして，過去問の研究は必ず役に立つので，数年分にわたり，しっかり解いておこう。また，問題数がかなり多いので，自力で素早く正確に問題を解く練習も積んでおこう。

▼年度別出題内容分類表 ……

出題内容			2020年	2021年	2022年	2023年	2024年
数と式		数の性質	○		○		○
		数・式の計算	○	○	○	○	○
		因数分解	○	○	○	○	○
		平方根	○	○	○	○	○
方程式・不等式		一次方程式	○			○	○
		二次方程式	○	○	○	○	○
		不等式	○	○			
		方程式・不等式の応用	○	○	○	○	○
関数		一次関数	○	○	○	○	○
		二乗に比例する関数	○	○	○	○	○
		比例関数		○			○
		関数とグラフ	○	○	○	○	○
		グラフの作成					
図形	平面図形	角度	○	○	○	○	○
		合同・相似	○	○	○	○	○
		三平方の定理	○	○		○	
		円の性質	○	○		○	
	空間図形	合同・相似		○	○	○	
		三平方の定理	○	○			○
		切断			○		
	計量	長さ	○	○	○	○	○
		面積	○	○	○	○	○
		体積	○	○		○	○
	証明				○		
	作図						
	動点					○	
統計		場合の数				○	
		確率	○	○	○	○	○
		統計・標本調査	○	○	○	○	○
融合問題		図形と関数・グラフ	○	○	○	○	○
		図形と確率	○		○		
		関数・グラフと確率	○				
		その他					
その他					○		

日出学園高等学校

英語 出題傾向の分析と合格への対策

●出題傾向と内容

本年度は，語句選択問題，資料問題，正誤問題，書き換え問題，整序問題，長文読解2題，条件英作文，リスニング問題の大問計9題が出題された。

文法問題は，教科書範囲内の文法事項が様々な出題形式で問われるが，一部に高度な項目も出題されている。記述式解答が多いのが特色。

読解問題では，選択式の問題の中に記述式解答もあり，総合的な英語力が問われている。

問題量が比較的多いので，時間配分に注意しながら解答していくことが必要である。

学習のポイント

問題数が多いので，文法問題を迅速かつ確実に解けるように，十分な量の問題演習をつんでおこう。

●2025年度の予想と対策

長文対策としては，まず教科書レベルの問題集でなるべく多くの長文に触れ，英文に慣れることである。特に文の前後のつながりや，代名詞が何を指しているのかなどに気をつけて，内容を読み取る練習をしておきたい。その後，総合問題形式の問題集を使って，速読にも力を入れよう。

文法問題では，まずは教科書範囲の事項を完全に理解した上で，問題集で書き換えや語句整序問題などの頻出問題の演習を積み重ねよう。

リスニング問題は，CDやラジオなどを利用し，メモを取りながら英語を聞く練習を重ねておこう。

▼年度別出題内容分類表 ・・・・・・

	出題内容	2020年	2021年	2022年	2023年	2024年
話し方・聞き方	単語の発音					○
	アクセント					
	くぎり・強勢・抑揚					
	聞き取り・書き取り		○	○	○	○
語い	単語・熟語・慣用句		○			○
	同意語・反意語					
	同音異義語					
読解	英文和訳(記述・選択)	○		○		○
	内容吟味	○	○	○	○	○
	要旨把握	○	○	○	○	○
	語句解釈	○	○	○		
	語句補充・選択	○	○	○	○	○
	段落・文整序					
	指示語	○	○	○		○
	会話文	○	○			
文法・作文	和文英訳					
	語句補充・選択	○	○		○	○
	語句整序	○	○	○	○	○
	正誤問題	○	○	○	○	○
	言い換え・書き換え	○	○		○	○
	英問英答					
	自由・条件英作文					○
文法事項	間接疑問文	○	○	○	○	○
	進行形					
	助動詞		○		○	
	付加疑問文			○		
	感嘆文					
	不定詞	○	○	○	○	○
	分詞・動名詞	○	○	○	○	○
	比較	○	○	○	○	○
	受動態	○	○		○	
	現在完了	○	○	○		○
	前置詞	○		○		○
	接続詞	○	○	○	○	○
	関係代名詞	○	○	○	○	○

日出学園高等学校

国語

出題傾向の分析と 合格への対策

●出題傾向と内容

本年度も，現代文の読解問題2題と漢字の書き取り問題1題による大問構成であった。

一は小説からの出題で，心情を問う問題を中心に表現の意味も出題された。

二は論説文からの出題で，筆者の主張を読み取る力が問われた。二つの文章が示され，それらの内容も踏まえて論説文の共通の話題について分析的にとらえる選択問題が出題された。

読解問題の中には，慣用句の知識問題の他，本文の論旨を踏まえた問題が出題された。また，共通する内容をまとめる30字の記述問題も出題された。

✔学習のポイント

正答の根拠となる部分を文中から探し出すことを意識しよう！

●2025年度の予想と対策

来年度も，現代文の読解問題を中心とした出題傾向が続くと思われる。

長さは標準的だが，内容はやや難易度が高い。まず文章に親しむことが必要である。

説明的文章を読むときには，指示語や接続語，言い換え表現などに注意して文脈を把握し，筆者の主張を読み取ることに留意する。文学的文章では，情景や登場人物の心情を理解することを心がけよう。記述対策もしておきたい。

今年も漢字問題が独立した出題となっていた。漢字の問題だけでなく，文法や文学史，古文などの知識分野についても，教科書程度の力は身につけておくようにしよう。

▼年度別出題内容分類表 ……

出題内容			2020年	2021年	2022年	2023年	2024年
内容の分類	読解	主題・表題					○
		大意・要旨	○	○	○	○	○
		情景・心情	○	○	○	○	○
		内容吟味	○	○	○	○	○
		文脈把握	○	○	○	○	○
		段落・文章構成					○
		指示語の問題					
		接続語の問題					○
		脱文・脱語補充	○	○	○	○	
	漢字・語句	漢字の読み書き	○	○	○	○	○
		筆順・画数・部首					
		語句の意味		○	○	○	
		同義語・対義語					
		熟語		○		○	
		ことわざ・慣用句		○	○	○	○
	表現	短文作成					
		作文(自由・課題)				○	○
		その他					
	文法	文と文節					
		品詞・用法					
		仮名遣い					
		敬語・その他					
	古文の口語訳						
	表現技法						○
	文学史						
問題文の種類	散文	論説文・説明文	○	○	○	○	○
		記録文・報告文					
		小説・物語・伝記		○	○	○	○
		随筆・紀行・日記	○				
	韻文	詩					
		和歌(短歌)					
		俳句・川柳					
	古文						
	漢文・漢詩						

日出学園高等学校

2024年度 合否の鍵はこの問題だ!!

数学 3

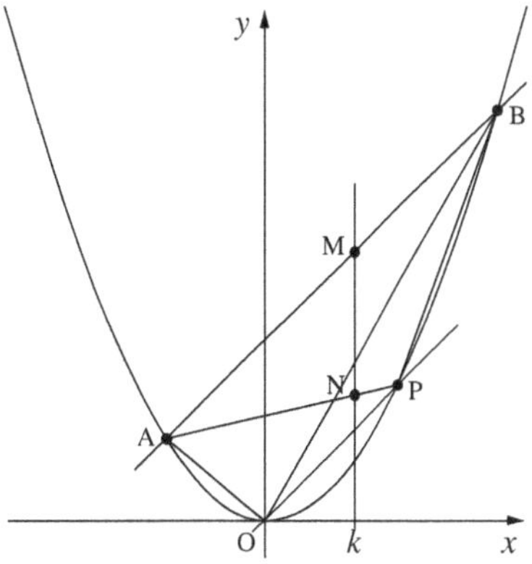

(1) $y=\frac{1}{2}x^2\cdots$① ①に$x=-2$，5を代入して，$y=\frac{1}{2}\times(-2)^2=2$，$y=\frac{1}{2}\times5^2=\frac{25}{2}$ A$(-2,\ 2)$，B$\left(5,\ \frac{25}{2}\right)$
直線ABの傾きは，$\left(\frac{25}{2}-2\right)\div\{5-(-2)\}=\frac{21}{2}\div7=\frac{3}{2}$
直線ABの式を$y=\frac{3}{2}x+b$として点Aの座標を代入して，$2=\frac{3}{2}\times(-2)+b$，$b=5$ 直線ABの式は，$y=\frac{3}{2}x+5$

(2) OP//ABのとき，△PAB＝△OABとなるから，直線OPの式は，$y=\frac{3}{2}x\cdots$② ①と②からyを消去すると，$\frac{1}{2}x^2=\frac{3}{2}x$，$x^2-3x=0$，$x(x-3)=0$，$x\neq0$から，$x=3$ ②の式に$x=3$を代入して，$y=\frac{3}{2}\times3=\frac{9}{2}$ P$\left(3,\ \frac{9}{2}\right)$

(3) $y=\frac{3}{2}x+5\cdots$③ △PAB＝△OAB＝$\frac{1}{2}\times5\times(2+5)=\frac{35}{2}$ 直線APの傾きは，$\left(\frac{9}{2}-2\right)\div\{3-(-2)\}=\frac{5}{2}\div5=\frac{1}{2}$ 直線APの式を$y=\frac{1}{2}x+c$として点Aの座標を代入すると，$2=\frac{1}{2}\times(-2)+c$，$c=3$ 直線APの式は，$y=\frac{1}{2}x+3\cdots$④ 直線$x=k$と③，④の交点をM，Nとすると，M$\left(k,\ \frac{3}{2}k+5\right)$，N$\left(k,\ \frac{1}{2}k+3\right)$ △AMNが△PABの面積の$\frac{1}{2}$になるときのkの値を求めればよい。△AMN＝$\frac{1}{2}\times\left\{\left(\frac{3}{2}k+5\right)-\left(\frac{1}{2}k+3\right)\right\}\times\{k-(-2)\}=\frac{1}{2}(k+2)^2$ $\frac{1}{2}(k+2)^2=\frac{35}{2}\times\frac{1}{2}=\frac{35}{4}$から，$(k+2)^2=\frac{35}{2}$ $k>-2$から，$k+2=\sqrt{\frac{35}{2}}=\frac{\sqrt{70}}{2}$，$k=-2+\frac{\sqrt{70}}{2}$

◎(3)で，二次方程式からkの値を求めるとき，方程式の解が問題に適しているか確認するのを忘れないようにしよう。

英語 4

4の語句整序問題は多くの受験生が苦手とする問題である。比較的難易度の高いものも出題されているので，得点しにくい問題であった。

1　どうしてスペイン語を勉強しようと思ったの。

この問題は，「何があなたにスペイン語を勉強することを決めさせましたか」と言いかえて考えるとよい。「Aに～させる」は〈make A ＋原形不定詞〉となる。原形不定詞を使った表現として以下のものも合わせて覚えておきたい。

・let A ＋原形不定詞「Aに～させる」（許可）

・help A ＋原形不定詞「Aが～するのを助ける」

3　そのアプリケーションのおかげで，インターネットに動画を投稿するのが以前より簡単になった。

この問題も1と同様に「そのアプリケーションは$_A$インターネットに動画を投稿することを$_B$簡単にした」と言いかえる必要がある。〈make A ＋ B〉「AをBにする」を使うが，Aが長い場合には，形式目的語 it を用いて英文を作る必要がある。

日本文をかえて考えなければならない問題は語句整序問題においてよく出される。過去問や問題集を用いて，数多くの問題に触れるようにしたい。

国語 二 問十

★ なぜこの問題が合否を分けるのか

本入試は，論述問題が3問ある。字数制限なく，自分の意見を述べる設問，それぞれある言葉を用いて25～30字以内で述べる設問である。論述問題は記号問題や漢字の書き取り問題と比べて，配点が高い事が多いので，文章の内容をきちんと正確に理解した上で，字数制限がある場合は，必要な部分を書き上げたい。

★ こう答えると合格できない

当然，自分が考える「『その場面が苦手』」である理由」と，「『その場面を乗り切る』方法」を必ず書くこと。また，字数制限はないことから，多少冗長的になってもいいので，自分の言葉でしっかり書こう。

★ これで合格！

イ・ロ・ハ・二とどれも日常生活において，経験することが多少なりともあるとは思うが，どれにするか選ぶ際はよりエピソードの多い選択肢を選ぼう。その際，どれを書いていいか分からなくなるという人は，問題文の空いている所を用いて下書きし，どのような順序で述べると読み手に納得してもらえるのかを考えてみよう。勿論，ただ苦手な理由を書いたり，こうしたらいいと方法だけを書いたのでは得点が半減するので，注意。また，全ての選択肢を選んで，それぞれ少しずつ書くというのもNGである。一つのことに絞って，いかに論理立てて文章が書けるのかが問われているので，そのことを踏まえて実践しましょう。

2024年度

★★★★★★★★★★★★★★★★★★★★★★★

入　試　問　題

2024年度

日出学園高等学校入試問題

【数　学】（50分）　＜満点：100点＞

【注意】 1．比は最も簡単な整数で表しなさい。
2．解答が無理数になるときは，指示がなければ$\sqrt{\quad}$のままで答えなさい。
3．円周率はπを用いなさい。
4．問題文中の図は必ずしも正確ではありません。

1　次の問いに答えなさい。

(1)　$(-6^2)\div\dfrac{12}{5}-(-3)^4$ を計算しなさい。

(2)　$\dfrac{2x-y}{12}-\dfrac{3x-2y}{16}$ を計算しなさい。

(3)　$s=\dfrac{1}{3}(a-b)+c$ を b について解きなさい。

(4)　$\dfrac{\sqrt{3}}{3}\left\{(\sqrt{24}-\sqrt{8})^2-(\sqrt{2}-\sqrt{6})^2\right\}\div 4\sqrt{3}$ を計算しなさい。

(5)　$(x-2)(3-x)+20$ を因数分解しなさい。

(6)　方程式 $3x^2-5x-2=0$ を解きなさい。

(7)　巨大生簀《いけす》に濃度4％の食塩水が8000kg入っている。ここから何kgかをくみ出し，同じ量の水を入れて濃度を3.5％にしたい。くみ出す食塩水の量を求めなさい。

(8)　関数 $y=-\dfrac{1}{3}x^2$ について，x の変域が $-6\leqq x\leqq a$ のときの y の変域は $-27\leqq y\leqq b$ である。a，b の値をそれぞれ求めなさい。

(9)　下の図は，あるクラス35人の100点満点の数学のテストの結果を箱ひげ図に表したものである。次の①～③は正しいと言えるか。**ア**「正しいと言える」，**イ**「正しいと言えない」，**ウ**「この箱ひげ図からはわからない」の中からそれぞれ一つ選んでその記号を書きなさい。

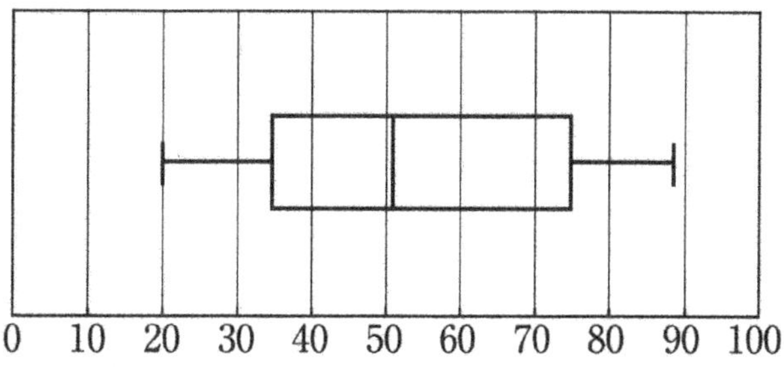

①　このテストの最高点は90点以上である。
②　このテストの平均点は51点である。
③　40点以下の人数は8人以上である。

⑽　$\sqrt{2024+4n}$が整数となる，最小の自然数 n を答えなさい。

⑾　2次方程式　$2x^2+ax+b=0$　の解が$\frac{1}{2}$と-5のとき，a，b の値を求めなさい。

⑿　5枚のカード $\boxed{1}$ $\boxed{2}$ $\boxed{3}$ $\boxed{4}$ $\boxed{5}$ から1枚ずつ3枚を取り出し，取り出した順に左から並べて3桁の整数をつくるとき，できた整数が4の倍数になる確率を求めなさい。

2　次の問いに答えなさい。

⑴　正五角形ABCDEと△ACFからなる下の図で，∠x の大きさを求めなさい。

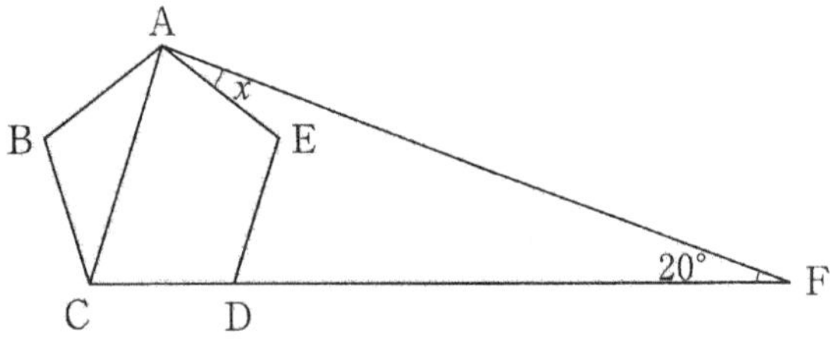

⑵　底面の1辺が6㎝，他の辺の長さがすべて9㎝の正四角錐がある。この正四角錐の体積を求めなさい。

⑶　平行四辺形ABCDの辺BCを3等分する点をE，Fとする。また，辺AB，DAの中点をそれぞれ点G，Hとし，直線ADとFGの交点をＩとする。直線FGとEHの交点をＪとするとき，FJ：JGを求めなさい。

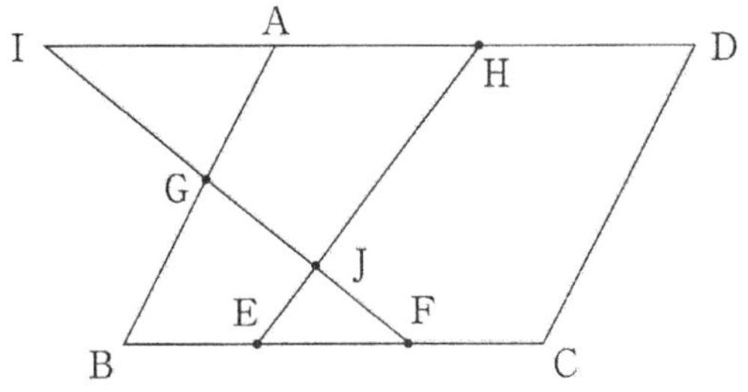

3　右の図のように，関数$y=\frac{1}{2}x^2$のグラフ上に2点A，Bがある。点Aの x 座標は-2，点Bの x 座標は5である。このとき，次の問いに答えなさい。

⑴　直線ＡＢの式を求めなさい。

⑵　関数　$y=\frac{1}{2}x^2$　のグラフ上の点で，2点O，Ｂの間にある点Ｐをとると，△PABの面積は△OABの面積と等しくなった。このとき，点Ｐの座標を求めなさい。ただし，点Ｐは点Ｏとは異なるものとする。

⑶　⑵の点Ｐについて，直線　$x=k$　が△PABの面積を2等分するとき，k の値を求めなさい。

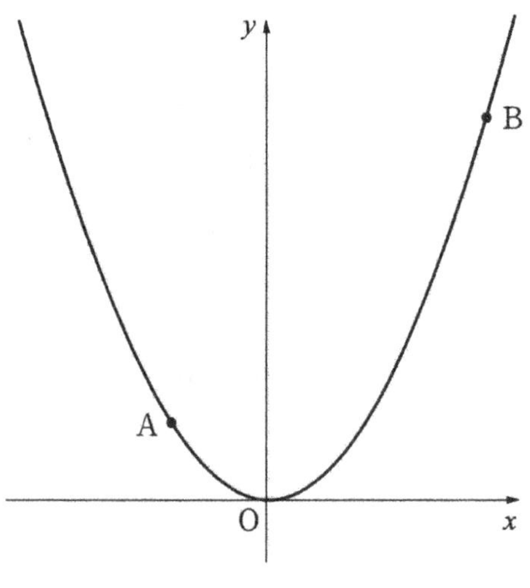

4 図１のような１辺の長さが１である正方形の紙がある。点M，Nはそれぞれ辺AB，CDの中点である。

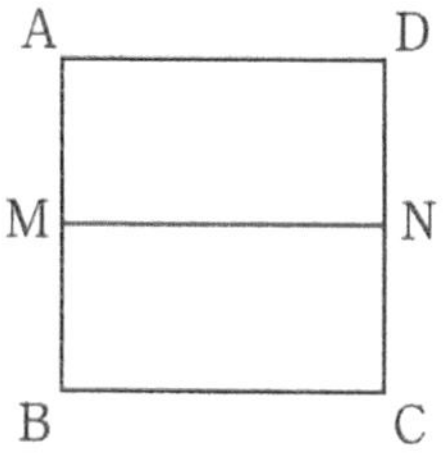

図１

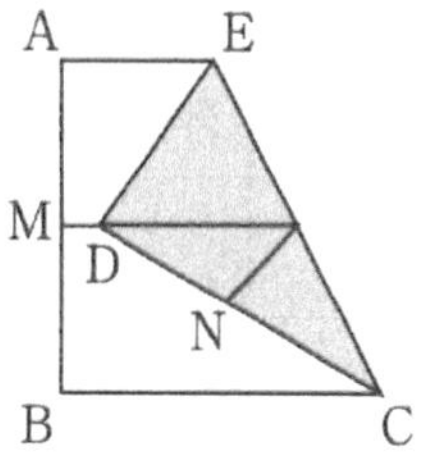

図２

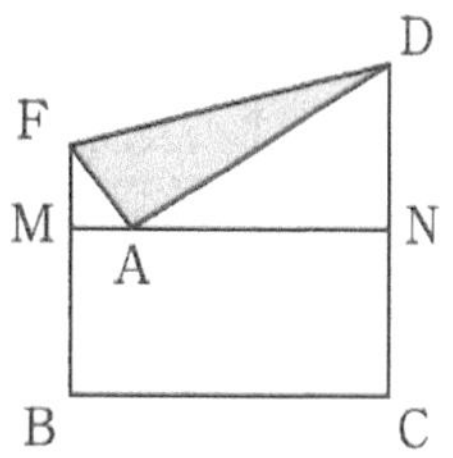

図３

図２はこの正方形を頂点Dが線分MN上にくるように折ったものであり，**図３**はこの正方形を頂点Aが線分MN上にくるように折ったものである。

⑴ **図２**において点Dから辺BCに垂線を下ろし，その交点をPとする。このとき**図２**と**図３**の中にある，△DPCと合同な三角形，相似な三角形をそれぞれすべて答えなさい。解答は下の選択肢から選び①～④で答えなさい。（ただし，相似な三角形には合同な三角形は含めないものとします。）

図２の中にある三角形

① △EDC

図３の中にある三角形

② △FAD　③ △AMF　④ △DNA

⑵ **図３**における△FADの面積を求めなさい。

5 ２つの自然数 a，b に対して，$a☆b = ab - a - b$ と定める。次の問いに答えなさい。

⑴ $a☆b + 1$ を因数分解しなさい。

⑵ $a☆b = 0$ を満たす自然数 a，b の値を求めなさい。

⑶ ふたつのサイコロA，Bについて，サイコロAの出た目を a，サイコロBの出た目を b とおく。このとき，$a☆b$ が素数となる確率を求めなさい。

6 まことさんはインターネットで，あるマラソン大会の中継を見ています。この大会にはまことさんが好きなS選手が出場しており，中継ではトップを走るS選手の映像とデータが配信されています。

今はS選手が10㎞地点を通過したところで，午前５時にスタートしてからこれまでのチェックポイントでのS選手の通過タイムは以下のようになっています。

地点	スタート	1 km	3 km	5 km	10km
タイム	０分０秒	３分05秒	９分00秒	14分56秒	29分52秒

まことさんはS選手がゴールする予想タイムを何とか計算できないかと考えました。そこで，表計算ソフトを使ってS選手が午前５時にスタートしてからの時間 x（分）と進んだ距離 y（㎞）の関

係の近似式を表す１次関数を求めたところ，$y=0.335x-0.015$となりました。（式は小数点以下第４位を四捨五入してあります。）

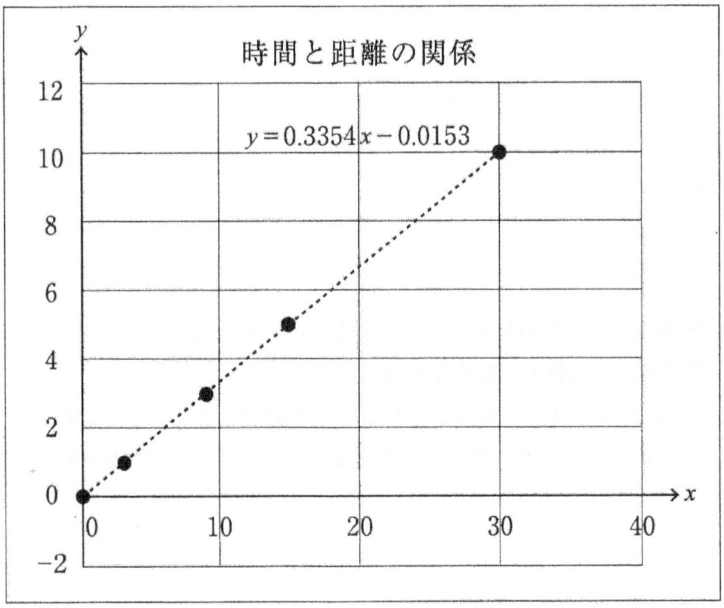

⑴　Ｓ選手の距離と時間の関係が上の１次関数を満たすとしたとき，Ｓ選手がゴールする予想タイムはどうなるか答えなさい。答えは○時間○分と答えること。ちなみにマラソンの距離は42.195㎞です。

このマラソン大会の車椅子競技部門には，やはりまことさんが好きなH選手が出場しています。車椅子競技部門はＳ選手が出場しているマラソン部門より５分早い午前４時55分にスタートしています。

まことさんはH選手についてもＳ選手と同じように時間と距離の関係を１次関数で表したいと思いました。H選手については，まことさんは以前見た大会で平均時速が32.4㎞であることを知っています。

⑵　この大会でもH選手は時速32.4㎞で走っているとして，H選手についての午前５時からの時間x（分）と進んだ距離y（㎞）の関係を表す１次関数を求めなさい。ただし，xの係数と定数項についてはどちらも小数で答えること。

このマラソン大会は，中間地点で折り返して戻ってくるコースです。車椅子競技部門についてはインターネットでは映像で中継はされていませんが，まことさんはＳ選手とH選手がすれ違う瞬間にH選手の姿をインターネットで見ることができると考えました。

⑶　Ｓ選手とH選手が走っている距離と時間の関係が，それぞれ上の二つの１次関数通りであるとすると，Ｓ選手とH選手がすれ違うのは，何時何分か求めなさい。小数点以下第１位を四捨五入して，○時○分と答えること。

【英　語】（60分）　＜満点：100点＞

【注意】【リスニング問題について】

試験時間残り15分前からリスニング試験が始まります。

1 次の各文の空所を補う語（句）として最も適切なものをア～エの中から１つ選び，記号で答えなさい。

1．A：He's visited Italy once.
　B：Oh, (　　　)?
　ア is he　イ did he　ウ does he　エ has he

2．I have to go home (　　　) 5 p.m.
　ア of　イ by　ウ on　エ until

3．(　　　) it was raining heavily, we made it to the top of the mountain.
　ア But　イ Although　ウ Then　エ And yet,

4．Don't forget (　　　) the door before you go out.
　ア lock　イ locking　ウ locked　エ to lock

5．You had better have your teeth (　　　) out as soon as possible.
　ア pull　イ pulling　ウ pulled　エ pulls

2 次の各文には誤りがあります。その語（句）を１つ選び，記号で答えなさい。

1．I am planning（ア） to go to（イ） the Okinawa International Film Festival this summer, and I am looking forward to watching（ウ） the lately（エ） films.

2．When I was a（ア） high school student, I have（イ） visited（ウ） many temples（エ） in Kyoto.

3．Can（ア） you imagine a time when（イ） there was（ウ） neither the Internet and（エ） smartphones?

4．As soon as（ア） the（イ） father lay（ウ） his baby down, she（エ） began to cry（オ） again.

5．If she had（ア） the chance,（イ） she would（ウ） travel to（エ） outer spaces.（オ）

3 ２つの文がほぼ同じ内容を表すように，（　）内に適切な１語を入れなさい。

1．I got lost on the mountain.
　I lost my (　　　) on the mountain.

2．Do you know where Jun lives?
　Do you know Jun's (　　　)?

3．We went from Narita to Kumamoto by car, not by plane.
　We (　　　) from Narita to Kumamoto.

4．I don't know that boy.
I have (　　) met that boy before.

5．No lake in Japan is larger than Lake Biwa.
Lake Biwa is larger than any (　　) lake in Japan.

4 (　) 内の語 (句) を並べかえた時，３番目・５番目に来るものを記号で答えなさい。ただし，それぞれ不要な語 (句) が１つ含まれています。

1．どうしてスペイン語を勉強しようと思ったの。
(ア you / イ why / ウ made / エ to / オ what / カ decide) study Spanish?

2．この家は私が住むには十分な広さがある。
This house is (ア enough / イ for / ウ to / エ me / オ large / カ of) live in.

3．そのアプリケーションのおかげで，インターネットに動画を投稿するのが以前より簡単になった。
The application has (ア to / イ easier / ウ gave / エ made / オ it / カ post) videos on the Internet than before.

4．母は私をいつも子ども扱いする。
My mother always (ア were / イ treats / ウ as if / エ I / オ am not / カ me) a child.

5．約束を破るような人を信じる人はいるのだろうか。
(ア believe / イ there / ウ breaks / エ who / オ a person / カ nobody / キ will) his or her promise.

5 次の表はあなたが家族４人で行く沖縄旅行の計画である。その内容に合うよう，続く英文の空所に入るもの，または英語の質問に対する答えを記号で答えなさい。

March 21st	Departure : Haneda Airport 8:00 Packed lunch will be provided by the airline company Arrival: Naha Airport 11:00 **Tour of War Ruins** The purpose of the first day is to visit the battle sites of the Battle of Okinawa ・Himeyuri Memorial Park (¥250 for each person beforehand) ・Peace Memorial Park (For free) ・Gama experience (You don't have to go there if you don't want to) **Homestay** Families accustomed to homestay accommodation will welcome you Come and experience life in Okinawa for yourself

March 22nd	**Sea Leisure Activities** You can choose from the following; ・Snorkeling (¥2,000 for each person) Our well-trained instructors will welcome you At least 4 people per group 11:00 ～ 13:00 ～ 14:00 ～ ・Sea Kayaking (¥1,500 for each person) 10:00 ～ 12:00 ～ 13:00 ～ You can wear anything if don't mind ・Sightseeing Boat Experience (¥1,000 for each person) 11:30 ～ 12:30 ～ 13:30 ～ You can see a variety of tropical fish through the bottom of the boat ・Coastal Exploration (For free) Anytime You can collect shells and coral fragments **Churasan Beach Hotel** Twin Room (¥15,000 for each room) Ocean view room! Enjoy buffet breakfast and dinner at no extra charge Time : breakfast 7:00 ～ 9:00 dinner 18:00 ～ 21:00
March 23rd	**Various Activities** ・Churasan Aquarium (¥1,440 for each person beforehand) Observe a variety of sea creatures in the waters around Okinawa You can enjoy the breathtaking whale shark tank ・Shisa-making experience (¥500 for each person beforehand) The staff will help you make your own original shisa Limited to the first 20 people ・Ryukyu glass-making experience (¥1,000 for each person beforehand) Create your own beautiful Ryukyu-glass Please beware that there is a possibility of burns Shipping takes about 2 weeks **Cape Zanpa Hotel** Four people room (¥25,000) Live Okinawan folk songs can be enjoyed at night on the center stage (1 drinkfor ¥500)

March 24th	**Tour the Island by Renting a Bicycle** We have 20 bicycles available for rent ¥200 per hour **Shopping on Kokusai-dori** You can buy unique Okinawan souvenirs Budget is 5,000 yen per person Departure : Naha Airport 15:00 Arrival : Haneda Airport 17:30

1. On the first day, [　　].
   ア you have to pay some money at the Peace Memorial Park
   イ you don't have to bring lunch
   ウ if your family visits Himeyuri Memorial Park, you need to pay ¥1,500
   エ your family has to pay ¥30,000 for the hotel
2. On the second day, [　　].
   ア 4 people are necessary to enjoy snorkeling
   イ you don't have to worry about your clothes getting wet when you experience the sea kayak
   ウ after you experience the sightseeing boat, you cannot do coastal exploration
   エ ¥15,000 is enough for your family to stay at Churasan Beach Hotel
3. On the third day, [　　].
   ア outside the Southern Cape Zanpa Hotel, you can enjoy an Okinawan live in the daytime
   イ if your family visits Churasan Aquarium, you need to pay ¥4,320
   ウ you have to make Shisa by yourself
   エ if your family wants to enjoy an Okinawan live at the Cape Zanpa Hotel, you need to pay ¥2,000
4. Based on the trip table, which of the followings are true? Choose **two** from the followings.
   ア When you rent a bicycle for 2 hours, you need ¥200.
   イ The budget of your family on Kokusai-dori is ¥20,000.
   ウ After you visit Himeyuri Memorial Park, your family has to pay ¥1,000.
   エ If you want to enjoy snorkeling, you don't need any instructors.
   オ You must wear a swimsuit when you enjoy sea kayaking.
   カ If you make Ryukyu glass, you cannot take it with you on the day.

6 長文を読み，空所にあてはまる最も適切な文を記号で答えなさい。ただし，記号は１度しか使えません。

Come and discover the magic of saunas - your ultimate relaxation destination! Imagine a cozy place in which you can completely relax and feel “*totonou*” That’s what a sauna offers you.

In a sauna, it’s like a warm hug that makes you forget your worries. The heat feels nice on your skin. After getting out of the sauna, you can take a dip in the water bath. These series of actions lead you to be “*totonou*” (*totonou* means a sensation of harmony). As you relax, your body starts to feel better. [1] And you feel more peaceful. It’s like all the stress you had is disappearing, drop by drop.

But wait, there’s more! [2] The warmth gets your blood moving. This helps your body stay strong. Also, the sauna makes you sweat - not in a bad way, though. Sweating is like your body’s special way of cleaning out the junk. Imagine feeling fresh and renewed, like a brand-new you!

And guess what? [3] They’re a place where people can have fun together. You can chat, laugh, and share stories while feeling all cozy. It’s like making happy memories in a warm, toasty room.

Joining the sauna fan club is easy. [4] Some use wood to make things super traditional, while others use electricity for a quick warm-up. If you want a more adventurous experience, you can try the sauna whose temperature is higher than 120℃ or the sauna that has a water slide! No matter what you like, there’s a sauna that’s perfect for you. You can have a mini one at home, or visit a fancy spa like public bath (*sento*) and hot spring (*onsen*) - it’s all up to you!

[5] Become a sauna enthusiast and discover a whole new world of relaxation and wellness. Step in, let the warmth hug you, and walk out feeling like an invincible superstar. Saunas are not just warm rooms - they’re your happy place, where you feel amazing inside and out!

ア So, why not give it a try?
イ Some people don’t like saunas because of its extreme heat.
ウ Tension in your muscles goes away.
エ There are many kinds of saunas to pick from.
オ Saunas aren’t just about feeling good alone.
カ Saunas can help you burn more calories.
キ It is said that Saunas were invented in Finland 2,000 years ago.
ク Saunas do amazing things for your health.

7 次の英文を読み，それに続く問いに答えなさい。

Have you ever kept pets in your house or at school? They are usually small and cute animals like a turtle, a bird, a mouse and a cat. You are happy to play with them. But when the pets you really love die, you feel very sad and wish they could live longer. In fact, a mouse can live only for about two years, but big animals like an elephant can live for about 60 years. You may feel sorry for small animals because they have such short ①lives. However, we can say that a mouse has as long life as an elephant if we think in a different way.

②Why can we say so? In a book written by a Japanese scientist, he says that all mammals have "clocks" inside their bodies. We call them "body clocks". You may be surprised to know the rule of the body clocks is very simple. Most of the body clocks make the heart beat about the same number of times and then stop in the end. For example, an elephant's life is about (③) times longer than a mouse's. But both animals' hearts beat about 1.5 billion times in their whole lives. Big or small, heavy or (④), this number is about the same for most mammals. A mouse's heart beats about 600 times a minute, so a mouse always looks busy moving around. On the other hand, elephants look relaxed and don't move very quickly because their hearts beat slowly, about 30 times every minute. ⑤We may say that all animals know best how to live at their own pace.

We are also a kind of mammal, so the rule is true for people. As our hearts beat about 70 times each minute, it would take about 40 years to reach the number. That means people should only live until the age about 40. In fact, a lot of people who are forced to live poorly still live only about 40 years like people in the old days did. Thanks to the development of science and technology, we can have the chance to live to be even 80; longer than elephants.

1．下線部① lives の二重下線部と同じ発音をするものを選びなさい。

ア yesterday
イ July
ウ already
エ mystery

2．下線部②について次の i ）と ii ）の問いに答えなさい。

i ）so が指し示す内容を本文から抜き出し，最初と最後の２語をそれぞれ答えなさい。

ii ）この問いに対する答えとして適切になるように，空所ア～エに適する表現を入れなさい。なお，必要に応じて算用数字と日本語を併用してもかまいません。

> すべての哺乳動物には体内（ ア ）がある。そして一生の間に（ イ ）が動く回数は総計で約（ ウ ）回という規則がある。このように考えると，象もネズミも（ エ ）長さだけ生きて死ぬこととなる。

3．文脈から判断して，空所③には算用数字を，空所④には適する単語を答えなさい。

4．下線部⑤を日本語にしなさい。

5．本文の内容と一致するものを１つ選びなさい。

ア The heart of an mouse beats in its whole life fewer times than that of an elephant.

イ Human beings of today have slower heartbeats than those who lived in the old days.

ウ Some mice can live for 60 years, as long as an elephant or human being.

エ The number of heartbeats in a lifetime is about the same for an elephant and a mouse.

オ A mouse lives much longer than an elephant though they have the same heart rate per minute.

8 次の２人のやりとりを読み，下線部の空所に与えられた日本文の意味を表す英文を書き，対話を完成させなさい。

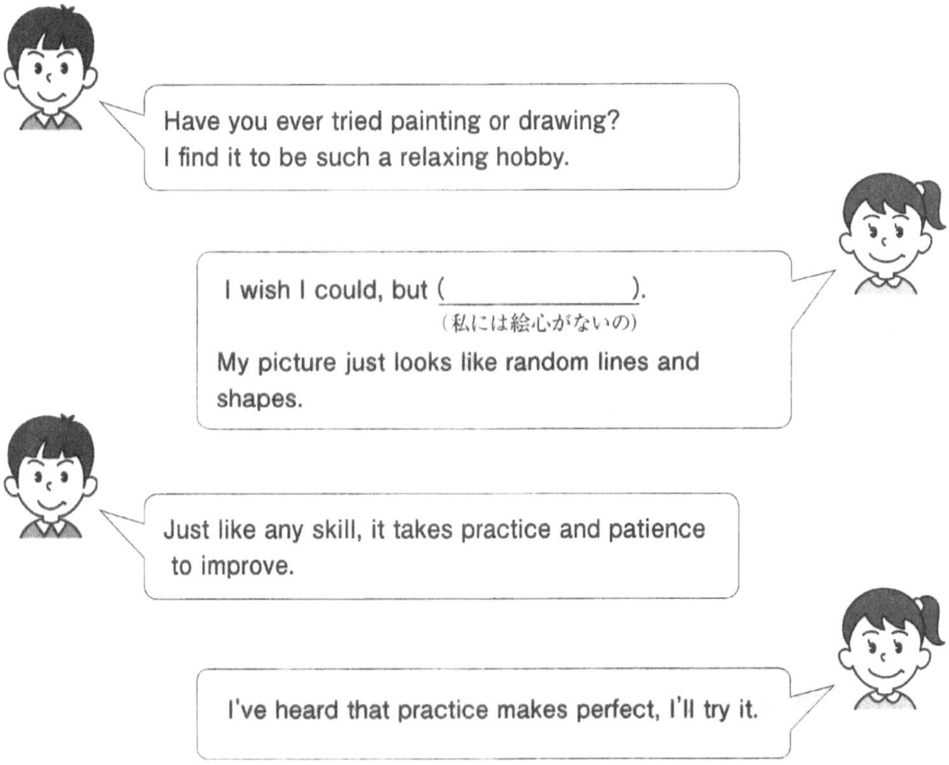
Have you ever tried painting or drawing? I find it to be such a relaxing hobby.
I wish I could, but (____________).
（私には絵心がないの）
My picture just looks like random lines and shapes.
Just like any skill, it takes practice and patience to improve.
I've heard that practice makes perfect, I'll try it.

9 ［リスニング問題］

放送を聴き，【A】～【D】の各問いに答えなさい。

【A】 次に放送される対話を聴き，それに続く質問の答えとして最も適切なものをア～エから１つ選び，記号で答えなさい。放送は１回流れます。

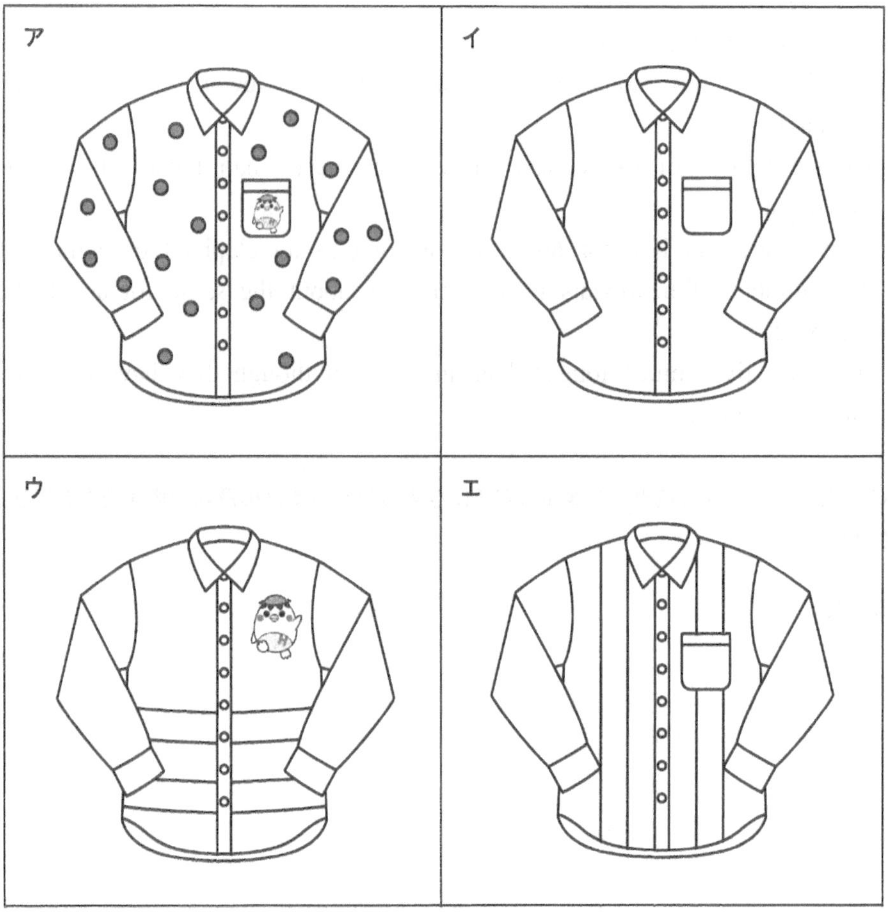

【B】 次に放送される対話を聴き，それに続く質問の答えとして最も適切なものを**ア**～**エ**から１つずつ選び，記号で答えなさい。**放送は２回流れます。**

1．**ア** To enjoy English classes.　　**イ** To have lunch at the cafeteria.
　 ウ To talk with him after lunch.　　**エ** To visit the cafeteria on weekends.

2．**ア** Mika now thinks she should get up earlier than David.
　 イ Mika wants David to know what “keep early hours” means.
　 ウ Mika understands why David goes to bed early every day.
　 エ Mika now understands what “keep early hours” means.

【C】 次に放送される英文を聴き，空所⑴～⑷に最も適切な語を答えなさい。
ただし，放送で読まれた英文中の単語を使い，すべて英語または算用数字で書くこと。**放送は２回流れます。**

- When we started, we had ⑴(_____) dogs with us.
- We were separated because two people walked far ⑵(_____)of the group.
- We hurried to ⑶(_____)for the rest of the group.
- When we found the three hikers and four dogs, we were very ⑷(_____).

【D】 次に放送される英文を聴き，空所(1)～(4)に最も適切な語を答えなさい。
ただし，放送で読まれた英文中の単語を使い，すべて英語または算用数字で書くこと。**放送は2回流れます。**

・Trees need water to stay (1)(_____).
・When you find (2)(_____) or sick branches, you need to (3)(_____) them off.
・You should check the (4)(_____) as your pine tree loves sunlight and can be harmed by snow.

※リスニングテストの放送台本は非公表です。

悪」なのはなぜかを説明した一文を探し、最初の五字を答えなさい。

問八 傍線11「ヤマアラシ・ジレンマ」とあるが、これはどのような状態だと考えられるか。「～状態」で終わる形で、三十字以内で答えなさい。

問九 次の中から、文章全体の内容に最も適するものを選び、記号で答えなさい。

イ 人間関係の基本は「思いやり」であり、共感能力を高めることが大切である。そのため、まわりを見渡して「心底嫌い」という人たちが居た場合は上手に距離を縮める努力をすべきである。

ロ 親しくしている友人でも、ふとしたきっかけからぶつかり合いが起こることはある。そのような場合には一度遠く離れてお互いの間に物理的距離を作ることで、自分を見つめ直すことができる。

ハ 人のことを「けなす」行為は、相手をおとしめるものではなく、自らを追い詰めてしまう。「けなす」という行為をやめるだけで、心理的な解放感から良好な人間関係を築くことができる。

ニ 他者のちょっとした態度や言葉に腹を立てるのは、「嫌い」を基準に考えるからである。それをやめることによって相手を「好き」になれるので、人間関係は自然に良い方に向かっていく。

ホ 人が人と上手につき合うためには、つかず離れずの関係を作ることが重要である。それを実現するためにも、感情に振り回されることがないよう上手くコントロールする方法を身につけるのがよい。

問十 この文章は、「人間関係」をテーマにして書かれたものである。あなたの苦手な「他人と関わる場面」を次の中から一つ選び、記号を記入した上で、「その場面が苦手」である理由と、「その場面を乗り切る」方法について、本文の内容をふまえて述べなさい。

【場面】

イ 自慢話ばかりしてくる人と会話するとき

ロ その場にいない人の悪口に共感を求められるとき

ハ いつもネガティブで自虐的な人と会話するとき

ニ あまり仲良くない人とたまたま居合わせてしまったとき

三 傍線部のカタカナを漢字で書きなさい。

① **タクジショ**不足の話を最近、聞かなくなった。

② その歴史小説の続きは毎日、**ハイシン**されている。

③ **ヒフ**呼吸で生命を保てる動物には何がいるか。

④ お品物の代金は**ソクノウ**でお願い致します。

⑤ やっとのことで宿題から**カイホウ**されました。

⑥ ステンドグラス製品の**コウボウ**を訪れた。

⑦ 最新メニューを**トウサイ**している夜行に乗りたい。

⑧ **キュウメイ**用のボートも用意されているのは良い。

⑨ 呼吸器科を**ジュシン**されるのが良いでしょう。

⑩ **テイケイ**した企業から案内が送られて来た。

まれたヤマアラシが仲間とうまくつき合おうと思えばくっつき過ぎず、離れ過ぎずの距離感が何より大事になってくるのです。

和田秀樹『「感情の整理」が上手い人下手な人』（新講社）

問一　空欄 1 ～ 4 に入る接続詞の役割として適当なものを、次の中からそれぞれ選び、記号で答えなさい。

イ　選択　**ロ**　逆接　**ハ**　原因・理由　**ニ**　例示　**ホ**　順接

問二　傍線5「距離を置けばいいのです」とあるが、どういうことか。次の中から最も適当なものを一つ選び、記号で答えなさい。

イ　心から嫌だと思う人と顔を合わせないように、なるべく遠くにいるように心がけるということ。

ロ　その人との関係だけにこだわりすぎず、嫌なことは忘れてたくさんの人と交流するということ。

ハ　落ち着いて自分を客観的に見るために、苦手な人と接する頻度や態度などを見直すということ。

ニ　実際は親しい間柄であったとしても、必要以上に仲良くしないようにつとめるということ。

ホ　折り合いが悪い人への嫌悪を引きずらないように、揉めた後は十分な時間を空けるということ。

問三　傍線6「感情の整理」の方法を具体的に述べているのは、本文中のⅠ～Ⅵの中でどの部分か。例のように解答しなさい。

例：ⅠからⅡまで

問四　空欄 7 には『完全なものの中に少しだけ欠点があること』という意味の慣用表現が入る。適当な表現を五字以内で答えなさい。

問五　傍線8「若々しい感情生活」とはどのような生活か。「欠点」という言葉を用いて三十字以内で説明しなさい。

問六　傍線9「朋あり遠方より来る」について、以下の教室でのやりとりを読み、正しいことを発言している生徒を選び、記号で答えなさい。

先生「この言葉は元々『論語』という書物に載っていて、『友人がわざわざ遠くから訪ねてくれることは、なんと楽しいことではないか』という意味です。何か気づくことはありますか。」

生徒**イ**「『論語』では友人が訪ねてくれたことに対する純粋な喜びの感情を述べているのに対して、この文章の筆者は会えなかった期間を重視しているという点で少し違っているね。」

生徒**ロ**「結局どちらも友人について語っているという意味では同じじゃないかな。特に『論語』の方では、当時の交通事情を考えると、わざわざ会いに来るほどの大切な関係だということがうかがえるね。」

生徒**ハ**「友人関係を大切にしているのはどちらにも言えることだと思うけれど、本文の方は「会えなかった期間が、会ったときの喜びをより増幅させる」ことに重きを置いている気がするよ。」

生徒**ニ**「どのくらい親しい友人なのか、って観点が重要なんじゃないかな。本文でも『親友同士のような時間を過ごすことができる』といっているし、相手との絆の深さが問題だよ。」

生徒**ホ**「『論語』の方は遠くから来た友人を労《ねぎら》っているだけで、絆の深さに言及しているのは本文だと思うよ。絆がなかったら数年ぶりに集まることも、そもそも叶わないんじゃないかな。」

問七　傍線10「毎日顔を合わせているから毎晩つき合うというのは最

になったり、一時期同じプロジェクトに所属したり、あるいは取引先や同業者でも個人的なつき合いを持ったりした人が何人かいるものです。

大企業の場合では、同期の人間であっても所属が違えばふだんはめったに話す機会もありません。

そういう人たちと偶然、帰り道で行き合ったり、何かのパーティーで顔を合わせたりしたときにも、やはり楽しい時間を過ごすことになります。

つまり、「懐かしさ」は人間関係の最良の潤滑油なのです。「朋あり遠方より来る」が飛び切り楽しい時間になるのも、この「懐かしさ」のせいです。学生時代、それほど親しくなかった友人であっても、「懐かしさ」があればまるで親友同士のような時間を過ごすことができるのです。

そこで、よりよい人間関係をつくるためにわたしが勧めたいのは、どういう相手に対してもほどほどの距離を置くということです。10毎日顔を合わせているから毎晩つき合うというのは最悪で、同じ職場や同じグループであっても、「そういえばゆっくり話すのは久しぶりだな」といった程度の間隔《かんかく》を置くのが、気持ちのいい人間関係の秘訣ではないでしょうか。

なぜなら、人間関係はつまるところ、〝感情関係〟だからです。

感情は生きものですから、どんなに若々しくて健全な感情の持ち主でも、ふとしたきっかけで変化したり乱れたりします。

距離を置かない関係というのは、そういう意味では壊れやすくて変わりやすいものでもあるはずです。二つの感情がぶつかり合い続けるのですから、突然に悪感情が生まれることだってあります。

けれどもほどよい距離を置けば、たとえ悪感情が生まれたとしても時間の経過とともに薄れたり、あるいは冷静になることで自分の感情をコントロールしたりすることができます。時間の経過が長ければ長いほど、悪感情は消えていくでしょう。

したがって、「懐かしさ」の感情は好意以外の何ものでもありません。「懐かしいな」と思う気持ちの中には、無条件に相手への好意が含まれています。かつてどんなに悪意を持った人間であっても、時間を置いて出会ったときに「懐かしいな」という感情が湧いたとしたら、そのときはもう悪意は消えているのです。

変な例かもしれませんが、憎しみ合って別れた夫婦が数年ぶりに出会い、もし「懐かしさ」を感じたとしたら、もうおたがいに憎しみは消えていることになります。

それはまあ極端な例ですが、ふだんの人間関係の中でも相手にほどよい距離を置くというのは、自分自身の感情をコントロールするためにはとても大切なことになってきます。

実際、気持ちのいい人間関係を築ける人には、このほどよい距離感が備わっています。「どうしてるかな」と思い出すころに葉書が届いたり、電話があったりします。「しばらく会ってないな」と思い出したころに、偶然のように顔を合わせて楽しく語り合ったりします。

逆に人間関係につまずきやすいタイプは、距離感に鈍感な人が多いのです。親しくなればどんどん相手との距離をつめてしまい、結局、感情的な行き違いを起こしてしまいます。

有名な心理学のことばに「11ヤマアラシ・ジレンマ」というのがありますが、あれとまったく同じことを懲りずに繰り返します。鋭い針に包てきませんか？

Ⅵ もし、わたしの書いてきたことに半分でもうなずいてもらえるなら、「どちらかと言えば嫌いな人」を「好き」になるのはむずかしいことではありません。

気持ちの持ち方として、その人の長所や微笑ましい部分に目を向けるだけでいいのです。

人を愛せる人は「人をけなさない人」

人間関係に「好き」を持ち込める人は、他人をけなさない人でもあります。

他人をけなすというのは、相手の悪口を言うことです。けなす人はほんとうのことを言っているだけのつもりかもしれませんが、相手の欠点や許せない部分を攻撃しているのです。

これは、「嫌い」という感情がなければできないことです。好きな人をけなす人はいないのです。

ですから、人間関係に「好き」を持ち込むだけで他人をけなすことがなくなります。「好き」になれば欠点もご愛嬌なのですから、けなす理由がありません。

他人をけなさない人は、それだけでも健全な感情生活を送ることができます。嫉妬、うらみ、あるいは嫌悪といった悪感情とは無縁に過ごすことができるからです。

しかも周りに気持ちのいい人間関係を築いていきます。自分が「好き」になれば、相手も自分を「好き」になってくれるのは当然のことだからです。

他人をけなさない人とは、わたしたちも安心してつき合うことができます。

「この人は陰で他人を悪く言うような人間ではない」

そんな信頼感を持ったとき、わたしたちはその人と心を許してつき合えるものです。

つまり「他人をけなさない」というだけで、周りの人たちとの信頼関係が築かれていきます。その人を中心にして、気持ちのいい仲間やグループができていくのです。[8]若々しい感情生活にとって、こんな好材料はありません。

いつでも、どんな場合でも、「好き」を持ち込める人は幸せな人生を送れるはずなのです。そのためのレッスンと考えて、「他人をけなさない」ことを心に銘記して欲しいと思います。

気持ちいい人間関係には、ほどよい距離が大切

友人づき合いの醍醐味は、「[9]朋《とも》あり遠方より来る」ではないでしょうか。

学生時代は毎晩のように飲み明かしたり、議論し合ったりした友人とも、住む世界が違えばしだいに疎遠になって当然です。

でも、それだからこそ、「何年ぶりだろう」と言い合いながら顔を合わせるひとときは楽しいものです。出張の折や帰省のときに、ふと連絡を取り合ってたちまち数人の輪ができるというのも愉快な時間です。

学生時代の友人だけではありません。社会に出れば、仕事の上で世話

が基本になってくるはずです。「心底嫌い」な人も、距離を置いて思い出せば憎悪は薄れてきますし、時間がたてば「わたしも意地になっていたな」と気づいたりします。冷静になることで、自分の感情を見つめ直すことができるからです。

そして、好きになった相手にはごく自然に思いやりを持つことができます。その人の立場に立って、その人の気持ちを理解する共感能力が生まれてきます。

なぜなら、自分が好きな人に喜んでもらいたい、幸せになってもらいたいというのはこれまたごく自然な感情だからです。「好き」を人間関係の基本に置くことで、感情生活は驚くほど明るく、潤いのあるものになるでしょう。

人間関係に「嫌い」を持ち込まないと楽になる

悪感情にとらわれているときは、些細なことやどうでもいいようなことまで気になるものです。目の前の人間のちょっとした態度や言葉尻に腹を立てたりします。これは人間関係に「好き」ではなく「嫌い」を持ち込んでしまうからでしょう。

不機嫌なときや、自信喪失、嫉妬、うらみ、ねたみといった始末に負えない感情に包まれているとき、わたしたちは目の前の人間を「嫌い」になっています。たとえ親子や夫婦、友人同士であっても、刺々しい感情を相手に抱いてしまいます。

そうなれば当然、相手も「なんだ」という反感を持ちますから、おたがいに悪感情をぶつけ合ってしまいます。つまり悪感情は、人間関係に「嫌い」を持ち込む感情ということができるはずです。

人を「好き」になるというのは、その意味では「6感情の整理」に最良の方法となります。周囲の人間関係すべてに「好き」を持ち込める人は、悪感情とは無縁に暮らせるはずだからです。

Ⅰ　そこで、一種のトレーニングと思ってこれから説明することを実行してみてください。

Ⅱ　まず、あなたの周囲の「どちらかと言えば嫌いな人」を思い浮かべます。

過去の自慢話ばかりする上司でもいいし、意味不明のＩＴ用語を使う若手社員でもいいです。主婦の場合にはご近所の噂好きな奥さまや、子どもの成績を自慢する母親でもいいでしょう。

Ⅲ　そういう人たちの姿を思い浮かべたら、次には「ちょっといいところ」を挙げてみます。根っから嫌いなわけではないのですから、どんな人にも一つぐらいの長所や美点はあるものです。

自慢話が得意な上司には、お人好しなところがあります。案外、おだてに弱くて頼まれると断わり切れません。若手社員にもきちんと説得すれば素直に従う子どもっぽさが残っています。

Ⅳ　噂好きの奥さまは、あれで案外、情にもろいところがあり、子どもの自慢をする母親には世話好きなところがあります。すべて、たとえばの話ですが、どんな人にも探せば何かしら微笑ましい素顔があるものなのです。

Ⅴ　その微笑ましい部分に目を向けると、「あえて嫌うこともないな」という気持ちになってきませんか？

いつもなら気になる欠点も、ほんの「[7]」程度のご愛嬌に思えないことで、おそらくどんな人でも、他人を思いやる気持ちさえあれば、周囲に良好な人間関係を築けることがわかっているはずです。

[1] 大半の中高年世代にとって、この「思いやり」ぐらい苦手なものはありません。「自分の責務を果たす」「やるべきことをやる」「結果を出す」といった考え方が、それこそ骨の髄まで染み込んでいますから、ものの考え方がどうしても自己中心になりがちです。

[2] 実績にこだわる管理職は、結果を出せない部下に対して冷淡になりがちです。リストラされた同僚に対しては、「あの歳で再就職はむずかしいだろうな」と他人事のような見方をしかねません。

[3] 妻に対しても、「おれが稼いでいるんだから、家事や子どもの教育を受け持つのは当然だ」と突き放した態度を取ってしまいます。高校生の子どもが反論してきても、「半人前のくせに」と切り捨てます。万事がこの調子ですから、他人を思いやることの大切さは認めても、行動が伴わないのが現実ではないでしょうか。

思いやりとは相手の気持ちになって考えることです。心理学では「共感能力」と呼ばれるものですが、「相手の立場に立って、相手の気持ちを理解する能力」のことです。この能力が、さっきも説明したように四十代後半から衰え始めます。相手の立場に立って考える習慣が薄れてくるのです。

ではどうすれば共感能力を高めることができるのでしょうか？

いちばん単純な方法は、相手を好きになることです。すべての人間関係に、「好き」という感情を持ち込むことです。

「そんなことができるのか」と思うかもしれませんが、この方法は単純でわかりやすいだけに、いますぐ試してみることができます。試みる価値は十分にあるとわたしは思っています。[4]、わたしたちの人間関係を見渡したときに、「心底嫌い」という相手はめったにいないし、いたとしても数はほんとうに限られているからです。

大部分の人間は「とくに好きでもないし嫌いでもない」人間です。長所もあれば短所もある、いわば自分と同じようにごく平凡な人間です。

強いて分ければ、「どちらかと言うと好き」だったり、「どちらかと言うと嫌い」だったりする程度の人たちです。

そういう人たちに対して、全部まとめて「好き」という感情を持ち込むのはそれほどむずかしくありません。「ああいう人だけれど、いいところもあるんだから」と思えば、いまより好きになることはできるはずです。

それから家族や友人のように身近な人間に対しては、ときに腹を立てたりすることはあっても、冷静になって考えればやはり「好き」なのです。いいところや、悪いところも含めて、好きだから長いつき合いができるのです。そういう人間をいまよりもっと好きになってみる。これもむずかしいことではありません。

残るはごく一部の「心底嫌い」という人たちですが、かりにそういう人がいたとしても、解決方法はあります。5距離を置けばいいのです。「心底嫌い」になるのはさまざまなやり取りがあったからで、それだけ密接な関係にあったということです。つまり距離が近過ぎたのですから、自分のほうから離れていけばいいのです。

そのためには、「忘れる技術」を思い出してください。自分を心地よくしてくれる世界を身の回りにどんどんつくることです。

これだけのことが実行できれば、周囲の人間関係はすべて、「好き」

問九　傍線9「今度は、お母さんが会社に権利を主張してみるよ」とあるが、それはどのようにすることか。最も適するものを次の中から一つ選び、記号で答えなさい。

イ　陽子は子育て中の後進に遠慮し、仕事に邁進《まいしん》するばかりであったが、状況に応じて自分の家族にも目を向けること。

ロ　陽子は若年者の分まで家庭を顧みずに仕事をしてきたが、今後は適宜、自身も休みを取るようにするということ。

ハ　陽子は権利意識の強い若者のために、自分の気持ちを抑えて来たが、今後は自身も若者と同じように振る舞うこと。

ニ　陽子は自身が犠牲を払ってでも完璧な仕事をすることを重んじて来たが、以後は自分の家族に気遣いすること。

ホ　陽子は下の世代に気を遣い、その者たちの穴を埋めるべく働きづめであったが、もうその気遣いを止めること。

問十　太陽に対する陽子の発話からわかる陽子の人物像として、最も適するものを次の中から一つ選び、記号で答えなさい。

イ　真面目な努力家ではあるが、人に甘えることのできない、融通の利かない面もあると同時に、自分の伝えたいことを波風を立てないように伝えられる、人心を掴むのが上手な人物。

ロ　仕事中心に生きている様子に芯の強さを感じさせるが、会話相手に自分のあり方を投影させ、相手の置かれた立場や状況を慮ることが可能な、柔軟性を併せ持っている人物。

ハ　他者を立てるあまり、家族を思いやることができないような旧態然としたところはあるが、相手の懐に上手に入り込み、自分の思い通りの行動をとらせることができるしたたかな人物。

ニ　責任感が強く、その一方では断ることもできない性格ではあるが、自分の子どもに対しては仕事を任せっきりにしたり、結局は自分の思い通りに子どもを動かそうとする人物。

ホ　仕事においても、家族関係においても中心的な役割を果たしているが、それが自己満足になっていることに、太陽の様子から気づき、良い親になろうと努力する行動力ある人物。

問十一　この作品の主題として最も適するものを次の中から一つ選び、記号で答えなさい。

イ　世界は自分やその近しい人のために存在するのではなく、誰にとっても平等であるのだということ。

ロ　自身の利益は他者の損失の上に成り立っているのであり、もっと他者を尊重すべきであるということ。

ハ　人は社会的な存在であり、相互に配慮し合って関係を成り立たせていかなくてはならないということ。

ニ　自分が特別な存在だと思ってはならず、他者への思いやりからものごとは考えるべきだということ。

ホ　所属する集団の中で自分だけが幸せであるという状況は有り得なく、友人を大切にすべきだということ。

[二]　次の文章を読んで、後の問いに答えなさい。なお、設問の関係上、一部表現を変えてあります。

すべての関係に「好き」を持ち込もう

人間関係の基本は「思いやり」です。これは心理学を持ち出すまでもり、周囲に配慮を要求するようになった状況。

ニ　出産して母親となった社員は、本人が自覚できないでいる間に周りから浮いてしまうようになっている状況。

ホ　出産して母親となった社員は、自分でも気がつくことなく、他者に負担をかけて気にしなくなっている状況。

問六　傍線6「陽子さんは被せるように言い、僕の次の言葉を待っていた」とあるが、陽子がこのように行動したのはなぜか。最も適するものを次の中から一つ選び、記号で答えなさい。

イ　太陽の雰囲気や表情、態度に尋常でないものがあると感じた陽子は、母親として息子にしっかりと寄り添いたいと思ったから。

ロ　太陽の雰囲気や表情、態度に良くないものを感じ取った陽子は、母親の自分が息子を守らなくてはならないと強く思ったから。

ハ　太陽の雰囲気や表情、態度にいつもと違ったものを感じた陽子は、その原因をどうしても知らなくてはならないと思ったから。

ニ　太陽の雰囲気や表情、態度にただならない違和感を覚えた陽子は、息子としっかり向き合わなくてはならないと考えたから。

ホ　太陽の雰囲気や表情、態度に微妙な不信感を抱いた陽子は、息子と対峙《たいじ》して解決しなくてはならないことがあると判断したから。

問七　傍線7「我慢するよ」とあるが、この発言からわかる太陽の思いとして最も適するものを次の中から一つ選び、記号で答えなさい。

イ　太陽は心の奥底では、嫌な手伝いや介護扶助をさせられていると感じているが、それは言ってはならないことだという思い。

ロ　太陽は本心では山上や落合他の友人と反目し合うことなく生きていきたいが、それは口に出してはいけないことだという思い。

ハ　進んではやりたいと思っていない手伝いや祖父の介護参加ではあるが、思いを伝えて母を困らせてはならないという思い。

ニ　大学にしっかり通い、介護にも関わり、子ども食堂の塾版運営にも参加することは就職活動に有利だから頑張りたいという思い。

ホ　自身は配慮されて当然との考えから抜けられていないため、自分は悪くないのだからプライドは保ち続けたいという思い。

問八　傍線8「陽子さんは何も言わぬまま見つめている」とあるが、この時の陽子の心情として最も適するものを次の中から一つ選び、記号で答えなさい。

イ　相手の立場に立って考えることのない太陽に愕然《がくぜん》としつつ、太陽に思いやりの心を育てるには息子とどのように向き合うのかを考える様子。

ロ　自分本位にしか考えることのできない太陽に驚き呆《あき》れながらも、今後、親として太陽をどう受け入れるべきか前向きに考えようとしている様子。

ハ　他者に配慮しようという気持ちを持ち合わせていない太陽の姿勢に呆れ果ててしまい、それは自分自身の責任が大きいと落胆している様子。

ニ　太陽の自己中心的な考え方と生き方に驚き、親として、子育てに失敗していると反省し、今後どのように対応していくべきか考えあぐねている様子。

ホ　息子が他者を顧みられなくなっているのは自分のせいだと気づき、申し訳なくなるとともに、太陽と今後どう接するか考えを巡らせている様子。

れていること。

ハ　山上と落合が太陽のことを非難するのを聞いた太陽はとても辛い思いをしているが、言われている内容に腑に落ちない点があり、怒りと不安が生じていること。

ニ　自己の正当性を心の中で主張しつつも、それを口に出せないでいる太陽は自己肯定感が低く、自分の将来に対するぼんやりとした不安感が起こったこと。

ホ　太陽を悪く言う山上と落合の怒った様子にショックを受けた太陽ではあるが、自分としてはそこまで言われることに憤りを感じざるを得ないこと。

問三　傍線３「仕方ない」とあるが、太陽の考えを支える理屈は何か。最も適するものを次の中から一つ選び、記号で答えなさい。

イ　正当な理由が存在するのであれば、約束は守らなくても許されるという理屈。

ロ　様々な制約を受ける弱い立場に在る者は優遇されて当然であるという理屈。

ハ　家族のために自己犠牲を強いている者は権利を主張しても構わないという理屈。

ニ　厳しい状況にいる者に対して、周囲は配慮するのが当たり前だという理屈。

ホ　自分は特別な存在と認識し、自身に有利なように周りは動くべきだという理屈。

問四　傍線４「ぎりぎりで回していたシフト」とあるが、このような事態になっている原因として最も適するものを次の中から一つ選び、記号で答えなさい。

イ　起業するということ、仕事をするということに対しての意識が甘く、多くがあまりにも責任感に乏しいまま塾運営に参加しているということ。

ロ　社会貢献にかこつけて甘い見通しで始めた塾の運営なので、誰か一人がかけてしまうと、すぐに立ちゆかなくなってしまうということ。

ハ　就職活動を有利に運ぶための道具という認識で塾の運営をしており、アルバイト代も低く、皆がシフトに入りたがらないということ。

ニ　自身の利益ばかりを追求する人物達によって塾の運営がなされており、それぞれのメンバーが好き勝手に行動しているということ。

ホ　ボランティアに近い形で子どもたちに学習環境を提供していると認識し、社会貢献をする自分たちが優位な立場にいると考えているということ。

問五　傍線５「多くは戻って来ないんだよね」とあるが、それはどのような状況を示しているか。最も適するものを次の中から一つ選び、記号で答えなさい。

イ　出産して母親となった社員が、家庭と仕事の両立に悩み、その多くは結局のところ退職してしまっている状況。

ロ　出産して母親となった社員は、家庭を常に優先し、仕事と両立させることを諦めるようになってしまった状況。

ハ　出産して母親となった社員は、以前のような働き方をしなくなまくしたてるように言った僕の顔を、8陽子さんは何も言わぬまま見つめている。

「ごめんね。」

陽子さんが話し始めた。

「この間、私が太陽に話したことを覚えてる?会社の子たちが、権利ばっかり主張して、お母さんがその分働かなくちゃいけない、って話。今の太陽と山上君たちの関係って、それにものすごく近しいものがあるよね。誰かが権利を主張すると、誰かがその分を肩代わりして損をする。でも、やらなきゃ会社は成り立たない。権利を主張した側が、今度は負担側に回って、持ちつ持たれつでやっていくのが会社、ひいては社会だと思うんだけれど、結構、一方通行になってるのが現状だよね。お母さん、ずっと自分のことを負担する側だと思ってた。でも、その分だけ太陽に対して、家のことを負担するよう強いていたってことだもんね。お母さん、気が付かないうちに、太陽に対して権利を主張していたんだって気づいたよ。本当に、本当にごめんね…。」

陽子さんの目には涙が浮かんでいた。目元をぬぐい、陽子さんはお茶を一口飲んでつづけた。

「太陽、もう一回、山上君たちとのことを考えてみない?せっかく築いた関係や、作り上げた塾を壊しちゃうのは悲しいよ。今度は太陽が、山上君たちに代わって負担する側に回れるよう、お母さんも家のことを太陽に負担させすぎないようにするよ。太陽のやさしさに甘えるのはやめる。9今度は、お母さんが会社に権利を主張してみるよ。お父さんやおじいちゃんも交えて話して、どうすればいいか、家族みんなで考えよう?」

外はまだ、雨が降り続いていた。明日は晴れるだろうか。やまない雨はない。きっといつか、晴れるはず。そんなことを願いながら、僕は、陽子さんの目をしっかりと見つめた。

（日出学園オリジナル文章）

問一 傍線1「雨が降っている。遠くはまるで見えない。もやがかかってしまっている。」の表現効果の説明として最も適するものを次の中から一つ選び、記号で答えなさい。

イ　これから先に描かれている太陽の負の感情をそれとなく暗示し、読者を物語の世界に誘導する効果。

ロ　太陽の生き方に起因する将来にわたるトラブルと、家族を待ち受ける困難を読者に期待させる効果。

ハ　太陽の考え方や生き方に因り、その時の彼が置かれた厳しい状況を象徴的に示し、余韻をもたらす効果。

ニ　太陽がどっぷりと浸かってしまっている、甘えた自分中心主義が招いた状況に読者を引き込む効果。

ホ　太陽とその大学の友人たちの利益至上主義が人間関係の破綻へと繋がる暗い内容への理解を促す効果。

問二 傍線2「この、もの凄く気落ちしている自分を持て余していた」とあるが、その原因についての説明として最も適するものを次の中から一つ選び、記号で答えなさい。

イ　自分の考え方、それに基づく生き方に対して心のどこかで疑問を持っている太陽であるからこそ、山上と落合の会話がより一層、辛いものに感じられていること。

ロ　山上と落合に陰口を叩かれ、それを太陽自身の在り方を否定するものと感じ、怒りと悔しさでどうにもやりきれない感情に支配さ学生目線の塾。社会貢献として企業から支援をもらっているから月謝は千五百円で一日に三時間、月に二十日まで来放題という破格の設定。それでもお金をもらっているんだから、仕事だし、責任がある。支援企業に対してもだ。自分らは法律やってるんだから、法律を遵守しようぜと有給休暇も作ったし、介護休暇まで作ったりした。今現在、それを利用しているのは僕。僕、一人だけだ。

　山上たちの言葉が心に突き刺さったまま、万由子を連れて帰宅した。シフトに入れなくなった分、在宅時間が格段に増えた僕は、おじいちゃんのトイレ介助はもちろん、夕食作りも自然とするようになっていた。陽子さんは申し訳なさそうにするけれど、結局は僕に頼ることが増えて行く。僕が大学に入ってからは、帰宅は毎日、二十二時をまわっている。ある時、介護休暇を申請したことを話すと、陽子さんは語り始めた。

「うちの会社なんか、結構早い段階でなかなか優れた育児休業制度を作っていてね。それを利用したからって、キャリアにもそんなに差し障りないから良かったんだ。でも、次から次へと産休・育休が重なった時があってね。5多くは戻って来ないんだよね。そのまま休みがちというか、悪く言うと、休み癖がついちゃったというか。そうなると会社自体が回らなくなっちゃうから、私はすぐに仕事に復帰したんだ。うちには太陽がいるから、お母さんは安心して仕事できるよ。頼りにしてるぞ、お兄ちゃん！」

陽子さんはそう言っていたけれど、僕が就職する頃も、万由子は塾に行っているだろう。おじいちゃんは、申請中の介護施設に入所できるんだろうか。その時、僕はどうしているんだろう。山上たちとはどうすればいいんだろうか。就職活動を有利にするために、社会貢献活動として始めた塾なのだから、大学卒業までの残り二年は誰も塾運営をやめないだろう。裏を返せば、山上たちとの人間関係が、最低でもあと二年は続く。どうしたものか。作ったご飯を盛りつけながら、そんなことを考えていた。

　万由子の宿題を見終えて、自分のレポートを練っていると、陽子さんがいつもどおり二十二時を少しまわって帰って来た。疲れた～、と言って食事をしていた陽子さんが、しばらくしてから不意に口を開いた。

「太陽、何かあった？」

唐突な質問に、僕は言葉が出なかった。

「落ち着きがなくて、心ここにあらず…って感じがする。」

「……。」

陽子さんの鋭い指摘に、僕はたじろいだ。何でもないよ、と言いかけた僕に、

「何でもなくないでしょ。」

と、6陽子さんは被せるように言い、僕の次の言葉を待っていた。

「…実は今日、山上と落合がさ、……。」

僕はあきらめて、一連の顛末《てんまつ》を語った。陽子さんは、黙って僕の話を聞いていた。一度出始めた言葉は止まらなかった。

「あと、二年くらいのことだから、別にいいんだ。7我慢するよ。さっきも言ったけれど、僕は、何も悪いことをしていない。家族のために、正しいことをしているんだ。塾だって、卒業前に解散するんだから、山上たちとはそこでもうお別れさ。だいたい、ちゃんと説明したのに理解してくれないなんて、ひどいよね。お前らみたいに好き勝手な生活はできないんだって言ってやりたいぐらいだよ。」

【国　語】（五〇分）〈満点：一〇〇点〉

一　次の文章を読んで、後の問いに答えなさい。

法学部に通う大学二年生の太陽（「僕」）は、会社員の母の陽子、母方の祖父、小学三年生の妹の万由子との四人暮らしをしており、父は単身赴任をしている。太陽は友人である山上・落合らと立ち上げた学習塾を経営する傍ら、家族の世話に奔走していた。

1雨が降っている。遠くはまるで見えない。もやがかかってしまっている。帰宅を急ぐ僕の思いとは裏腹に、電車は一定の速度で進んでいた。もうすぐ、おじいちゃんがデイサービスから帰ってくる。それが一段落したら、今度は万由子のお迎えだ。電車の窓を走る水滴を眺めながら、2この、もの凄く気落ちしている自分を持て余していた。

「太陽のやつ、自分の事しか考えていないよな。権利ばっかり主張してさ。あいつの権利を守ってやるために、こんな負担かぶりたくないよな。塾長も塾長だよ。いい人過ぎるんだよ。で、そのいい人演じるために自分らに負担かけてさ。」

そう話していたのは山上と落合だった。

「僕は家を守らなくちゃならないんだ。みんなと違って、二十四時間すべてを自由に使えるわけじゃないんだ。約束を守れなくても、役目が果たせなくても、3仕方ないじゃないか…。」

出かけた言葉を飲み込んで、僕はその場を後にした。どうして、こうなってしまったのだろう。

家に着いて、ひどく湿った洗濯物をサンルームから取り込んだ。仕分けしていると、チャイムが鳴った。おじいちゃんだ。おじいちゃんは去年、家で三回も転んでしまった。家には他に誰もいない時ばかりだった。一回目は庭の手入れの最中だ。自力で起き上がれないまま、炎天下に五時間もいたらしい。二回目は一人でお風呂に入って転んだ。夏のことで、汗を流そうと入ったからまだよかったものの、ふろ場にやっぱり五時間、起き上がれないままでいた。三回目でとうとう骨折だ。トイレも一人で行けなくなったし、お風呂も介助が必要になった。施設に空きが出るまで、日中はデイサービスを受けることになった。デイサービスへの見送りも、デイサービスからのお迎えも、ほとんどが僕の仕事だ。おじいちゃんのことは大好きだし、進んでいろいろ参加しているつもり。今の自分はこれでいいんだ。おじいちゃんのためならこれでいいんだ。そんな思いで、おじいちゃんを自室まで連れて行った。今度は塾へ行っている妹のお迎えだ。

「じいちゃんのことはまだ仕方ないけど、妹の塾って絶対かよ。小学三年生だろ？わざわざ迎えに行かなくったっていいじゃん。一人で帰れるだろ。」

山上たちは、万由子の塾の送り迎えを始めてから、それでなくても4ぎりぎりで回していたシフトに入れなくなった僕に対して、非難がましい口調で言った。

確かに、万由子は一人で帰れる。でも、バス停から家までは人通りが少ない。危険だから迎えに行って、と陽子さんに言われると、それはその通りだと思う。自分の家族なのだから、家族で協力しあわないといけない。何も間違っていないはずなのに。

助け合ってやって行こうぜと立ち上げた、大学の友人と五人で始めた

MEMO

大切なことはメモしておこうネ！

2024年度

解　答　と　解　説

《2024年度の配点は解答欄に掲載してあります。》

＜数学解答＞

1　(1)　-96　(2)　$\dfrac{-x+2y}{48}$　(3)　$b=a+3c-3s$　(4)　$2-\sqrt{3}$

(5)　$-(x-7)(x+2)$　(6)　$x=2,\ -\dfrac{1}{3}$　(7)　1000kg　(8)　$a=9,\ b=0$

(9)　①　イ　②　ウ　③　ア　(10)　$n=23$　(11)　$a=9,\ b=-5$　(12)　$\dfrac{1}{5}$

2　(1)　16度　(2)　$36\sqrt{7}\,\mathrm{cm}^3$　(3)　4：5

3　(1)　$y=\dfrac{3}{2}x+5$　(2)　$\left(3,\ \dfrac{9}{2}\right)$　(3)　$k=-2+\dfrac{\sqrt{70}}{2}$

4　(1)　合同　④　相似　①, ③　(2)　$1-\dfrac{\sqrt{3}}{2}$

5　(1)　$(a-1)(b-1)$　(2)　$a=2,\ b=2$　(3)　$\dfrac{13}{36}$

6　(1)　2時間6分　(2)　$y=0.54x+2.7$　(3)　5時45分

○推定配点○

1　(9)　各2点×3　他　各3点×11　2, 3　各4点×6　4　(1)　各3点×3

(2)　4点　5, 6　各4点×6　計100点

＜数学解説＞

基本　1　(数・式の計算，式の変形，平方根の計算，因数分解，2次方程式，1次方程式の応用問題，関数の変域，箱ひげ図，平方根と平方数，確率)

(1)　$(-6^2)\div\dfrac{12}{5}-(-3)^4=-36\times\dfrac{5}{12}-81=-15-81=-96$

(2)　$\dfrac{2x-y}{12}-\dfrac{3x-2y}{16}=\dfrac{4(2x-y)-3(3x-2y)}{48}=\dfrac{8x-4y-9x+6y}{48}=\dfrac{-x+2y}{48}$

(3)　$s=\dfrac{1}{3}(a-b)+c$　$3s=a-b+3c$　$b=a+3c-3s$

(4)　$\dfrac{\sqrt{3}}{3}\{(\sqrt{24}-\sqrt{8})^2-(\sqrt{2}-\sqrt{6})^2\}\div4\sqrt{3}=\dfrac{\sqrt{3}}{3}\{24-16\sqrt{3}+8-(2-4\sqrt{3}+6)\}\times\dfrac{1}{4\sqrt{3}}=$
$\dfrac{1}{12}(24-12\sqrt{3})=2-\sqrt{3}$

(5)　$(x-2)(3-x)+20=3x-x^2-6+2x+20=-x^2+5x+14=-(x^2-5x-14)=-(x-7)(x+2)$

(6)　$3x^2-5x-2=0$　二次方程式の解の公式から，$x=\dfrac{-(-5)\pm\sqrt{(-5)^2-4\times3\times(-2)}}{2\times3}=\dfrac{5\pm\sqrt{49}}{6}=$
$\dfrac{5\pm7}{6}=2,\ -\dfrac{1}{3}$

(7)　濃度4％の食塩水8000kg中の食塩の量は，$8000\times\dfrac{4}{100}=320$　くみ出す食塩水$x$kg中の食塩の

量は，$0.04x$　仮定から，$\frac{320-0.04x}{8000}\times100=3.5$　$320-0.04x=280$　$0.04x=40$　$x=1000$
よって，くみ出す食塩水の量は1000kg

(8)　$y=-\frac{1}{3}x^2$…①　①に$x=-6$を代入すると，$y=-\frac{1}{3}\times(-6)^2=-12$　よって，①は$x=-6$のとき最小値をとらないことから，$x=a$のとき最小値-27をとる。①に$(a,\ -27)$を代入して，$-27=-\frac{1}{3}a^2$　$a^2=81$　$a>-6$から，$a=9$　①は$x=0$のとき最大値0をとるから，$b=0$

(9)　①　箱ひげ図から，最高点は90点未満なので，正しいと言えない。②　この箱ひげ図からは平均点を読み取れない。③　第1四分位数が40点未満なので，40点以下の人数は8人以上だと言える。

(10)　$\sqrt{2024+4n}=\sqrt{4(506+n)}=2\sqrt{506+n}$　よって，$506+n=k^2$(kは整数)となる最小の自然数nの値を求めればよい。$22^2=484$，$23^2=529$より，$506+n=529$，$n=23$

(11)　$2x^2+ax+b=0$に$x=\frac{1}{2}$，-5を代入すると，$2\times\left(\frac{1}{2}\right)^2+\frac{1}{2}a+b=0$，$\frac{1}{2}a+b=-\frac{1}{2}$，$a+2b=-1$…①　$2\times(-5)^2-5a+b=0$，$5a-b=50$…②　①＋②×2から，$11a=99$，$a=9$
②に$a=9$を代入して，$5\times9-b=50$，$b=-5$

(12)　5枚のカードから，3枚のカードの取り出し方は，$5\times4\times3=60$(通り)　整数が4の倍数になるのは，下2けたが4で割り切れる場合である。よって，できた整数が4の倍数になるのは，下2けたが12，24，32，52の4通りで，百の位の数はそれぞれに3通りずつあるから，$4\times3=12$(通り)
したがって，求める確率は，$\frac{12}{60}=\frac{1}{5}$

2　(平面図形・空間図形の計量問題一角度，体積，平行線と線分の比の定理)

(1)　直線AFとDEの交点をGとする。正五角形の1つの角は，$\frac{180^\circ\times3}{5}=108^\circ$　よって，$\angle AED=108^\circ$，$\angle EDF=180^\circ-108^\circ=72^\circ$　△DFGにおいて，内角と外角の関係から，$\angle AGE=72^\circ+20^\circ=92^\circ$　△AEGにおいて，内角と外角の関係から，$\angle x=108^\circ-92^\circ=16^\circ$

(2)　正四角錐の頂点をO，底面の正方形の2つの対角線の交点をHとすると，OHがこの正四角錐の高さになる。底面の正方形の対角線の$\frac{1}{2}$の長さは，$\frac{6\sqrt{2}}{2}=3\sqrt{2}$　$OH=\sqrt{9^2-(3\sqrt{2})^2}=\sqrt{63}=3\sqrt{7}$　よって，求める正四角錐の体積は，$\frac{1}{3}\times6\times6\times3\sqrt{7}=36\sqrt{7}$ (cm^3)

重要　(3)　$AD=BC=a$とすると，$AH=\frac{1}{2}a$，$BF=\frac{2}{3}a$，IA：BF＝AG：GB＝1：1から，$IA=BF=\frac{2}{3}a$，$IH=\frac{2}{3}a+\frac{1}{2}a=\frac{7}{6}a$　FG：GI＝BG：GA＝1：1…①　FJ：JI＝EF：IH＝$\frac{1}{3}a$：$\frac{7}{6}a$＝$\frac{2}{6}$：$\frac{7}{6}$＝2：7…②　①と②からFIを2と9の最小公倍数18とみると，FG：GI＝9：9，FJ：JI＝4：14　よって，FJ：JG＝4：(14－9)＝4：5

3　(図形と関数・グラフの融合問題)

基本　(1)　$y=\frac{1}{2}x^2$…①　①に$x=-2$，5を代入すると，$y=\frac{1}{2}\times(-2)^2=2$，$y=\frac{1}{2}\times5^2=\frac{25}{2}$　よって，A$(-2,\ 2)$，B$\left(5,\ \frac{25}{2}\right)$　直線ABの傾きは，$\left(\frac{25}{2}-2\right)\div\{5-(-2)\}=\frac{21}{2}\div7=\frac{3}{2}$　直線ABの式を$y=\frac{3}{2}x+b$として点Aの座標を代入すると，$2=\frac{3}{2}\times(-2)+b$，$b=5$　よって，直

線ABの式は，$y=\frac{3}{2}x+5$

(2)　OP//ABのとき，△PAB＝△OABとなるから，直線OPの式は，$y=\frac{3}{2}x$…②　①と②からyを消去すると，$\frac{1}{2}x^2=\frac{3}{2}x$，$x^2=3x$，$x^2-3x=0$，$x(x-3)=0$，$x\neq0$から，$x=3$　②の式に$x=3$を代入して，$y=\frac{3}{2}\times3=\frac{9}{2}$　よって，$P\left(3,\ \frac{9}{2}\right)$

重要　(3)　$y=\frac{3}{2}x+5$…③　$\triangle PAB=\triangle OAB=\frac{1}{2}\times5\times(2+5)=\frac{35}{2}$　直線APの傾きは，$\left(\frac{9}{2}-2\right)\div\{3-(-2)\}=\frac{5}{2}\div5=\frac{1}{2}$　直線APの式を$y=\frac{1}{2}x+c$として点Aの座標を代入すると，$2=\frac{1}{2}\times(-2)+c$，$c=3$　よって，直線APの式は，$y=\frac{1}{2}x+3$…④　直線$x=k$と③，④の交点をM，Nとすると，$M\left(k,\ \frac{3}{2}k+5\right)$，$N\left(k,\ \frac{1}{2}k+3\right)$　△AMNが△PABの面積の$\frac{1}{2}$になるときのkの値を求めればよい。$\triangle AMN=\frac{1}{2}\times\left\{\left(\frac{3}{2}k+5\right)-\left(\frac{1}{2}k+3\right)\right\}\times\{k-(-2)\}=\frac{1}{2}(k+2)^2$　$\frac{1}{2}(k+2)^2=\frac{35}{2}\times\frac{1}{2}=\frac{35}{4}$から，$(k+2)^2=\frac{35}{2}$　$k>-2$から，$k+2=\sqrt{\frac{35}{2}}=\frac{\sqrt{70}}{2}$，$k=-2+\frac{\sqrt{70}}{2}$

重要　**4**　(平面図形の計量問題—三角形の合同と相似，面積)

(1)　△DPCと図3の△DNAにおいて，∠DPC＝∠DNA＝90°…(ⅰ)，DC＝DA＝1…(ⅱ)，DP＝DN＝$\frac{1}{2}$…(ⅲ)　(ⅰ)，(ⅱ)，(ⅲ)より，直角三角形で斜辺と他の1辺がそれぞれ等しいので，△DPC≡△DNA　よって，合同な三角形は④　△DNAはDA：DN＝2：1の直角三角形だから，∠DAN＝30°　△DPCと△EDCにおいて，∠DPC＝∠EDC＝90°…(ⅳ)　∠DCP＝∠DAN＝30°，∠ECD＝$\frac{90^\circ-30^\circ}{2}$＝30°，よって，∠DCP＝∠ECD…(ⅴ)　(ⅳ)，(ⅴ)より，2角がそれぞれ等しいので，△DPC∽△EDC　△DNAと△AMFにおいて，∠DNA＝∠AMF＝90°…(ⅵ)，∠ADN＝90°－∠DAN＝∠FAM…(ⅶ)　(ⅵ)，(ⅶ)より，△DNA∽△AMF　△DPC≡△DNAより，△DPC∽△AMF　よって，相似な三角形は①と③

(2)　AD＝1，$AN=\frac{\sqrt{3}}{2}$，$MA=1-\frac{\sqrt{3}}{2}$，△AMFは∠AFM＝30°の直角三角形なので，$AF=2MA=2\left(1-\frac{\sqrt{3}}{2}\right)$　よって，$\triangle FAD=\frac{1}{2}\times1\times2\left(1-\frac{\sqrt{3}}{2}\right)=1-\frac{\sqrt{3}}{2}$

5　(因数分解，数の性質，確率)

基本　(1)　$a☆b+1=ab-a-b+1=a(b-1)-(b-1)=(a-1)(b-1)$

(2)　$a☆b=0$，$a☆b+1=1$，$(a-1)(b-1)=1$　a，bは自然数だから，$a-1=1$，$b-1=1$　よって，$a=2$，$b=2$

重要　(3)　サイコロA，Bの目の出かたは全部で，6×6＝36(通り)　そのうち，$a☆b$が素数になる場合は，$(a,\ b)=(2,\ 4)$，$(2,\ 5)$，$(3,\ 3)$，$(3,\ 4)$，$(3,\ 5)$，$(4,\ 2)$，$(4,\ 3)$，$(4,\ 5)$，$(5,\ 2)$，$(5,\ 3)$，$(5,\ 4)$，$(5,\ 6)$，$(6,\ 5)$の13通り　よって，求める確率は，$\frac{13}{36}$

6　(1次関数の利用)

基本　(1)　$y=0.335x-0.015$…①　①に$y=42.195$を代入して，$42.195=0.335x-0.015$，$0.335x=42.21$，$x=42.21\div0.335=126$　126分＝2時間6分

(2)　32.4÷60＝0.54より，時速32.4km＝分速0.54km　5分間で進む距離は，0.54×5＝2.7より，午

前5時には2.7km進んでいるので，求める1次関数は，$y=0.54x+2.7$

重要 (3) 速さから，2人がすれ違うのは，H選手が中間地点から折り返してくるときになる。$42.195\div2=21.0975$から，$y=0.54x+2.7$に$y=21.0975$を代入して，$21.0975=0.54x+2.7$，$x=\frac{18.3975}{0.54}$
H選手の折り返し地点からゴールに到達するまでの1次関数を$y=-0.54x+b$として，$\left(\frac{18.3975}{0.54}, 21.0975\right)$を代入すると，$21.0975=-0.54\times\frac{18.3975}{0.54}+b$，$b=21.0975+18.3975=39.495$　$y=-0.54x+39.495$…②　①と②からyを消去すると，$0.335x-0.015=-0.54x+39.495$　$0.335x+0.54x=39.495+0.015$，$0.875x=39.51$，$x=45.1\cdots$　よって，5時45分

★ワンポイントアドバイス★

[4]は，△DNAは，DA：DN＝2：1から，∠DAN＝30°の直角三角形であることに気づくことがポイントである。

＜英語解答＞

[1] 1 エ　2 イ　3 イ　4 エ　5 ウ
[2] 1 エ　2 イ　3 エ　4 ウ　5 オ
[3] 1 way　2 address　3 drove　4 never　5 other
[4] 1 3番目 ア　5番目 エ　2 3番目 イ　5番目 ウ
3 3番目 イ　5番目 カ　4 3番目 ウ　5番目 ア
5 3番目 ア　5番目 エ
[5] 1 イ　2 ア　3 エ　4 イ，カ
[6] 1 ウ　2 ク　3 オ　4 エ　5 ア
[7] 1 イ　2 ⅰ）（最初）a mouse　（最後）an elephant　2 ⅱ）（ア）時計　（イ）心臓　（ウ）15億　（エ）同じ　3 ③ 30　④ light　4 すべての動物は自分のペースで生きる方法を一番よく知っていると言えるかもしれない。　5 エ
[8] I'm not good at doing them(.)
[9] 【A】ウ　【B】1 ウ　2 エ　【C】(1) eight　(2) ahead　(3) look　(4) happy　【D】(1) healthy　(2) brown　(3) cut　(4) weather

○推定配点○
[8] 4点　他 各2点×48([4]・[7](2)ⅰ)・ⅱ)各完答)　計100点

＜英語解説＞

基本 [1] （語句補充：前置詞，接続詞，不定詞，分詞）

1 現在完了を用いた文に対する応答なので，has he? が適切である。
2 by ～ で「～までに」という期限を表す表現になる。
3 although(though)「～けれども」
4 forget to ～「～するのを忘れる」 forget ～ing「～したのを忘れる」
5 〈have ＋ A ＋過去分詞〉「Aを～してもらう」

基本 2 (正誤問題：単語，接続詞)

1 lately は副詞なので，名詞を修飾することはできないため，latest が正しい。

2 過去の時点を述べた英文なので，現在完了を用いることはできず，have visit ではなく過去形の visited を用いる。

3 neither A nor B「AもBも～ない」

4 「～を横にする」 lay － laid － laid

5 outer space「宇宙空間」は数えられない名詞である。

重要 3 (書き換え問題：熟語，間接疑問文，現在完了，比較)

1 lose one's way「道に迷う」

2 「どこに住んでいるか知っていますか」＝「住所(address)を知っていますか」となる。

3 go to ～ by car = drive to ～「車で～に行く」

4 「あの少年を知らない」＝「あの少年に一度も会ったことがない」となるので〈have never ＋過去分詞〉を用いる。

5 〈比較級＋ than any other ＋単数名詞〉「他のどの～より…だ」

重要 4 (語句整序問題：不定詞，仮定法，関係代名詞)

1 What made you decide to (study Spanish?) 〈make ＋ A ＋原形〉「Aに～させる」という使役動詞を用いた文である。

2 (This house is) large enough for me to (live in.) 〈形容詞＋ enough to ～〉「～するのに十分…だ」

3 (The application has) made it easier to post (videos on the Internet than before.) 〈make it ＋ A ＋ to ～〉「～するのをAにする」という形式目的語を用いた文である。

4 (My mother always) treats me as if I were (a child.) 〈as if 主語＋過去形〉「まるで～のように」という仮定法過去の文である。

5 Nobody will believe a person who breaks (his or her promise.) who breaks his or her promise は前の名詞を修飾する主格の関係代名詞である。

5 (資料問題)

(全訳)

3月21日	出発：羽田空港 8:00 －航空会社からのお弁当が提供されます 到着：那覇空港 11:00 **戦争遺跡のツアー** 沖縄戦の戦地を訪れることが初日の目的です ・ひめゆり平和祈念公園(事前に一人250円) ・平和記念公園(無料) ・ガマ体験(行きたくなければ行かなくてもよい) **ホームステイ** ホームステイに慣れた家族が歓迎します。沖縄の生活を体験してください。
3月22日	**海のレジャー活動** 以下から選択できます： ・スノーケリング(一人2,000円) －経験豊富なインストラクターが歓迎します －4人以上のグループが必要 11:00～ 13:00～ 14:00～ ・シーカヤック(一人1,500円) 10:00～ 12:00～ 13:00～

3月22日	－気にならなければ何を着てもいいです ・観光ボート体験（一人1,000円）　11:30～　12:30～　13:30～ －ボートの底から様々な熱帯魚を見ることができます ・沿岸探索（無料）いつでも －貝殻やサンゴの欠片を集めることができます チュラサンビーチホテル －ツインルーム（一室15,000円） －海を望む部屋！ －追加料金なしで朝食と夕食のビュッフェを楽しめます －時間：朝食　7:00～9:00　　夕食　18:00～21:00
3月23日	様々なアクティビティ ・チュラサン水族館（一人前もって1,440円） －沖縄の海に生息する様々な海洋生物を観察できます。迫力のあるジンベイザメの水槽を楽しめます。 ・シーサー作り体験（一人前もって500円） －スタッフがあなたのオリジナルのシーサー作りをお手伝いします。先着20名限り ・琉球ガラス作り体験（一人前もって1,000円） －自分だけの美しい琉球ガラスを作成できます －火傷の可能性があるのでご注意ください －発送には約2週間かかります ザンパ岬ホテル －4人部屋（25,000円） －夜にはセンターステージで生の沖縄民謡を楽しむことができます（1ドリンク500円）
3月24日	自転車を借りて島を巡る －レンタル可能な自転車が20台あります －1時間200円 国際通りでのショッピング －独特な沖縄のお土産を購入できます。一人あたりの予算は5,000円 出発：那覇空港 15:00 到着：羽田空港 17:30

1　航空会社からのお弁当が提供されるので，昼食を持っていく必要はない。

2　スノーケリングを楽しむには4人必要である。

3　ホテルで沖縄民謡を楽しむには一人500円必要なので，家族で2,000円かかる。

4　ア　「自転車を2時間借りた場合，200円が必要である」　自転車レンタルは1時間200円であるため不適切。　イ　「国際通りでの家族の予算は20,000円である」　一人5,000円の予算なので，家族で20,000円となり適切。　ウ　「ひめゆり平和祈念公園を訪れた後，家族は1,000円を支払う必要がある」　ひめゆり平和祈念公園では事前に支払う必要があるため不適切。　エ　「スノーケリングを楽しむ際にインストラクターは必要ない」　経験豊富なインストラクターがいるので不適切。オ　「シーカヤックを楽しむ際には水着を着用する必要がある」　気にしなければ何を着てもいいので不適切。　カ　「琉球ガラス作りをした場合，その日に持っていくことはできない」　発送まで2週間かかるので適切。

重要 **6** （長文読解・説明文：語句補充）

（全訳） サウナの魔法を発見しに来てほしい－それはあなたの究極のリラクゼーションの目的地である！完全にリラックスして「ととのう」感覚を味わえる，居心地の良い場所を想像してみてほしい。それがサウナが提供するものである。

サウナにいるときは，心配事を忘れさせてくれる暖かいハグのようなものだ。肌に感じる熱さが気持ちいい。サウナから出た後には，水風呂に浸かることができる。これら一連の行動が「ととのう」感覚に導く。リラックスするにつれて，体がより良く感じ始める。1筋肉の緊張がなくなる。そして，より平和な気持ちになる。持っていたすべてのストレスが，一滴ずつ消えていくようだ。

しかし，まだある！2サウナは健康に驚くべきことをもたらす。暖かさが血流を良くする。これが体を強く保つのを助ける。また，サウナは汗をかかせるが，悪い意味ではない。汗をかくことは，体が不要物を外に出す特別な方法のようなものだ。生まれ変わったかのように感じ，リフレッシュされた気分になることを想像してみてほしい。

そして，聞いてほしい。3サウナは単に気分を良くするだけではない。人々が一緒に楽しめる場所である。暖かく居心地の良い部屋で，おしゃべりをしたり，笑ったり，物語を共有したりしながら楽しい思い出を作ることができる。

サウナファンクラブに参加するのは簡単だ。4選ぶサウナにはさまざまな種類がある。伝統的なものにするために木材を使用するものもあれば，すぐに暖まる電気を使用するものもある。もっと冒険的な体験を求めるなら，温度が120℃を超えるサウナや，ウォータースライドがあるサウナを試すことができる。好みに関わらず，あなたにとって完璧なサウナがある。自宅でミニサウナを楽しむことも，公衆浴場（銭湯）や温泉のような豪華なスパを訪れることも，すべてあなた次第だ。

5だから試してみるといい。サウナ愛好者になり，リラクゼーションと健康の全く新しい世界を発見してほしい。中に入り，暖かさに抱かれ，無敵のスーパースターのように感じながら外に出る。サウナは単なる暖かい部屋ではなく，それは内外から素晴らしい気持ちにさせてくれる，あなたの幸せな場所である。

1 サウナにいることで体がリラックスし，ストレスがなくなることから判断できる。

2 この後で，サウナの健康への利点について語られており，血の流れを良くし，体を強く保つ効果が述べられていることから判断できる。

3 サウナが社交の場でもあることが強調されており，人々が集まって楽しむ場所であることを示している。

4 この後の文章で，サウナの種類の多様性が説明されており，サウナがさまざまな形態で存在し，個人の好みに合わせて選択できることを示している。

5 サウナの利用を勧めているので，Why not give it a try?「試したらどうですか」が適切。

7 （長文読解・説明文：発音，指示語，要旨把握，語句補充，英文和訳，内容吟味）

（全訳） 自宅や学校でペットを飼った経験があるか。それらは通常，カメ，鳥，ネズミ，猫のような小さくてかわいい動物である。彼らと遊ぶことは楽しいものだ。しかし，本当に愛しているペットが死んでしまうと，非常に悲しくなり，もっと長生きしてほしいと願うことだろう。実際，ネズミは約2年しか生きられないが，象のような大きな動物は約60年生きられる。小さな動物たちがこんなに短い①命を持っていることを残念に思うかもしれない。しかし，異なる考え方をすると，ネズミは象と同じくらいの長い命を持っていると言える。

②なぜそう言えるのだろうか。日本の科学者によって書かれた本によると，すべての哺乳類は体内に「時計」を持っている。私たちはそれを「体内時計」と呼ぶ。体内時計のルールは非常にシンプルで，ほとんどの体内時計は心臓を約同じ回数打たせて最終的に停止する。例えば，象の寿命は

ネズミの約③30倍である。しかし，両方の動物の心臓は一生の間に約15億回打つことになる。大きいや小さい，重いや④軽いにかかわらず，この数はほとんどの哺乳類で同じである。ネズミの心臓は分速約600回打つので，常に忙しく動き回っているように見える。一方，象は心臓がゆっくり，分速約30回しか打たないので，リラックスしていてあまり素早く動かない。⑤すべての動物は自分たちのペースで生きる方法を一番よく知っていると言えるかもしれない。

私たちも哺乳類の一種であるので，このルールは人間にも当てはまる。私たちの心臓は分速約70回打つので，この数字に達するには約40年かかる。つまり，人間は約40歳までしか生きるべきではないということになる。実際，貧しい生活を強いられている多くの人々は，昔の人々と同じように約40年しか生きていない。しかし，科学技術の発展のおかげで，象よりも長く，80歳まで生きるチャンスを持てるようになった。

1　lives は life の複数形なので，[ai]と発音する。

2　ｉ）　so は直前の文で述べられている内容である a mouse has as long life as an elephant という考えを指している。

ⅱ）　第2段落に書かれている，「哺乳類には体内時計があり，心臓はどんな動物も15億回動く」という内容から判断すればよい。

3　③　ネズミは2年，象は60年生きるので30倍が適切である。

④　前の部分に「大きいか小さいか」とあるので，反対の意味の形容詞を入れればよい。

重要　4　how to ～「～する方法」

重要　5　ア 「ネズミの心臓はその一生の間に，象のよりも少ない回数打つ」 第2段落第7文参照。どちらの動物も同じ回数打つので不適切。　イ 「今日の人間は，昔生きていた人々よりも遅い心拍数を持っている」 人間の心拍数が遅くなったという記述はないため不適切。　ウ 「ネズミの中には，象や人間と同じく60年間生きることができるものもいる」 第1段落第5文参照。ネズミは約2年しか生きないので不適切。　エ 「一生の間の心拍数は，象とネズミでほぼ同じである」 第2段落第7文参照。象とネズミの一生で打つ心拍数は同じなので適切。　オ 「分速の心拍数が同じであるにもかかわらず，ネズミは象よりもずっと長生きする」 第2段落第9，10文参照。1分間にネズミは600回，象は30回心臓を打つので不適切。

8　（条件英作文）

「絵心がない」という表現は「和文和訳」して，英語で表現できる和訳に置き換えればよい。「絵心がない」＝「絵を描くのが上手ではない」にすれば good at painting or drawing を用いることができる。painting or drawing はすでに出てきている表現なので，doing them に置き換える。

9　リスニング問題解説省略。

★ワンポイントアドバイス★

文法問題の出題数が比較的多くなっている。例年，出題傾向は大きな変化はないので，過去問を用いて形式に慣れるようにしよう。

＜国語解答＞

一　問一　イ　問二　イ　問三　ニ　問四　ロ　問五　ホ　問六　ニ　問七　ロ
問八　ホ　問九　ニ　問十　ロ　問十一　ハ

二　問一　1　ロ　2　ニ　3　イ　4　ハ　問二　ハ　問三　Ⅱ(から)Ⅳ(まで)
問四　玉にキズ　問五　(例)　他者の欠点を攻撃することなく，周囲を信頼して過ごす生活。　問六　ハ　問七　二つの感情　問八　(例)　愛するものに近づこうとするほど，逆に傷つけてしまう板挟みの(状態)　問九　ホ　問十　(例)　イ
私が自慢話ばかりしてくる人と会話するのが苦手な理由は，相手の話を真に受けすぎて，自己肯定感が下がってしまうからだ。その場面を乗り切るためには，話の内容をうまく受け流し，短時間で会話を切り上げるのが有効な方法だと考える。

三　①　託児所　②　配信　③　皮膚　④　即納　⑤　解放　⑥　工房　⑦　搭載
⑧　救命　⑨　受診　⑩　提携

○推定配点○
一　問九　4点　他　各3点×10　二　問五・問八　各4点×2　問十　8点
他　各3点×10　三　各2点×10　計100点

＜国語解説＞

一　(小説文－表現技法，内容吟味，文脈把握，主題)

問一　会社の仕事で手一杯の母，介護が必要な祖父，まだまだ面倒を見なければならない妹の世話など，家のことで負担がかかるとともに，学習塾の経営で他の人に迷惑をかけてしまっていることへの負の感情を連想させている。

問二　傍線部の後に，「僕が修飾する事も，万由子は塾に行っているだろう。おじいちゃんは，申請中の介護施設に入所できるんだろうか。その時，僕はどうしているんだろう。(中略)大学卒業までの残り二年は誰も塾運営をやめないだろう。裏を返せば山上たちとの人間関係が，最低でもあと二年は続く。どうしたものか」とあり，普段から自分(太陽)のこれからのことについて悩んでいることか友人に何も言えなくなってしまっている。

問三　傍線部の前に，「僕は家を守らなくちゃならないんだ。みんなと違って，二十四時間すべてを自由に使えるわけじゃないんだ」と，自身が置かれている状況を吐露した上で，学習塾の運営に支障があっても，自分にはどうしようもないと思っている。

問四　大学の友人と五人で始めた塾は，企業から支援はあるものの，月謝の安さ，月二十日は来塾し放題という型破りな設定をし，また有給休暇・介護休暇を作ったことで，もし休暇を取るものが出た場合，他の人にしわ寄せが来るようなシステムになっている。

問五　陽子の会社では，早い段階で優れた育児休業制度を作ったものの，その制度を利用したまま「そのまま休みがちというか，悪く言うと，休み癖がついちゃったというか」と説明していることから，他の人に迷惑をかけるという意識が薄れているとしている。

問六　傍線部の前に，「『太陽，何かあった？』唐突な質問に，僕は言葉が出なかった。『落ち着きがなくて，心ここにあらず…って感じがする。』『……。』陽子さんの鋭い指摘に，僕はたじろいだ。何でもないよ，と言いかけた僕に，『何でもなくないでしょ。』」と陽子が重ねて言う場面から読み取る。つまり，息子である太陽の様子が変だと気づいた陽子は，その原因を探るべく，太陽に本心を言うよう迫ったのである。

問七　傍線部の後に，「僕は，何も悪いことをしていない。家族のために，正しいことをしている

んだ。(中略)だいたい，ちゃんと説明したのに理解してくれないなんて，ひどいよね。お前らみたいに好き勝手な生活はできないんだって言ってやりたいぐらいだよ」と，山上・落合に自分(太陽)の置かれている状況を納得してもらいたいと思いながらも，どうせ説明しても分かってもらえないと考え，自分が一方的に非難に耐えようとしている。

問八　傍線部の後に，自分(陽子)は育児休業制度で抜けた社員の分まで働かなければならないと思っていたが，そのことで太陽に対して，家のことで負担をかけていたと気づき，「本当に，本当にごめんね…」と太陽に謝罪している。その上で，今後は太陽に負担がいきすぎないように考え，また学習塾の運営についてももう一度，考えるよう促している。

問九　陽子は今まで，会社が回らなくなってはダメだと思い，早々に会社に復帰したものの太陽の様子を見て，もう少し家族に目を向ける必要があると感じている。

問十　帰宅が午後十時になるぐらい，会社で一生懸命働く人物であるが，太陽の主張に対して，自分の意見を押し通すのではなく，改めて生活スタイルを皆で考え直そうと提案している様子から読み取る。

重要 問十一　陽子の発言の中，「誰かが権利を主張すると，誰かがその分を肩代わりして損をする。でも，やらなきゃ会社は成り立たない。権利を主張した側が，今度は負担側に回って，持ちつ持たれつでやっていくのが会社，ひいては社会だと思うんだけど，結構，一方通行になってるのが現状だよね」という言葉に注目して，本来，社会はどうあるべきなのか，どのようにすればより良い人間関係が構築できるのかを投げかけている。

二　(論説文一接続後の問題，内容吟味，段落構成，慣用句，文脈把握，大意，作文(課題))

問一　1　空欄の前に，「人間関係の基本は『思いやり』です」とあるが，後には「大半の中高生世代にとって，この『思いやり』ぐらい苦手なものはありません」と逆接のことを述べている。

2　空欄の前に，「ものの考え方がどうしても自己中心になりがち」とある例えとして，後に「実績にこだわる管理職は，結果を出せない部下に対して冷淡になりがち」と示している。　3　空欄の前で，実績にこだわる管理職が部下にとる行動を出し，後では妻に対する行動を述べている。

4　空欄の後に，「限られているからです」とあることから，原因・理由を示す「なぜなら」が入る。

問二　傍線部の後に，「『心底嫌い』な人でも，距離をおいて思い出せば憎悪は薄れてきますし，時間がたてば『わたしも意地になっていたな』と気づいたりします。冷静になることで，自分の漢城を見つめ直すことができるからです」と，相手と距離を置くことで生じる事柄を説明している。

問三　Ⅱで，「どちらかと言えば嫌いな人」を思い浮かべさせ，Ⅲ・Ⅳでその人の「ちょっといいところ」を挙げることで，自分の感情を整理できるとしている。

問四　「玉にキズ」とは，それさえなければ完全であるのに，ほんの少しの欠点があること。

問五　傍線部の前に，「他人をけなさない人とは，わたしたちも安心してつき合うことができます。『この人は陰で他人を悪く言うような人間ではない』そんな信頼感を持ったとき，わたしたちはその人と心を許してつき合えるものです」と，「若々しい感情生活」について詳しく述べている。

問六　傍線部の後に，「学生時代は毎晩のように飲み明かしたり，議論し合ったりした友人とも，住む世界が違えばしだいに疎遠になって当然です。でも，それだからこそ，『何年ぶりだろう』と言い合いながら顔を合わせるひとときは楽しいものです。(中略)つまり，『懐かしさ』は人間関係の最良の潤滑油なのです。『朋あり遠方より来る』が飛び切り楽しい時間になるのも，この『懐かしさ』のせいです」と，筆者の解釈を示している。

問七　傍線部の後に，感情は生き物なので，少しのことで変わることがあるとしている。よって，距離を置かない関係においては，互いの感情がぶつかり合い続けるので，悪い感情も生じやすいとする。

問八　「ヤマアラシ・ジレンマ」とは，人間同士が互いに仲良くなろうと心の距離を近づけるほど，互いに傷付けあって一定距離以上は近付けない心理を指す。

問九　文章の中に，「よい距離を置けば，たとえ悪感情が生まれたとしても時間の経過とともに薄れたり，あるいは冷静になることで自分の感情をコントロールしたりすることができます。時間の経過が長ければ長いほど，悪感情は消えていくでしょう。(中略)ふだんの人間関係の中でも相手にほどよい距離を置くというのは，自分自身の感情をコントロールするためにはとても大切なことになってきます」と，筆者が考える人間関係の構築方法について述べている箇所から読み取る。

重要 問十　自身の経験を踏まえた上で，指定の条件を必ず含みつつ，論理的に書こう。

三 **（漢字の書き取り）**

①「託児所」とは，一般的な認可外の保育施設の総称。　②「配信」とは，通信社・新聞社・放送局などが，入手した情報やニュースを支社や他のマスコミ機関・官庁・企業などに配送すること。また，インターネットを利用して，企業や個人が動画や音楽，情報などを送信すること。　③「皮膚」とは，身体の表面を覆っている組織。　④「即納」とは，その場ですぐ納めること。

⑤「解放」とは，ときはなして自由にすること。　⑥「工房」とは，工匠の仕事をするための部屋，画家・彫刻家・工芸家などの仕事場・作業場やアトリエなどのこと。　⑦「搭載」とは，艦船・飛行機・貨車などに，人員・資材を積み込むこと。　⑧「救命」とは，危機的な状況下におかれている者の命を救うこと。　⑨「受診」とは，診察を受けること。　⑩「提携」とは，互いに助け合うこと，共同で物事を行うこと。

★ワンポイントアドバイス★

正答の根拠となる部分を文中から探し出すことを意識しよう！

MEMO

大切なことはメモしておこうネ！

2023年度

★★★★★★★★★★★★★★★★★★★★★★

入　試　問　題

2023年度

日出学園高等学校入試問題

【数　学】（50分）　＜満点：100点＞

【注意】 1．比は最も簡単な整数で表しなさい。
2．解答が無理数になるときは，指示がなければ$\sqrt{}$のままで答えなさい。
3．円周率はπを用いなさい。
4．問題文中の図は必ずしも正確ではありません。

1 次の問いに答えなさい。

(1) $-2a^2b\times(-3ab^2)^2\div4a^5b^5$ を計算しなさい。

(2) $\dfrac{6x+y}{7}-\dfrac{x-y}{2}$ を計算しなさい。

(3) $y=ax+b$ をxについて解きなさい。ただし，$a\neq0$とする。

(4) 連立方程式$\begin{cases}3x+2y=-17\\-5y-2x=4\end{cases}$を解きなさい。

(5) $(\sqrt{2}-\sqrt{3})^2-(\sqrt{2}+\sqrt{3})^2$ を計算しなさい。

(6) $\dfrac{1}{\sqrt{6}}(\sqrt{3}-\sqrt{2})-\dfrac{1}{\sqrt{18}}(\sqrt{6}+\sqrt{9})$ を計算しなさい。

(7) 方程式 $2x^2-3x=1$ を解きなさい。

(8) $x=3+\sqrt{5}$ のとき，x^2-6x+9 の値を求めなさい。

(9) 1次関数$y=\dfrac{3}{5}x-2$についてxの増加量が10のときのyの増加量を求めなさい。

(10) $y=ax^2$において，xが-8から-6まで増加するときの変化の割合は，xが0から2まで増加するときの変化の割合よりも12大きい。aの値を求めなさい。

(11) 16％の食塩水が何gかある。これに食塩を何gか加えて，20％の食塩水210gにしたい。加える食塩の量を求めなさい。

(12) さいころを2つ投げる。次の①～④のうち最も起こりやすいことがらを番号で答え，それが起こる確率を求めなさい。

①出た目の和が偶数になる　　②出た目の和が奇数になる

③出た目の積が偶数になる　　④出た目の積が奇数になる

(13) 次のページのヒストグラムを箱ひげ図にしたものとして最もふさわしいと考えられるものを，①～③の中から選びなさい。

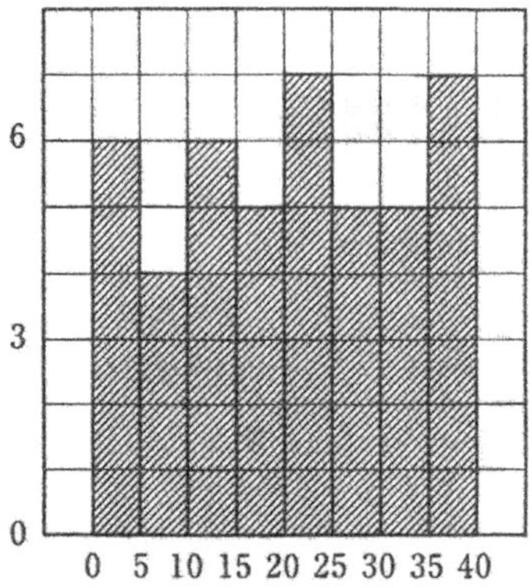

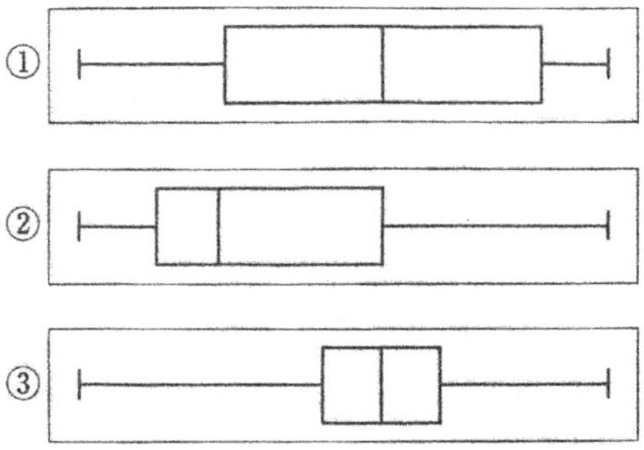

⒁　H中学校の今年の生徒数は，昨年に比べて，男子が４％増加し，女子が５％減少した。その結果，全体の人数は昨年と変わらず405人であった。今年の男女別の生徒数を求めなさい。

⒂　$4a^2+4ab+b^2+c^2+2c(2a+b)$ を因数分解しなさい。

2　次の問いに答えなさい。

⑴　方眼紙に書いた $y=2x+1$ （$0 \leqq x \leqq 2$）のグラフを x 軸の周りに１回転させてできる立体の体積を求めなさい。ただし，方眼紙の１目盛りの長さは１㎝とする。

⑵　右の図で，$l /\!/ m$，AD∥FE，BC＝ACである。$\angle x$ の大きさを求めなさい。

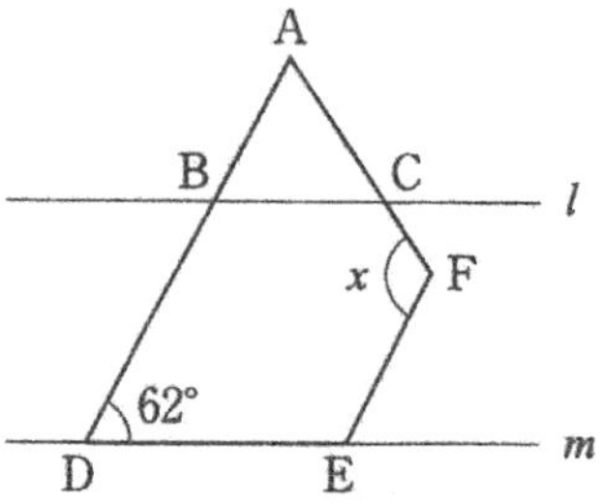

⑶　右の図において，$3\overset{\frown}{AB}=\overset{\frown}{CD}$，$\overset{\frown}{BC}=\overset{\frown}{CD}$，∠DFC＝52°のとき，∠BECを求めなさい。

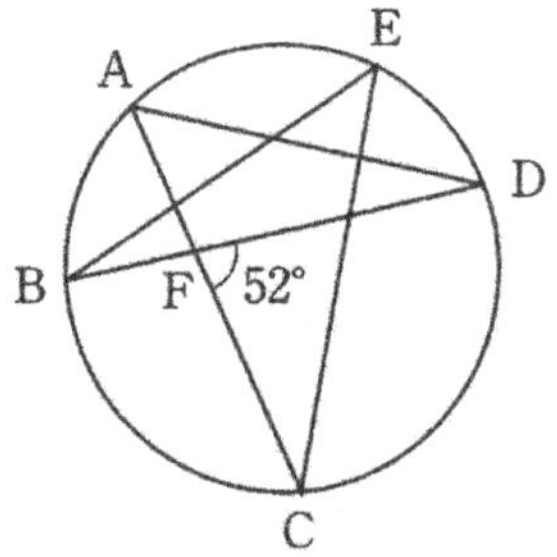

⑷　右の図は，一辺の長さが９㎝の正方形ABCDの中に，一辺の長さが７㎝の正方形EFGHがぴったりと収まった図形である。AHの長さを求めなさい。
ただし，AH＜HDとする。

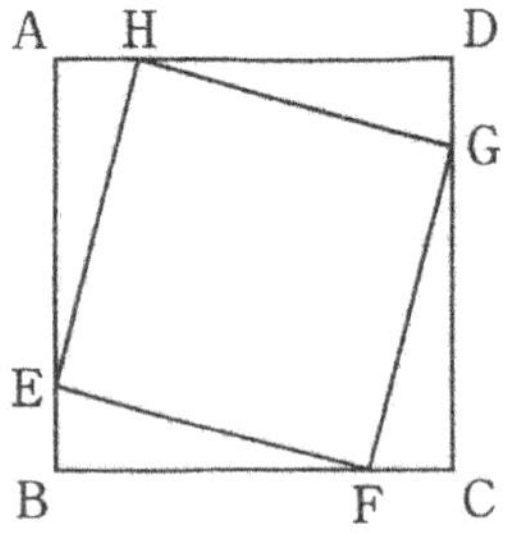

(5)　右の図において，PA，PBはそれぞれ円Oの接線であり，∠APB＝60°，OB＝３cmである。斜線部分の面積を求めなさい。

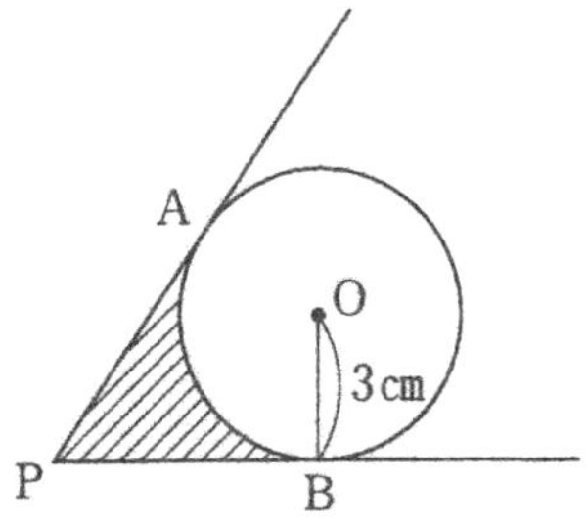

3　服装のコーディネート（組み合わせ）を考える。トップス（上半身に着る服）を a 種類，ボトムス（下半身に着る服）を b 種類，シューズ（くつ）を c 種類用意し，この３つのアイテムを組み合わせるとき，次の問いに答えなさい。

(1)　トップスとボトムスをそれぞれ２種類ずつ，シューズを１種類用意するとき，全部で何通りのコーディネートができるか答えなさい。

(2)　トップス，ボトムス，シューズを組み合わせて，ちょうど30通りのコーディネートをつくりたい。合計のアイテム数が最も少なくなるようにするには，それぞれを何種類ずつ用意すればよいか。a，b，c の値を答えなさい。ただし，$a<b<c$ とする。

4　右の台形ABCDにおいて，AB//DC//EFが成り立っている。また，AB＝７cm，EF＝４cmであるとき，次の問いに答えなさい。

(1)　辺CDの長さを求めなさい。

(2)　△ABEの面積を a cm^2 とするとき，台形ABCDの面積を a を用いて表しなさい。

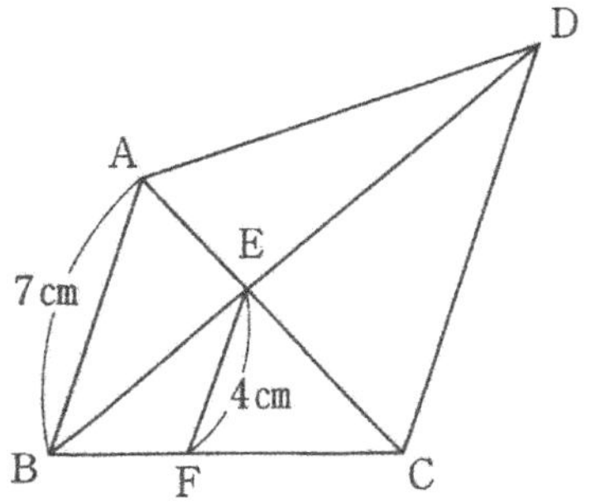

5　下の図のように，座標平面上に，３点A（$\sqrt{3}$，０），B，Cと曲線 $y=ax^2$（$a>0$）がある。曲線上の x 座標が正の部分に点Bはあり，点Cは点Bと y 座標が等しい y 軸上の点である。△ABCが正三角形になるとき，次のページの問いに答えなさい。

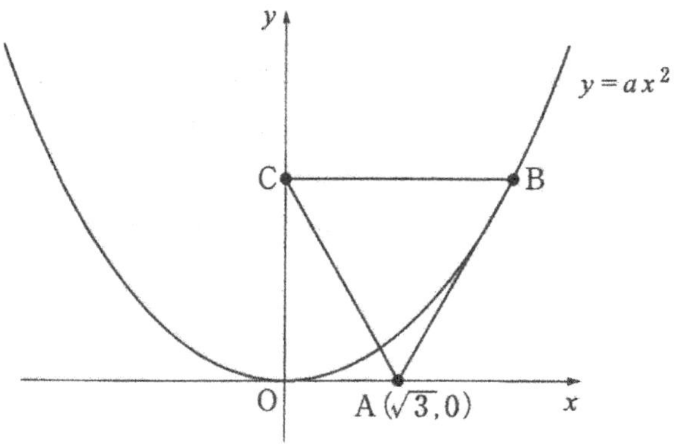

(1) 点Bの座標を求めなさい。

(2) aの値を求めなさい。

(3) 曲線上のx座標が負の部分に点Pをとる。△ABPの面積が△ABCと等しくなるような点Pの座標を求めなさい。

6 H中学校のとある先生が運転免許の更新に行った。改めて自動車の危険性を学んだため，生徒と一緒に交通安全について考えたいと思っている。

そこで，左に曲がる自動車の動きを考察することにした。ただし，簡単にするために下の図1のように全長2.5m，幅1.5mの自動車の形を長方形ABCDで表し，タイヤはそれぞれの頂点の位置にあるものとする。

ハンドルを目いっぱい左に切った状態でゆっくり自動車を走らせると，それぞれのタイヤは下の図2のように点Oを中心とした円を描く。このとき，あとの問いに答えなさい。

なお，答えに無理数が出てきた場合はあとの平方根表を使って概数になおし，小数第3位を四捨五入して答えること。

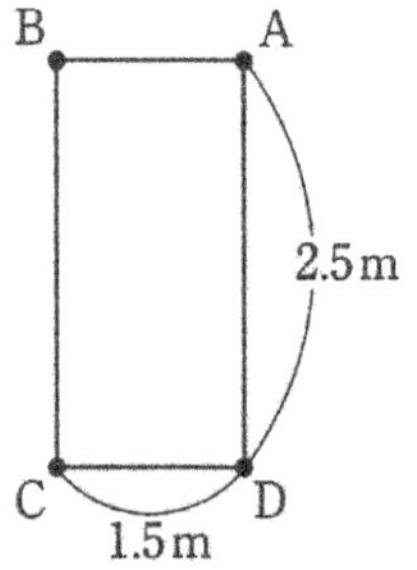

［図1］

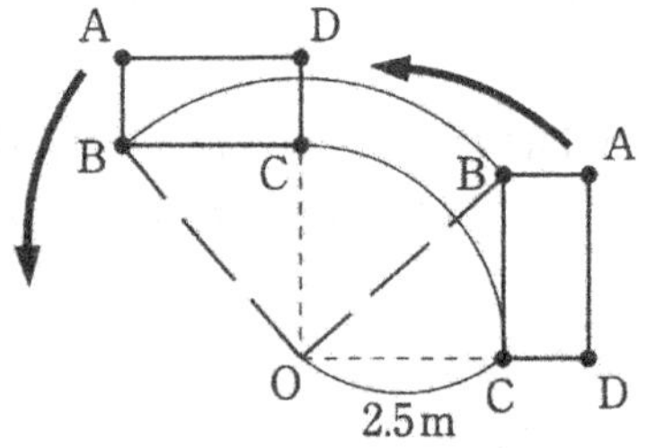

［図2］

【平方根表】

一の位

十の位	0	1	2	3	4	5	6	7	8	9
0	0.00	1.00	1.41	1.73	2.00	2.24	2.45	2.65	2.83	3.00
1	3.16	3.32	3.46	3.61	3.74	3.87	4.00	4.12	4.24	4.36
2	4.47	4.58	4.69	4.80	4.90	5.00	5.10	5.20	5.29	5.39
3	5.48	5.57	5.66	5.74	5.83	5.92	6.00	6.08	6.16	6.24
4	6.32	6.40	6.48	6.56	6.63	6.71	6.78	6.86	6.93	7.00
5	7.07	7.14	7.21	7.28	7.35	7.42	7.48	7.55	7.62	7.68
6	7.75	7.81	7.87	7.94	8.00	8.06	8.12	8.19	8.25	8.31
7	8.37	8.43	8.49	8.54	8.60	8.66	8.72	8.77	8.83	8.89
8	8.94	9.00	9.06	9.11	9.17	9.22	9.27	9.33	9.38	9.43
9	9.49	9.54	9.59	9.64	9.70	9.75	9.80	9.85	9.90	9.95

表の見方：左端の縦の列が十の位，上端の横の行が一の位を表している。
たとえば$\sqrt{53}$の値は，左端の5と，上端の3が交わった部分を見て，$\sqrt{53}$は約7.28と分かる。

(1) 自動車が図2のように左に回転するとき，タイヤBが描く円の半径とタイヤCが描く円の半径は異なり，その差を「内輪差」という。図2の場合の内輪差を求めなさい。

(2) 自動車が前のページの図２のように左に回転するとき，回転の中心から最も離れたタイヤが描く円の半径をその自動車の「最小回転半径」という。図２の場合の最小回転半径を求めなさい。

(3) 一般にトラックなどの全長が長い車ほど内輪差が大きく，歩行者を巻き込む事故の危険性が高いと言われている。そこで，自動車の全長が図１より0.5m長い場合を考えるとき，内輪差と最小回転半径はそれぞれ何mずつ増えるか答えなさい。ただし，自動車が回転する際のタイヤCが描く円の半径は変わらないものとする。

【英　語】（60分）　＜満点：100点＞

【注意】【リスニング問題について】

試験時間残り15分前からリスニング試験が始まります。

1 次の各文の空所を補う語（句）として最も適切なものをア～エの中から１つ選び，記号で答えなさい。

1．A：What did the teacher say?
B：She (　　) us to bring lunch tomorrow.
ア told　イ said　ウ talked　エ spoke

2．If I were you, I (　　) to the hospital right away.
ア go　イ will go　ウ would go　エ went

3．This shirt is too big. Please show me (　　).
ア other　イ another　ウ any　エ little

4．They won't start the soccer game until the rain (　　).
ア will stop　イ stops　ウ is stopping　エ stopped

5．Is cheese made (　　) milk?
ア in　イ from　ウ into　エ by

2 次の各文には誤りがあります。ア～エの中から１つ選び，記号で答えなさい。

1．Eating(ア) a lot of(イ) vegetables are(ウ) a good way to stay(エ) healthy.

2．Tom is(ア) enough rich(イ) to buy(ウ) many(エ) guitars.

3．On(ア) December 31, many Japanese people watch special programs on TV, visiting to(イ) temples, and enjoy talking(ウ) with(エ) their family.

4．Mr. Tanaka has a plan(ア) to go to abroad(イ) on business(ウ) next summer(エ).

5．The shoes are(ア) so big that(イ) she cannot wear(ウ) it(エ).

3 ２つの文がほぼ同じ内容を表すように，（ ）内に適切な１語を入れなさい。

1．{ Let's have dinner at that restaurant.
　　(　　) we have dinner at that restaurant?

2．{ Look at the man with a blue hat.
　　Look at the man who is (　　) a blue hat.

3．{ I have never seen a beautiful place like this.
　　This is the most beautiful place that I have (　　) seen.

4．{ Show me your photos you took in Okinawa.
( ) me see your photos you took in Okinawa.

5．{ Ken can't play the guitar as well as Jane.
Jane can play the guitar ( ) than Ken.

4 （ ）内の語（句）を並べかえた時，３番目・５番目に来るものを記号で答えなさい。ただし，それぞれ不要な語（句）が１つ含まれています。

1．私にはユーチューブ（YouTube）なしの生活なんて想像できません。
It (ア to / イ is / ウ me / エ for / オ of / カ impossible) imagine life without YouTube.

2．メイは自分を幸せにしてくれるのは自分だけなのだと気づいた。
Mei found that she is (ア the only / イ makes / ウ gives / エ that / オ person / カ herself) happy.

3．私はその女性に，博物館がどこにあるか尋ねた。
I (ア was / イ where / ウ the woman / エ the museum / オ asked / カ of).

4．ジャックは帰り道で男の人に話しかけられた。
Jack (ア a man / イ by / ウ spoken / エ with / オ to / カ was) on his way home.

5．このバスに乗れば隣町にある映画館に行けますよ。
This bus (ア take / イ the theater / ウ to / エ will / オ for / カ you) in the next town.

5 あなたは「ひので中学校」（Hinode Junior High School）のホームページで文化祭について調べています。その内容について次のページの問題に答えなさい。

School Festival in Hinode Junior High School

1st grade class E （1-E）	<u>Dance performance</u>  Starting time：10:00, 12:00, 14:00, 16:00 It will take 30 minutes. We created the dance moves by ourselves. We have practiced for 3 months. We hope you will enjoy our performance.
2nd grade class C （2-C）	<u>Retro Café</u> Open：10:00~15:00  Buy tickets（¥500）beforehand. Menu: coffee (or tea) & cake We will serve delicious coffee and cakes. Please look at the interior decoration of our café!

3rd grade class A (3-A)	**Horror Movie**  Show time: 11:00~12:30, 15:00~16:30 Children under 12 years old can't enter. We have produced the scariest horror movie. You will be satisfied with the performance!
Cooking club (Kitchen 1)	**Cooking together**  Let's make a pizza together. Time：12:00~13:00 Limited to the first 15 people. If you want to join us, bring some food. We usually cook twice a week and make various dishes from around the world. We are looking forward to cooking with you!

＊After all the programs are done, a closing party will be held. Anyone who goes to at least one program can take part in the party. We will sing in chorus. Let's sing together.

1. You can see dance performance [1].

ア only once a day　　イ four times a day

ウ from 10:00 to 15:00　　エ anytime

2. You can go into the Retro Cafe [2].

ア if you bring something to eat　　イ if you pay 300 yen

ウ after you buy a ticket　　エ for free

3. If you want to join cooking, [3].

ア you won't be able to see any dance performance

イ you have to pay an entry fee

ウ you have to bring some food

エ you have to practice cooking in advance

4. Based on the website, which of the followings are true? Choose <u>two</u> from the followings.

ア Cooking will be held twice a day.

イ You can dance together with the students of 1-E.

ウ You can eat pizza at the Retro Cafe.

エ All the visitors with tickets can enjoy cake and coffee or cake and tea at the Retro Cafe.

オ It took 3 months for the students of 3-A to make the movie.

カ Anyone who is 13 years old or older can watch the horror movie.

6 あなたは英語の授業で行うディベートの準備のために，次の記事を先生から渡されました。記事を読み，空所に当てはまる最も適切な文を，後のア～クの中から１つ選び，記号で答えなさい。ただし，記号は１度しか使えません。

Should We Study English?

By Tanaka Kumiko, Chiba
10 SEPTEMBER 2022・9:30 AM

Did you ever think about why we study English? Some people may say that English is necessary for us because it is used around the world, and a lot of people can understand that language. Other people would say that we do not have to study English anymore because now we have better translation systems. There are even people who say that they do not want to study English because they will never travel abroad.

There are several reasons for studying English. First, [1] This "information" includes books, advertisements, news, and so on. As it is said in the first paragraph, since translations are now much more common and available for many people, it seems that we do not have to know English to get information from all over the world. Of course, now we can get better translations than before with the development of AI, and they are great for people who do not speak English at all. Still, Japanese and English are two different languages. Sometimes translations can go wrong or tell stories differently. [2]

Second, you do not actually know when you will use English in your life. So, [3] It is easy to give up learning English because you do not actually use it at that point in your life. However, it is too soon to do that. When you grow up and start working, you might be ordered by your boss to go to another country and work with people from various areas of the world. Since English is now playing a role as a universal language of the world, you would be in trouble if you do not know how to use English at all. Like swimming, once you learn English, you would not forget its basics.

Finally, learning English does not only mean learning just a language. It is also learning a different sense of value. Using English, [4] People are all different and we have our own ways of thinking. As the world has been globalized in various aspects, what is important is trying to understand the differences and compromise. By learning a language which is not your mother tongue, you can look at things from other people's points of view. [5]

ア you can communicate with people from various cultures.
イ we can get information from the world directly.
ウ you should prepare for the moment.
エ we should get information only from Western countries.

オ　It is important to visit foreign countries after all.

カ　Learning English helps you expand your horizons.

キ　If the original language of the source is English, it is always better to understand it in English to avoid misunderstandings.

ク　You can always use the AI to translate something from English into Japanese.

7　次の英文を読んで，それに続く問いに答えなさい。

"Hi," "What's up?" "Nice to meet you." We call them "greetings." We use them in different languages when we meet someone else. But have you ever ①think what ②a greeting is?

A greeting is a way of being friendly to others. When we start conversation, we greet. In greeting expressions, we use questions. For example, "How are you?" in English, and "*Genkidesuka?*" in Japanese.

But questions like these are not real questions. When we say to other people "How are you?," we don't expect them to tell us true answers. Also, we don't *expect them to talk about their sickness. We always reply to these questions with set phrases such as, "I'm fine." Not so many people want to know their true condition.

Greetings are used before small talk. Small talk is the polite, friendly conversation about unimportant subjects. In my experience, English-speaking people often make small talk about weather, sports and food. It's important for the two speakers to agree with the idea they are talking about. So, we (③) talk about religion, salary or politics. Also, we can enjoy our small talk where the conversation is taking place. When we are watching baseball games, we say, "Nice game, isn't it?" At the bus-stop, we say, "It's very hot, isn't it?"

In any language, greetings and small talk are important when we communicate with people around us. However, the way of greeting and the things they talk about may be different (④) one language to another. This shows there are more important things than the vocabulary and the grammar when we learn languages. We also need to learn the culture and customs of the people who speak the language.

*expect : to think or believe something will happen

1．下線部①を文脈に合う形にしなさい。

2．下線部②を次のように説明する時，空所に入る日本語を答えなさい。

(　　　　　　　　　　　　　　　　　　)ための１つの方法。

3．空所③に入る形として最も適切なものを選びなさい。

ア　didn't have better　　イ　had better not

ウ　had not better　　エ　hadn't better

4．空所④に入る語として最も適切なものを選びなさい。

ア　from　　イ　to　　ウ　with　　エ　at

5．次の表現で，small talk の内容としてふさわしいものをすべて選びなさい。

ア “How much did you make this month?”

イ “How was your weekend?”

ウ “It’s going to rain.”

エ “Do you believe in God?”

6．本文の内容と合う英文を2つ選びなさい。

ア In most languages, small talk plays an important role.

イ When you are asked “How are you?,” it’s good for you to talk about your true condition.

ウ In English-speaking countries, speakers often choose weather as a topic for small talk because the weather doesn’t keep changing.

エ When you choose the topic for small talk, it should be something both speakers can easily agree on.

オ Greetings and small talk are more important than the vocabulary and the grammar if you want to master a language.

8 右の二人のやりとりを読み，下線部の空所に与えられた日本文の意味を表す英文を書き，対話を完成させなさい。ただし，it と have を必ず用いて書きなさい。なお，使用する順番は問わないものとする。

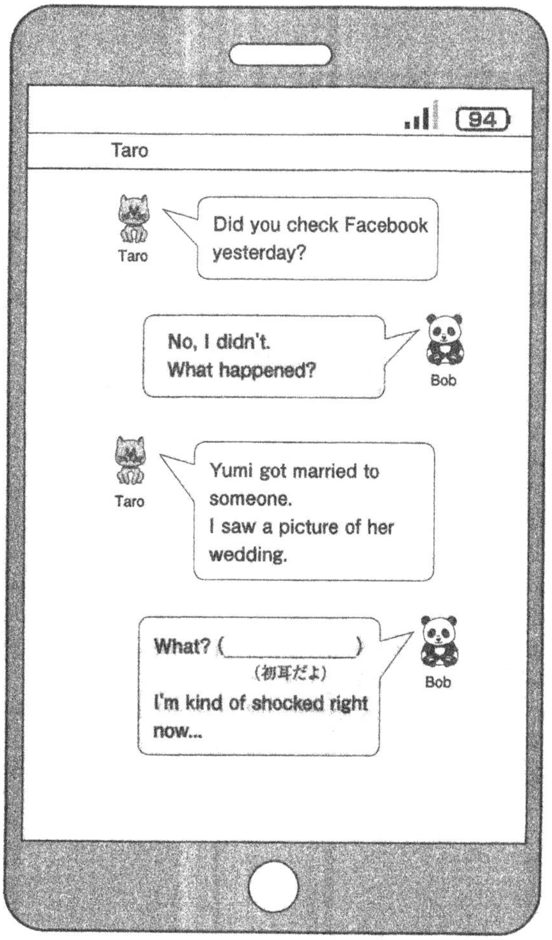
94
Taro
Did you check Facebook yesterday?
Taro
No, I didn't. What happened?
Bob
Yumi got married to someone. I saw a picture of her wedding.
Taro
What? (____________)
(初耳だよ)
I'm kind of shocked right now...
Bob

9 ［リスニング問題］　※リスニングテストの放送台本は非公表です。

放送を聴き，【A】～【D】の各問いに答えなさい。

【A】 次に放送される対話を聴き，それに続く質問の答えとして最も適切なものを**ア～エ**から１つ選び，記号で答えなさい。**放送は１回流れます。**

ア

イ

ウ

エ

【B】次に放送される対話を聴き，それに続く質問の答えとして最も適切なものを**ア～エ**から１つずつ選び，記号で答えなさい。**放送は２回流れます。**

1．**ア** About a joke.　**イ** About clothes.
　　ウ About school grades.　**エ** About their friendship.

2．**ア** At a flower shop.　**イ** At a pet shop.
　　ウ At a theater.　**エ** At a zoo.

【C】 あなたは，友達の Tom への伝言をメモを取りながら聞いています。次の空所(1)～(4)に最も適切な語（句）を答えなさい。ただし，放送で読まれた英文中の単語を用い，すべて英語または算用数字で書くこと。**放送は２回流れます。**

MEMO

To Tom,

・Bring (1) (_____) you promised to lend him.

・Bring (2) (_____) in case of bad weather.

・Pick you up at (3) (_____) a.m.

・Go to the (4) (_____) near the house.

【D】 次に放送される英文を聴き，その内容に合うように，次の英文の空所に最も適切な語（句）を答えなさい。ただし，放送で読まれた英文中の単語を用い，すべて英語または算用数字で書くこと。**放送は２回流れます。**

1．Hanako belongs to (_____) club.

2．Jack is interested in (_____) culture clubs.

3．Jack will join the calligraphy club (_____) school.

4．Jack and Hanako will meet in front of the (_____) room at (_____).

⑤ 水没により電子辞書のキバンが壊れてしまったということだ。

⑥ かなり前に国鉄はＪＲと一般的にはカイショウされている。

⑦ 動物保護に対する意識改革がこれからのヒッス条件である。

⑧ 旅行のカテイをまずは明確に示すようにしなくてはならない。

⑨ 納豆やヨーグルトはハッコウ作用を利用した食品である。

⑩ 青森産の本マグロはトッキュウの品と世間で言われている。

さい。

イ　生活していく上での規則は、本来長い時間をかけて作るものであり、その制定をする側に回れば、大きな利権を得られるから。

ロ　現実世界と同様に、権力が一カ所に集中しすぎないよう、三権分立やマスコミによる権力の監視が大前提となるから。

ハ　データの標準化とシステムの相互運用性を高めることで、体験の共有が可能となり、一つの集団として動かしやすくなるから。

ニ　サイバー空間をどう使うかは人によって異なるが、ある程度の共通認識がないと意思の統一が難しくなるから。

ホ　利益をめぐる競争が企業間で激化しており、ともすれば人としての道徳的一線を越える行為が横行しかねないから。

問四　空欄4にあてはまる語はどれか。次の中から最も適当なものを一つ選び、記号で答えなさい。

イ　流動的　ロ　普遍的　ハ　末期的

ニ　受動的　ホ　抑圧的

問五　傍線5「基本的な潮流」とあるが、何についての「潮流」か。最も適当なものを次の中から一つ選び、記号で答えなさい。

イ　サイバー空間の使い方

ロ　企業間の競争の目的

ハ　リアルの進む方向性

ニ　サイバーとリアルの融合

ホ　利潤追求の手法

問六　傍線6「活気に満ちた混沌が支配する、新しい場所」について、「ルール」という言葉を必ず用いて、六十字以内で説明しなさい。

問七　傍線7「議論百出」について、文中での意味として最も近いものを次の中から一つ選び、記号で答えなさい。

イ　文句ばかりが出ること。

ロ　多角的な検討を要すること。

ハ　千差万別の意見が出ること。

ニ　揚げ足取りに徹すること。

ホ　言葉の応酬合戦になること。

問八　傍線8「コピーしたいのです」について、文中で述べられていること以外の理由を「現実世界」と「逸脱」という二つの言葉を必ず用いて二十～二十五字以内で答えなさい。

問九　空欄9にあてはまる語はどれか。次の中から最も適当なものを一つ選び、記号で答えなさい。

イ　胸　ロ　頭　ハ　足　ニ　肩　ホ　腕

問十　傍線10「現実からの逃避や補完ではなく、今よりよい世界を作るための手段として活用したいと考えています」とありますが、メタバースを活用することについて解答欄の「賛成」もしくは「反対」を丸で囲み、立場を明確にした上で、「賛成」の場合はその活用方法を、「反対」の場合は危険性を述べなさい。

三　次の――線部のカタカナを漢字で書きなさい。

① この通りはかなり初期の段階で整備されたこととウカガった。

② 紙幣であったお金がコウカに変わると不思議な感じがする。

③ 東京駅は日本における交通のチュウカクであると言えるだろう。

④ 日差しをシャダンしてしまう大きなビルが建つことになった。

いつもいろいろな「モノ」との出会いがあった。買い込みすぎたグッズやマンガ、ゲームの重みで本棚が歪んでしまったのも、今となってはいい思い出である。

ところが、現在、マンガは電子書籍アプリで集めるようになり、ゲームも音楽もダウンロード版で買うようになり、なんだったら買い物も秋葉原へ出向かず、ネット通販で済ませるようになってしまった。実際に店に行って眺める楽しさよりも、出向く面倒を省く欲求の方が勝ってしまったのである。店の開店を待たずに、深夜0時から新作のゲームが遊べてしまうのだ。

その一方で、「モノ」への執着を断ち切れない自分もいる。気に入ったマンガは電子書籍だけでなく紙の本でも集めて棚に飾り、「遊戯王」カードはいまだに捨てられず、（対戦相手もいないというのに）新しいカードを買ってはファイルに入れ、眺めて楽しんでいる自分がいる。

「電子書籍か紙の本か」というデジタル化が提唱されたころから続く議論に代表されるように、なぜいまだにアナログなものを追い求めるかについては合理的な説明は難しい。ただ、私なりの解釈ではあるが、「そこに存在しているという安心」が、いつまでも人々がアナログなものから離れることができない理由なのではないかと思っている。自分の生きてきた証が、自分の愛してきた「モノ」が、確かにそこに存在しているという事実は、デジタルでは味わえないものだ。

アナログとデジタルの行く先は、いったいどんな未来だろうか。両者の領域を保ったまま、仲良く手を取り合う未来が来ることを願ってやまない。

（出題者作成文章）

＊**ストリーミングサービス**……インターネット上で映像や音楽などを再生するサービス。

サブスクリプション……商品を所有するのではなく、一定期間利用するために定期的に料金を支払い、様々なコンテンツを利用できるサービス。

問一　傍線**1**「リアルとサイバー空間がくっつきつつある」とあるが、その例として不適当なものを次の中から一つ選び、記号で答えなさい。

イ　オンラインショップで注文した商品を店舗で受け取る。
ロ　ストリーミングサービスで試聴した音楽をCDで買う。
ハ　ゴーグルをつけ、VR世界で世界一周旅行を体験する。
ニ　買った参考書に付属しているQRコードから解説動画を見る。
ホ　駅前の商店街をSNSで宣伝して、お客を呼び込む。

問二　傍線**2**「鬼門」について、

(1)　文中での意味を次の中から一つ選び、記号で答えなさい。

イ　苦手意識の強い場所
ロ　縁起の悪い方角
ハ　過去にあった嫌な経験
ニ　難易度の高い状況
ホ　禁句となっている言葉

(2)　近い意味の語を次の中から一つ選び、記号で答えなさい。

イ　ウィークポイント　　**ロ**　トラウマ
ハ　ノースイースト　　**ニ**　タブー
ホ　サンクチュアリ

問三　傍線**3**「そのグランドデザインをどう描くかが重要」とあるが、その理由として最も適当なものを次の中から一つ選び、記号で答えな都合のいい形で「メタバース」という語を使っています。本書での使い方は、状況をすっきりさせるために用いた、あくまで私の定義だと考えてください。

　デジタルツインもサイバー空間内に新しい世界を作りましたが、根本の発想はリアルの模倣です。8コピーしたいのです。

　それに対して、メタバースはリアルの模倣にこだわりません。重力が煩わしいなと思ったら、重力をカットしてしまえるのがメタバースです。自分の性別に違和感があるなと感じていたら、違う性別のアバターを使って世界に入っていけるのがメタバースです。足が不自由でも、大地を駆け巡り大空を飛べるのがメタバースです。リアルの模倣にこだわらないため、本書では疑似現実に対して仮想現実という言葉も使いました。

　リアルとは違う理で世界を楽しんだり、息抜きをしたりすることは、ゲームやSNSで長く行われてきました。メタバースの要素技術や先行事例でフォートナイトやどうぶつの森などのゲームが多く登場するのは、必然と言えます。

　「リアルの中から、自分に都合のよい部分だけを抽出した世界」というと、後ろ向きに聞こえるかもしれません。リアルがうまくいかないので、仮想現実に逃げ込んでいるような印象になります。

　しかし、仮想現実内での体験が質・量ともにリアルに比[9]しうるものになり、そこでリアルと同密度で人と交流できるようになり、教育を受け、リアルでの生活の糧になるほどの収入を得る手段も存在するのであれば、それは逃げたことにはならないかもしれません。

　居心地のよい国家を求めて移民する人がいるように、リアルより自分に向いている世界を求めてメタバースに移住するのです。今は生理的に認められない人が多いでしょうが、それを言うならインターネットに多くの時間を費やすことさえ、その前にはテレビを視聴することさえ忌避した人はたくさんいました。

　リアルより人生の幅が広がる可能性すらあります。物理法則に支配されたリアルの世界では、人間が生身で空を飛ぶことはどうやっても無理があります。でも、メタバースでは人が空を飛ぶ世界も作ることができます。空を飛ぶことこそが人生の価値そのもの、と言えるほど空に焦がれる人がいたら、ひょっとしたらメタバースで暮らしたほうが幸せかもしれません。10現実からの逃避や補完ではなく、今よりよい世界を作るための手段として活用したいと考えています。

岡嶋裕史『メタバースとは何か　ネット上の「もう一つの世界」』（光文社新書）

〈補足資料〉

「デジタル化」という言葉が叫ばれるようになって久しい。かつては好きなアーティストのCDを端から買い集めたものだが、今の時代、音楽は各種*ストリーミングサービスで「聞き流す」ものであり、特定のアーティストにこだわるのではなく、*サブスクリプションを利用して雑多に聴くようなスタイルも珍しくないようである。

　私は長年来の「オタク」であり、人よりも「モノ」に執着してきたという自負がある。大学時代は少ないバイト代をなんとかやりくりしながら、授業の合間を縫っては「アキバ」へ繰り出したものだ。「アキバ」、すなわち秋葉原はオタクにとってのサンクチュアリ…というのはやや言い過ぎ感もあるが、いわゆるオタク文化のメッカであり、そこに行けばも等しい力を持っているあのフェイスブックですら、アップルが個人情報保護のルールを厳格化したことでその広告ビジネスに大打撃を受けました。それほど事態は［４］だと言えます。だから、テックジャイアントと呼ばれる企業を筆頭に多数のプレイヤが競って新しい世界で重要な地位を占めようと競争を繰り広げています。

それに際しての[5]基本的な潮流が２つあります。リアルに寄せるか、サイバー空間を充実させるかです。

まず、リアルに寄せる構想で出てくるのが、デジタルツインやミラーワールドです。

デジタルツインはリアルを模倣したそっくりそのままの世界をサイバー空間内に作るものです。本書では疑似現実という言葉も使いました。

そっくりそのままですが、リアルとは切り離されているので、何をしても構いません。極端な話、ここに核兵器を落としたらどうなるだろうかとか、パンデミックがひどいことになったときの予想をしようといった用途に使うこともできます。

研究目的であればとても面白い使い道ですが、一般消費者にとっては直接役に立つ部分は少ないかもしれません。

そこで、ミラーワールドが出てきます。ミラーワールドはリアルを模倣したデジタルツインを作りますが、デジタルツインは切り離されておらず、リアルと結びついてリアルに影響を及ぼします。

デジタルツインの中で宿題をやったら、○×をつけた結果がリアルの教室で先生から返却されるかもしれませんし、先ほどの例のように、デジタルツインで仮想の洋服を作って着用したら、リアルの世界でもスマートグラスを通して、その服を実際に着ているように周囲の人に認知されるかもしれません。

そうすると、リアルで身につける服はどんなものでもよくなるでしょう（全裸でもいいかもしれませんが、スマートグラスを外した人に見られると危険です）。アパレルに従事する人は職を失ってしまうかもしれませんが、デジタルツインで仮想衣服をデザインする仕事は新しく創出されます。

これは、「職はなくならないが、別のスキルが必要になる」ＡＩ・データサイエンス時代の職能事情にもリンクする話です。

夢物語に聞こえるでしょうか。しかし、私たちは技術を使って相当なことを実現してきました。たとえば、地震波よりも電波のほうが速いことを使って、地震が揺れ始める前に警報を鳴らすシステムを私たちはすでに実装しています。慣れているから「なーんだ」と思ってしまうしくみですが、あれは一種の未来予知です。技術がそれを可能にしたのです。

ここで使っているデジタルツインやミラーワールドの定義ですら、まだ世界的に確定しているとは言えません。他の研究者や企業はまた別の定義を用いていることもあります。[6]活気に満ちた混沌《こんとん》が支配する、新しい場所なのです。

２つ目の潮流は、サイバー空間に重きをおいたものです。リアルとは切り離して、リアルとは違うまったく新しい世界を作ります。本書ではこれをメタバースと呼びました。

メタバースもまだまだ[7]議論百出の分野で、使い方によっては巨大なマネタイズにもつながりますから、色々なプレイヤが自分のビジネスに

り続ける必要があったから。

ロ　子どもに対する両親の関心と期待は、入学予定大学が見えてきている大智よりも中学生で可能性の大きい奈保子に強く向いており、両親の目を兄に向けるため、奈保子は学校に行かないという強硬手段に出る必要があったから。

ハ　両親が子どもに期待するのは学業成績を上げることだけであり、世間的には優秀な兄と比べられたとき、自分が劣っていることを自覚させられたくない奈保子としては、学校に行かないという手段で抵抗するしかなかったから。

ニ　両親の子ども二人に対する期待と関心は長男の大智の方に強く向かっており、自分にもっと目を向けてほしいと切実に願う奈保子は、学校に行かなくなるという家族内での大事件を引き起こす必要性に迫られたから。

ホ　両親は子ども二人に学業成績を上げることを強く望んでいると十分に理解している奈保子は、成績グラフを示すかのように兄妹を競わせる両親に対する抵抗策として、学校に行かないという方法が一番効果的だと考えたから。

二　次の文章および補足資料を読んで、後の問いに答えなさい。なお、設問の関係上、一部表現を変えてあります。

メタバースについて考えてきました。新しい言葉でもあり、使う人によって意味が異なる言葉でもあります。読み進めるうちに、混乱した方もいるでしょう。最後にここで整理しておきたいと思います。

まず、現実と仮想の融合という大テーマがあります。「現実」と「仮想」は意味の広い言葉なので、本書では「リアル」と「サイバー空間」を、導入部分と慣習的な用語は別として、極力使ってきました。

リアルは肉体を伴うこの現実のことです。サイバー空間はインターネットのことですが、インターネット上に展開されるウェブやSNSや各種システムなどを包含しています。

この[1]リアルとサイバー空間がくっつきつつあるのは、納得していただけると思います。コンビニATMでは、スマホの操作だけでお金が引き出せますし、オタクにとっての[2]鬼門であるアパレルショップでの試着はARで実際に着替えなくてもよくなりました！　というか、もう服はいらなくなるかもしれません。スマートグラスを使えば、自分がどんな服を着ていても、別の服を着ているように表示することが可能です。

今のところ、それで視覚的に満たされるのは自分だけですが、データの標準化とシステムの相互運用性が高まれば、自分を見ている相手のスマートグラスにもその衣装が映し出されます。たとえ自分がステテコを着ていたり、全裸で歩いていてもです！

このようにリアルとサイバー空間の融合が現実のものになってくると、[3]そのグランドデザインをどう描くかが重要になってきます。現実のグランドデザインは実に長い時間をかけて形作られてきました。三権分立やマスコミによる権力の監視、都市設計、地域での暮らしのルールなどです。

リアルとサイバー空間が融合した新しい世界では、これらの多くが未着手で、今参入すれば人間が長い歴史の中で培ってきた構造を、ほとんど自分たちだけの手で作り上げ、そこで強い影響力を得たり、大きな利潤を獲得したりすることが可能です。私たち一般利用者から見れば神に

③　本学卒業後の進路希望

イ　そもそも何のために教員を目指すのか、今一度考え直してください。自分のことしか書かないのは生徒を支える立場として間違いです。

ロ　「N大学での学びを存分に活用し」たいのは「自らの成長」のためと帰結して大丈夫ですか。子ども達の成長に貢献したいから教師を目指すのですよね。

ハ　教員になれるのならば、小学校・中学校・高校どの校種でも良いでは志望動機が弱いと受け取られかねないので志望校種を絞りましょう。

ニ　大学院のことまで書いたら、教員を積極的に目指していると受け取られなくなりますから、余分なことを書いてはいけません。教師志望のみを記入すべきです。

ホ　社会科がどうしてここで突然出て来るのでしょうか。国語でも英語でも問題ないですよね。なぜ社会科であるのかを、ここでは徹底的に示すべきです。

④　学生時代の経験とそこから得た学び

イ　これは「文化祭を終えて」というタイトルか何かの作文ですか。単なる実況中継でしかなく、あなたの人物像が全く伝わってきません。

ロ　これではエッセイですね。事件によってあなたがどう感じたかという心理描写に文学的文章の要素が強過ぎて面白みに欠けています。

ハ　三年間続けた部活動の方を中心に書けば良いのに。文化祭に関する活動は短期間ですから書く内容として本末転倒です。

ニ　読む方は面白く読めますが、単なる記録文になっていて、諸活動を通じてあなたがどう成長したかが全く分かりません。

ホ　臨場感がありますね。でも、ここで求められている文章の意義を考えると表現を変える必要があるのではないでしょうか。

問八　傍線8「鳥の声が聞こえる。何の鳥だろう」とあるが、これは何を象徴している表現か。最も適当なものを次の中から一つ選び、記号で答えなさい。

イ　書類をとりあえず完成させ、M先生に送信まで終えて安堵《あんど》している大智の様子。

ロ　時間はそれなりにかかったが、書類をひとまず仕上げたことによる大智の満足感。

ハ　長い時間をかけて書類を書き終え、M先生に送信したことからくる大智の達成感。

ニ　書類の作成に一区切りつけられたことにより、心理的に余裕が出てきた大智の状況。

ホ　時間の経過と書類の完成度に伴って、刻々と変化してゆく大智の気持ちの在り方。

問九　傍線9「奈保子は高校へは行かないと言う」とあるが、本文全体から考えて、奈保子はなぜ学校に行かないのか。最も適当なものを次の中から一つ選び、記号で答えなさい。

イ　両親の二人の子どもに対する大きな期待が奈保子にとってはあまりにも重荷となっており、一つを乗り越えると次の期待が待っているとわかっている奈保子には、どこかでそのハードルの前にとどま

ニ　大智は洞察力が高く、M先生との今後の関係性を良好に保つには要求は良くないと考えたから。

ホ　他者に配慮できる大智としては、M先生の状況を考えると依頼することがはばかられたから。

問六　傍線7「何を書いても良い気がする」とあるが、その理由として最も適当なものを次の中から一つ選び、記号で答えなさい。

イ　M先生と大智の関係は良好で、何を書いても先生は受け入れてくれるという安心感があるから。

ロ　大智のことを理解してくれているM先生なら、必ず最適なアドバイスがもらえると確信したから。

ハ　大智はM先生のことをとても信頼していて、その先生に指導をしてもらえる約束ができたから。

ニ　文章指導が上手なM先生は、期待どおりの仕事をしてくれる、大智にとって頼もしい存在だから。

ホ　大智が一人で作成する書類より良いものが完成することが確実となり、気が大きくなったから。

問七　大智が書いた「志望理由等の書類」①、②、③、④の各パートについて、M先生がアドバイスや直しの提案をしたと考えられることについて、それぞれ最も適当なものを次の中から一つ選び、記号で答えなさい。

①　本学、及び本学部、本学科を志望する理由

イ　教育者を目指した思いは伝わりますが、N大学入学後に何を学びたいのかがあまりにも漠然とし過ぎています。よって、①については全体的に書き直した方が良いですよ。

ロ　どのような教育者になりたいのかはよくわかりますが、その実現のためにN大学で何をどうするつもりかよくわからないので、それを書き加えてください。

ハ　学校の在り方や教師の役割はN大学でなくとも学べます。N大学独自のカリキュラムに触れ、N大学があなたにとって最良の学びの場であることを強調しましょう。

ニ　どうして教育者を志すのかは何となく伝わってきますし、理想の教育者をどのように考えているかも理解できる文章ですね。申し分ない出来で感服しました。

ホ　様々な教育者像が想定される中で、ここであなたの示した教育者の優位性が明確ではないため説得力には欠けますが、求められるタイトルに対して良く書けてます。

②　本学に入学後研究したいこと・学びたいこと

イ　教育史を学びたいという熱意は伝わったので、志望大学でしか学べないことをアピールできるとなお良いでしょう。

ロ　教育と歴史の関係をどう見ているかは明確ですが、あなたが目指すものが何なのか結局わからないままです。

ハ　「自らの目指す教育者の像」とはここではどのようなものか明確に示してから、それを「形成」すべきです。

ニ　「現代社会が抱える問題」が具体性に欠けていて、歴史にも諸問題にも表面的に触れる程度の印象しかありません。

ホ　教育を歴史から考えるよりも、最新の教育学や青年心理学を学ぶ方がより有意義なのではないでしょうか。

問三　①傍線3「両親は海で得た魚をお腹にたくさん入れたまま陸に上がって二キロ先の営巣地までひたすら走り続けるペンギンのようにして僕に接して来る」、②傍線4「営業職に就いている人の上司みたいでもある」とあるが、それぞれどういうことか。最も適当なものを次の中から一つ選び、記号で答えなさい。

①

イ　両親は子どものために、陸上を長距離進むペンギンのごとく気の毒な姿をしていると大智には映っているということ。

ロ　両親は子どものために、どんな苦労もいとわない献身的な姿勢で日常的に大智と関わり続けているということ。

ハ　子どものために日々大変な努力を重ねている両親が、大智には長い競争に耐えているように見えているということ。

ニ　子どもの生活を支えるために必死に働く両親が、大智には長距離を進むペンギンのように感じるということ。

ホ　子どものためなら何でもしますよという在り方で、両親が日々を生きていると大智が感じているということ。

②

イ　大智に接する両親は、成績を上げるということを求め続ける上司のように思える人だということ。

ロ　大智にとって両親は、口うるさく部下に営業方針を指図してくる上司と感じる人だということ。

ハ　大智にとって両親は、部下にばかり成績を出すよう求める上司にしか見えない存在だということ。

ニ　大智に接する両親は、営業成績ばかりを気にして部下に接する営業職そのものであるということ。

ホ　大智にとって両親は、常に部下を叱咤《しった》激励している営業部の厳しい上司的な存在であるということ。

問四　傍線5「第一志望の国立大学には重たい出願書類作成」とあるが、どのような書類の作成を求められているのか。最も適当なものを次の中から一つ選び、記号で答えなさい。

イ　とにかく書く分量が多く、その文字数を考えるだけでうんざりしてくる書類。

ロ　書く量の多さはもちろん、趣旨や叙述にも気を使わなくてはならない書類。

ハ　内容と共に忍耐力も試す意味合いもあるかのような、ひたすら書かされる書類。

ニ　書くスペースを埋めるだけで気が遠くなるような量を書かなくてはならない書類。

ホ　採点者の意向に沿うよう書く内容を吟味した上で、長文記述力も求められる書類。

問五　傍線6「意を決して」とあるが、その理由として最も適当なものを次の中から一つ選び、記号で答えなさい。

イ　遠慮がちな性格の大智は、好意を持っているM先生に迷惑をかけたくはなかったから。

ロ　大智は熟慮するタイプの人物であり、よく話すM先生の特殊な事情を飲み込んでいたから。

ハ　自己主張が強くないタイプの大智は、M先生に自分の要求ばかりすることを遠慮したから。

祭での経験を通じて、情報を活用することの大切さ、組織的戦略の重要性を皆で理解して実践していくことの必要性を学んだ。

　また、私は美術部に入っていて、部長も務めた。個人の活動となるので、他の部活のようなリーダーシップは発揮する機会に恵まれなかったが、写生会の会場を決めるとき、皆の意見の集約に苦労もした。良い絵を描くために個人としても日々、努力を重ねたことにより、絵の力量も上がったし、楽しんで活動することの大切さも学んだ。これらの経験は全て、今後の教員としての自分にとって大きな糧となっているはずである。

　完成。M先生に送った。8鳥の声が聞こえる。何の鳥だろう。窓の外を眺めたが鳥の姿は見えなかった。代わりに隣室の妹が僕には気になった。9奈保子は高校へは行かないと言う。中学もずっと行っていないんだから高校に入学しても絶対に行かない、だから行かないと言う。学校も友達も嫌いじゃない、でも絶対に行かないと。学校に行くと、ろくな目に合わない。学校でじゃないからねと、憎しみのこもった目で両親に向かって言っていた。本当は。奈保子を見ていたから教師を目指す自分がいるような気がする。家にいても家にいる時間で成長しているんだろうけれど、僕は学校が好きだから。その魅力に触れさせたいんだ、一人でも多くの子ども達を。赤みを増してきた空を見上げながらそんなことを考える、その日の僕だった。　（出題者作成文章）

＊**共通テスト**……大学入学希望者の多くが受験する試験。

問一　傍線1「それ自体になっちゃう」とあるが、どういうことか。最も適当なものを次の中から一つ選び、記号で答えなさい。

イ　SNSでのやり取りは表面的で、大智の作成した文章に対して教師が直しや指導を行っても大智本来の魅力を引き出せるとは限らないということ。

ロ　SNSでのやり取りは一方的であり、教師から受けた指導に対する大智自身の直しがどうしても独りよがりになりがちだということ。

ハ　SNSでのやり取りは、その特性から文章の直しにおいて大智と教師がどうしてもコミュニケーション不足になりがちだということ。

ニ　SNSでのやり取りは、文章指導をした際の教師の表現や言い回しを大智がそのままの形で使いがちになってしまうということ。

ホ　SNSでのやり取りだと、大智には教師の助言や指導の真意が理解されにくく、結果として誤解が生じやすくなってしまうということ。

問二　傍線2「よくよくのところ以外は手を入れないようにする」とあるが、どういうことか。最も適当なものを次の中から一つ選び、記号で答えなさい。

イ　とてもよく書けているところ以外は基本的に指摘しないということ。

ロ　よく書けていないところのみ指摘しないようにするということ。

ハ　あまりにもひどい書き様のところだけは逃さないように見るということ。

ニ　どう好意的に見てもよく書けていないところのみ添削するということ。

ホ　よく書けているところだけは添削しないようにするということ。

「良いけど、冬休みに入っちゃうから、いつもみたいに頻繁には会えないよね。校外の冬期講習なんかにも行くんでしょ。」

「そうですね。う1ん。」

それで、SNSでやり取りをすることになったのだ。とりあえず書いて送らなくてはならない。スペースは広い。でも、気が楽になった。7何を書いても良い気がする。よし、書くか。さっさと書いて、英語やらないと。

①本学、及び本学部、本学科を志望する理由

私がN大学教育学部教育学科を志望する理由は小学校での恩師との出会いにある。その先生は私にとって、教師とはこういう存在だと示してくれたのだ。子どもに誠実であった。そしてとにかく信頼できた。N大学は教育者の育成に注力している大学である。私が、小学校で出会えた恩師の何が、そこまで信頼感を子どもに与えていたのか研究したい。また、高校在学中に、クラスの友人や先生と、現代社会が抱える問題に対して意見を交わす機会が多くあり、その中で私自らが、これらの問題に対して対応できる人を社会へ送り出すための教育をしていけるようになるという側面からのアプローチができないかと考えるようになった結果、学校そのものの在り方や教師の役割とは何かについて学ぶことのできるN大学教育学部教育学科が私には最も適していると考えるようになったのである。

②本学に入学後研究したいこと・学びたいこと

私は何より、教育というものがこれまでたどってきた歴史に着目することを考えている。それは歴史に目を向けることで、これまで教育に期待されていた役割や人々に与えた影響を知ることができるからである。その上で、教育にできることを明らかにし、現代社会の抱える問題と向き合うことで、現代の教育に求められる役割を考察したいと考えている。そして最終的にそれらの考察によって得られたことから、教師の担うべき役割について迫っていくことにより、自らの目指す教育者の像を形成していく所存である。

③本学卒業後の進路希望

私はN大学での学びを存分に活用し、それに加えて多くの人と関わり、経験を重ね、卒業後も自らを成長させていく。そのために、小学校教員、または中学校か高等学校の社会科教員を希望し、必要に応じて大学院への進学も視野に入れている。

④学生時代の経験とそこから得た学び

校内での活動では、一年次の文化祭と部活動に特に力を入れた。文化祭では自分のクラスが大賞を受賞するために参加内容のエントリーでプレゼンテーションをするところから頑張った。家庭科室を使いたい。家庭科室を使えるクラスは二十七クラスの中で一つである。高三はほとんどが劇だから実質は十クラスくらいでの競争を勝ち抜かなくてはならない。このプレゼンテーションを担当することとなった私は自クラスの内容の充実はもちろんのこと、敵を知ることの大切さを思い、他クラスの内容や情報を得ることに重きを置いた。ライバルの上を行くにはどうしたらよいかを得た情報から考え抜いて対策した結果、家庭科室を使えることになったのだ。しかしプレゼンテーションに勝っただけで、大賞は受賞できなかった。それはプレゼンテーションに勝ったことによる見通しの甘さや根拠のない自信が皆に生じたからだと考えている。この文化

【国語】（五〇分）〈満点：一〇〇点〉

一　次の文章を読んで、後の問いに答えなさい。なお、文章中の僕こと大智には中学三年生の妹、奈保子がいます。また、解答する際の字数には句読点を含みます。

「うん、わかった。じゃあＳＮＳでやり取りしよう。書いて送ってくれる？そうしたら、添削して送り返すよ。」
「わかりました。そうします。」
「それからね、対面やり取りではないから双方向性があまりないじゃない？だからさ、こう直しなよが、直しの方向性を示すというより、1それ自体になっちゃうから、あなたの良さや特性を失うことに繋がるでしょ。だから、2よくよくのところ以外は手を入れないようにするからね。あなたのことは信頼しているし。」
「わかりました。ありがとうございます。一回目は明日にでも完成して送ります。」
「じゃあ、頑張ってね。期待してるよ。」
「ありがとうございました。」
僕は教師の前をあとにした。明日から冬休みだ。そして、一か月もせずに共通テストを迎える。第一志望大学合格の可能性は高い。でも、心配だ。とにかく三か月とちょっと後には大学に入学してしまわないと。自分には浪人生活なんか耐えられそうにない。勉強が嫌だとか、背水の陣がきついっていうのではなくて。
　両親は妹の分も期待しているし、心配している。この僕に。この僕を、ではない。奈保子が学校に行かなくなってから、3両親は海で得た魚をお腹にたくさん入れたまま陸に上がって二キロ先の営巣地までひたすら走り続けるペンギンのようにして僕に接して来る。そして、4営業職に就いている人の上司みたいでもある。そちらの方が強いように感じている。だから奈保子は学校に行かないんだと僕は思っているんだけれど。
　そんな思いから、受験予定大学の数は十を超えてしまった。つい最近、第二志望として受験を決めた大学のことを考えると憂鬱《ゆううつ》になった。5第一志望の国立大学には重たい出願書類作成が不要であるのに対して、第二志望の国立大学はハードルの高い、ものすごく長い志望理由等の書類を書いて提出しなくてはならない。それに基づいて面接試験がある。第一志望大学も二次試験に面接があるけれど、だから何となく志望理由等の書類も既に書いたけれど、短いものだった。表面的なことを書けば、それでスペースが終わってしまった。悩んだ結果、わりとよく話してきたM先生に相談するしかないと思った。だから、二学期終業式の今日、6意を決してお願いに伺ったのだ。
　M先生には担任をされているクラスがある。卓球部の顧問も忙しい。以前、お話したとき、確か通勤に片道二時間以上かかるとおっしゃっていた。
「突然で申し訳ないんですが、第二志望で受けることにしたN大で重たい志望理由等の書類を書かなくてはならないんです。可能なら、ご指導いただけないでしょうか。」
「国立か。じゃあ、*共通テストが終わったらすぐに出願だね。一か月後に完成していれば良いってことだね。」
「そうなんです。お願いできますか。」

2023年度

解　答　と　解　説

《2023年度の配点は解答欄に掲載してあります。》

＜数学解答＞

1　(1)　$-\frac{9}{2a}$　(2)　$\frac{5x+9y}{14}$　(3)　$x=\frac{y-b}{a}$　(4)　$x=-7,\ y=2$　(5)　$-4\sqrt{6}$

(6)　$-\frac{2\sqrt{3}}{3}$　(7)　$x=\frac{3\pm\sqrt{17}}{4}$　(8)　5　(9)　6　(10)　$a=-\frac{3}{4}$　(11)　10g

(12)　番号③，確率$\frac{3}{4}$　(13)　①　(14)　男子234人，女子171人

(15)　$(2a+b+c)^2$

2　(1)　$\frac{62}{3}\pi\ \mathrm{cm}^3$　(2)　118度　(3)　39度　(4)　$\frac{9-\sqrt{17}}{2}$cm　(5)　$9\sqrt{3}-3\pi\ \mathrm{cm}^2$

3　(1)　4通り　(2)　$a=2,\ b=3,\ c=5$

4　(1)　$\frac{28}{3}$cm　(2)　$\frac{49}{9}a\mathrm{cm}^2$

5　(1)　$(2\sqrt{3},\ 3)$　(2)　$a=\frac{1}{4}$　(3)　$(2\sqrt{3}-2\sqrt{6},\ 9-6\sqrt{2})$

6　(1)　1.03m　(2)　4.72m　(3)　内輪差　0.38m増える，最小回転半径　0.28m増える

○推定配点○

1，2　各3点×20(1(4)，(12)，(14)各完答)

3～6　各4点×10(3(2)完答，6(3)は各2点×2)　　計100点

＜数学解説＞

基本　**1**　(式の計算，式の変形，連立方程式，平方根の計算，2次方程式，式の値，関数の変化の割合，方程式の応用問題，確率，箱ひげ図，因数分解)

(1)　$-2a^2b\times(-3ab^2)^2\div4a^5b^5=-2a^2b\times9a^2b^4\times\frac{1}{4a^5b^5}=-\frac{9}{2a}$

(2)　$\frac{6x+y}{7}-\frac{x-y}{2}=\frac{2(6x+y)-7(x-y)}{14}=\frac{12x+2y-7x+7y}{14}=\frac{5x+9y}{14}$

(3)　$y=ax+b$　$ax+b=y$　$ax=y-b$　$x=\frac{y-b}{a}$

(4)　$3x+2y=-17$…①　$-5y-2x=4$　$2x+5y=-4$…②　①×5－②×2から，$11x=-77$　$x=-7$　①に$x=-7$を代入して，$3\times(-7)+2y=-17$　$2y=4$　$y=2$

(5)　$(\sqrt{2}-\sqrt{3})^2-(\sqrt{2}+\sqrt{3})^2=\{(\sqrt{2}-\sqrt{3})+(\sqrt{2}+\sqrt{3})\}\{(\sqrt{2}-\sqrt{3})-(\sqrt{2}+\sqrt{3})\}=2\sqrt{2}\times(-2\sqrt{3})=-4\sqrt{6}$

(6)　$\frac{1}{\sqrt{6}}(\sqrt{3}-\sqrt{2})-\frac{1}{\sqrt{18}}(\sqrt{6}+\sqrt{9})=\sqrt{\frac{3}{6}}-\sqrt{\frac{2}{6}}-\sqrt{\frac{6}{18}}-\sqrt{\frac{9}{18}}=\sqrt{\frac{1}{2}}-\sqrt{\frac{1}{3}}-\sqrt{\frac{1}{3}}-\sqrt{\frac{1}{2}}=-2\sqrt{\frac{1}{3}}=-\frac{2\sqrt{3}}{3}$

(7)　$2x^2-3x=1$　$2x^2-3x-1=0$　$x=\frac{-(-3)\pm\sqrt{(-3)^2-4\times2\times(-1)}}{2\times2}=\frac{3\pm\sqrt{17}}{4}$

(8)　$x^2-6x+9=(x-3)^2=(3+\sqrt{5}-3)^2=(\sqrt{5})^2=5$

(9)　(yの増加量)＝(変化の割合)×(xの増加量)から，$\frac{3}{5}\times10=6$

(10)　$\frac{a\times(-6)^2-a\times(-8)^2}{-6-(-8)}=\frac{a\times2^2}{2}+12$から，$\frac{36a-64a}{2}=\frac{4a}{2}+12$　　$\frac{-28a}{2}=2a+12$　$-14a=2a+12$　　$-16a=12$　　$a=-\frac{12}{16}=-\frac{3}{4}$

(11)　もとの食塩水の量をxg，加える食塩の量をygとする。食塩水の量から，$x+y=210$…①　食塩の量から，$x\times\frac{16}{100}+y=210\times\frac{20}{100}$　　$16x+100y=4200$…②　　②－①×16から，$84y=840$　$y=10$　　よって，加える食塩の量は10g

(12)　2つのさいころの目の出かたは全部で，6×6＝36(通り)

①　出た目の和が偶数になる場合は，(1，1)，(1，3)，(1，5)，(2，2)，(2，4)，(2，6)，(3，1)，(3，3)，(3，5)，(4，2)，(4，4)，(4，6)，(5，1)，(5，3)，(5，5)，(6，2)，(6，4)，(6，6)の18通り　　よって，出た目の和が偶数になる確率は$\frac{18}{36}=\frac{1}{2}$

②　出た目の和が奇数になる確率は，1－(出た目の和が偶数になる確率)で求められるから，$1-\frac{1}{2}=\frac{1}{2}$

③　出た目の積が奇数になる場合は，(1，1)，(1，3)，(1，5)，(3，1)，(3，3)，(3，5)，(5，1)，(5，3)，(5，5)の9通り　　よって，出た目の積が偶数になる場合は，$\frac{36-9}{36}=\frac{27}{36}=\frac{3}{4}$

④　③より，出た目の積が奇数になる確率は，$\frac{9}{36}=\frac{1}{4}$　　よって，最も起こりやすい事柄は③で，それが起こる確率は$\frac{3}{4}$

(13)　ヒストグラムから，データの総数は45　　中央値は値が小さい方から数えて23番目の値になるから，$\frac{20+25}{2}=22.5$　　第1四分位数は，値の小さい方から数えて11番目と12番目の平均になるから，$\frac{10+15}{2}=12.5$　　第3四分位数は，値の大きい方から数えて11番目と12番目の平均になるから，$\frac{30+35}{2}=32.5$　　中央値は，箱の中心にあるので②の図ではない。四分位範囲は$32.5-12.5=20$で，範囲の半分以上をしめるから，選ぶ箱ひげ図は①

(14)　昨年の男子の人数をx人，昨年の女子の人数をy人とすると，昨年の生徒の人数から，$x+y=405$…①　　今年の生徒の人数から，$1.04x+0.95y=405$…②　　②－①×0.95から，$0.09x=20.25$　$x=225$　　$y=405-225=180$　　$225\times1.04=234$　　$405-234=171$　　よって，今年の男子の人数は234人，女子の人数は171人

(15)　$4a^2+4ab+b^2+c^2+2c(2a+b)=(2a+b)^2+2c(2a+b)+c^2$　　$2a+b=\mathrm{A}$とおくと，$\mathrm{A}^2+2c\mathrm{A}+c^2=(\mathrm{A}+c)^2=(2a+b+c)^2$

2　(平面図形・空間図形の計量問題―回転体の体積，角度，円の性質，三角形の合同，三平方の定理，円と接線，面積)

(1)　$y=2x+1$…①　　①に$x=0$，2を代入して，$y=1$，$y=2\times2+1=5$　　O(0，0)，A(0，1)，B(2，5)，H(2，0)　　①に$y=0$を代入して，$0=2x+1$　　$2x=-1$　　$x=-\frac{1}{2}$　　$\mathrm{P}\left(-\frac{1}{2},\ 0\right)$

$PH=2-\left(-\frac{1}{2}\right)=\frac{5}{2}$　求める立体の体積は，底面が半径BHの円で高さがPHの円錐の体積から，底面が半径AOの円で高さがPOの円錐の体積をひいたものになるから，$\frac{1}{3}\times\pi\times5^2\times\frac{5}{2}-\frac{1}{3}\times\pi\times1^2\times\frac{1}{2}=\frac{125}{6}\pi-\frac{1}{6}\pi=\frac{124}{6}\pi=\frac{62}{3}\pi\,(\mathrm{cm}^3)$

(2)　平行線の同位角から，$\angle ABC=\angle BDE=62^\circ$　$\triangle CAB$は二等辺三角形だから，$\angle ACB=180^\circ-62^\circ\times2=56^\circ$　点Fを通り直線ℓに平行な直線とADとの交点をGとすると，四角形GDEFは平行四辺形になるから，$\angle GFE=\angle GDE=62^\circ$　平行線の同位角から，$\angle CFG=\angle ACB=56^\circ$　よって，$\angle x=\angle GFE+\angle CFG=56^\circ+62^\circ=118^\circ$

(3)　$\angle ADB=a$とすると，$3\overset{\frown}{AB}=\overset{\frown}{CD}$から，$\angle CAD=3a$　$\triangle ADF$において内角と外角の関係から，$\angle ADF+\angle FAD=52^\circ$　$a+3a=52^\circ$　$4a=52^\circ$　$a=13^\circ$　$\overset{\frown}{BC}=\overset{\frown}{CD}$から，$\angle BEC=\angle CAD=3\times13^\circ=39^\circ$

(4)　$\triangle AHE$と$\triangle BEF$において，$\angle HAE=\angle EBF=90^\circ$，$HE=EF$，$\angle AEH=90^\circ-\angle BEF=\angle BFE$　直角三角形で斜辺と1つの鋭角がそれぞれ等しいので，$\triangle AHE\equiv\triangle BEF$　よって，$AH=BE$　$AH=x$cmとおくと，$AE=AB-BE=9-x$　$\triangle AEH$において三平方の定理を用いると，$AH^2+AE^2=HE^2$　$x^2+(9-x)^2=7^2$　$x^2+81-18x+x^2-49=0$　$2x^2-18x+32=0$　$x^2-9x+16=0$　二次方程式の解の公式から，$x=\frac{-(-9)\pm\sqrt{(-9)^2-4\times1\times16}}{2\times1}=\frac{9\pm\sqrt{17}}{2}$　$AH<HD$から，$AH=\frac{9-\sqrt{17}}{2}$cm

(5)　$\angle OAP=\angle OBP=90^\circ$　$\triangle OAP\equiv\triangle OBP$から，$\angle OPB=\frac{60^\circ}{2}=30^\circ$　$\triangle OPB$は$\angle OPB=30^\circ$の直角三角形なので，$PB=\sqrt{3}\,OB=3\sqrt{3}$　$\triangle OPB=\frac{1}{2}\times3\sqrt{3}\times3=\frac{9\sqrt{3}}{2}$　$\angle AOB=180^\circ-60^\circ=120^\circ$　斜線部分の面積は，$\triangle OPB$の面積の2倍から，扇形OABの面積をひいたものになるから，$\frac{9\sqrt{3}}{2}\times2-\pi\times3^2\times\frac{120^\circ}{360^\circ}=9\sqrt{3}-3\pi\,(\mathrm{cm}^2)$

3 （場合の数）

基本 (1)　$2\times2\times1=4$(通り)

(2)　$a\times b\times c=30$　$30=2\times3\times5$　$a<b<c$となる場合は，$(a,\ b,\ c)=(1,\ 2,\ 15)$，$(1,\ 3,\ 10)$，$(1,\ 5,\ 6)$，$(2,\ 3,\ 5)$　$a+b+c$が最も少なくなるa，b，cは，$a=2$，$b=3$，$c=5$

4 （平面図形の計量問題―平行線と線分の比の定理，面積）

(1)　平行線と線分の比の定理から，$CE:CA=EF:AB=4:7$　$CE:AE=4:(7-4)=4:3$　$CD:AB=CE:AE$　$CD:7=4:3$　$CD=\frac{7\times4}{3}=\frac{28}{3}$(cm)

重要 (2)　$\triangle ABC=\frac{7}{3}\triangle ABE=\frac{7}{3}a$　$\triangle ABC:\triangle CDA=AB:DC=3:4$　$\triangle CDA=\frac{4}{3}\triangle ABC=\frac{4}{3}\times\frac{7}{3}a=\frac{28}{9}a$　(台形ABCD)$=\triangle ABC+\triangle CDA=\frac{7}{3}a+\frac{28}{9}a=\frac{49}{9}a\,(\mathrm{cm}^2)$

5 （図形と関数・グラフの融合問題）

(1)　点AからBCへ垂線AHをひくと，$CH=OA=\sqrt{3}$　$\triangle ACH$は$\angle ACH=60^\circ$の直角三角形になるから，$HA=\sqrt{3}\,CH=\sqrt{3}\times\sqrt{3}=3$　$BC=2CH=2\sqrt{3}$　よって，$B(2\sqrt{3},\ 3)$

基本 (2)　$y=ax^2$に点Bの座標を代入して，$3=a\times(2\sqrt{3})^2$　$12a=3$　$a=\frac{3}{12}=\frac{1}{4}$

重要 (3) $y=\frac{1}{4}x^2$…① 直線ABの傾きは，$\frac{3-0}{2\sqrt{3}-\sqrt{3}}=\frac{3}{\sqrt{3}}=\frac{3\sqrt{3}}{3}=\sqrt{3}$ AB//PCのとき，△ABP=△ABCとなる。よって，直線PCの傾きは$\sqrt{3}$ 直線PCの式は，$y=\sqrt{3}x+3$…② ①と②からyを消去すると，$\frac{1}{4}x^2=\sqrt{3}x+3$ $x^2-4\sqrt{3}x-12=0$ $x=\frac{4\sqrt{3}\pm\sqrt{(4\sqrt{3})^2-4\times1\times(-12)}}{2\times1}=\frac{4\sqrt{3}\pm\sqrt{96}}{2}=\frac{4\sqrt{3}\pm4\sqrt{6}}{2}=2\sqrt{3}\pm2\sqrt{6}$ $x<0$から，$x=2\sqrt{3}-2\sqrt{6}$ ②に$x=2\sqrt{3}-2\sqrt{6}$を代入して，$y=\sqrt{3}(2\sqrt{3}-2\sqrt{6})+3=6-6\sqrt{2}+3=9-6\sqrt{2}$ よって，点Pの座標は$(2\sqrt{3}-2\sqrt{6}, 9-6\sqrt{2})$

6 **(自動車の内輪差と最小回転半径に関する問題―図形の回転移動，三平方の定理)**

基本 (1) △OBCはCO=CBの直角二等辺三角形だから，OB=$2.5\times\sqrt{2}=2.5\times1.41=3.525$→3.53 よって，求める内輪差は3.53−2.5=1.03(m)

(2) 回転の中心から最も離れたタイヤはAの位置にある。OD=2.5+1.5=4 △AODにおいて三平方の定理を用いると，OA=$\sqrt{4^2+2.5^2}=\sqrt{16+\left(\frac{5}{2}\right)^2}=\sqrt{\frac{64+25}{4}}=\frac{\sqrt{89}}{2}=\frac{9.43}{2}=4.715$→4.72 よって，求める最小回転半径は4.72m

重要 (3) 2.5+0.5=3 CB′=3m △B′OCにおいて三平方の定理を用いると，OB′=$\sqrt{2.5^2+3^2}=\sqrt{\left(\frac{5}{2}\right)^2+3^2}=\sqrt{\frac{25}{4}+9}=\sqrt{\frac{25+36}{4}}=\frac{\sqrt{61}}{2}=7.81\div2=3.905$→3.91 3.91−2.5=1.41 1.41−1.03=0.38 よって，内輪差は0.38m増える。△A′ODにおいて三平方の定理を用いると，OA′=$\sqrt{4^2+3^2}=\sqrt{25}=5$ 5−4.72=0.28 よって，最小回転半径は0.28m増える。

★ワンポイントアドバイス★

2(1)を相似を利用して解くと，△PAO∽△PBHで相似比は1：5から体積比は$1^3:5^3$より，求める体積は，$\frac{1}{3}\times\pi\times5^2\times\frac{5}{2}\times\frac{5^3-1^3}{5^3}=\frac{62}{3}\pi$ (cm^3)

<英語解答>

1 1 ア 2 ウ 3 イ 4 イ 5 イ

2 1 ウ 2 イ 3 イ 4 イ 5 エ

3 1 Shall 2 wearing 3 ever 4 Let 5 better

4 1 3番目 エ 5番目 ア 2 3番目 エ 5番目 カ
3 3番目 イ 5番目 ア 4 3番目 オ 5番目 ア
5 3番目 カ 5番目 イ

5 1 イ 2 ウ 3 ウ 4 エ，カ

6 1 イ 2 キ 3 ウ 4 ア 5 カ

7 1 thought 2 (例) 他者と仲良くなる(ための1つの方法。) 3 イ 4 ア
5 イ，ウ 6 ア，エ

8 (例) I have never heard about it(.)

9 リスニング問題解答省略

○推定配点○

8 4点 他 各2点×48(4 1～5，9(4)各完答) 計100点

＜英語解説＞

基本 **1** （空欄補充：不定詞，仮定法，代名詞，接続詞，受動態）

1 〈tell ＋人＋ to ～〉「人に～するように言う」

2 〈If 主語＋過去形，主語＋ would 原形〉で仮定法過去（ありえない例え話をする時に用いる）の文となる。

3 another「もう1つの～，別の～」

4 時を表す接続詞が用いられている場合は，未来の内容でも現在形を用いる。

5 be made from ～「～から作られている」

基本 **2** （正誤問題：動名詞，不定詞，接続詞）

1 Eating a lot of vegetables が主語なので，ウは is が適切。

2 〈形容詞＋ enough to ～〉「～するのにじゅうぶん…だ」となるので，イは rich enough が適切。

3 3つ以上のものをつなぐ場合には，〈A, B and C〉となるので，visiting は visit が適切。また，visit は他動詞のため前置詞を用いないので，イは visit temples が適切。

4 abroad「外国へ」という意味であるため前置詞が不要。したがってイは go abroad が適切。

5 文末の前置詞は主語を指しているため，エは them が適切。

重要 **3** （書き換え問題：助動詞，関係代名詞，比較，不定詞）

1 Let's ～ ＝ Shall we ～?「～しませんか」

2 with ～「～を身につけて」となるので，wear を用いて書きかえる。

3 〈the 最上級＋名詞 that I have ever ＋過去分詞〉「私が今まで～した中で最も…なーだ」

4 show me ～ ＝ Let me see ～「私に～を見せてください」

5 not as ～ as …「…ほど～ない」は比較級を用いて書きかえることができる。

重要 **4** （語句整序問題：不定詞，関係代名詞，間接疑問文，受動態）

1 （It） is impossible for me to （imagine life without YouTube.） 〈It is impossible for A to ～〉「～することはAにとって不可能だ」

2 （Mei found that she is） the only person that makes herself （happy.） that makes herself happy は前の名詞を修飾する主格の関係代名詞である。

3 （I） asked the woman where the museum was（.） 間接疑問文の語順は〈where ＋主語＋動詞〉の語順になる。

4 （Jack） was spoken to by a man （on his way home.） be spoken to by ～「～に話しかけられる」

5 （This bus） will take you to the theater （in the next town.） 〈take 人 to ～〉「人を～に連れていく」

基本 **5** （資料問題）

（全訳）

日出中学校　学園祭

1年生Eクラス （1-E）	ダンスパフォーマンス 開始時間：10:00，12:00，14:00，16:00　所要時間：30分 ダンスの動きは自分たちで作り上げました。3ヶ月間練習しました。 ぜひ私たちのパフォーマンスをお楽しみください。
2年生Cクラス （2-C）	レトロカフェ 営業時間：10:00～15:00　事前にチケット（500円）を購入してください。 メニュー：コーヒー（または紅茶）とケーキ 美味しいコーヒーとケーキを提供します。カフェの内装をご覧ください！

3年生Aクラス（3-A）	ホラー映画 ショー時間：11:00-12:30，15:00-16:30 12歳未満のお子様は入場できません。 最も恐ろしいホラー映画を制作しました。上映に満足するでしょう！
料理部（キッチン 1）	一緒に料理 一緒にピザを作りましょう。時間:12:00-13:00　先着15名様限定。 参加したい場合は，食べ物を持参してください。 私たちは通常，週に2回料理をし，世界中からさまざまな料理を作ります。私たちはあなたと一緒に料理をすることを楽しみにしています！

※すべてのプログラム終了後，後夜祭を開催します。少なくとも1つのプログラムに参加する人は誰でも参加できます。合唱で歌います。一緒に歌いましょう。

1　ダンスパフォーマンスは10時，12時，14時，16時の4回行われる。

2　レトロカフェは事前にチケットを購入する必要がある。

3　料理に参加する場合には，食べ物を持っていかなければならない。

4　ア 「料理は１日に2回開催される」 12時からの1回だけなので不適切。　イ 「1-Eの生徒と一緒に踊ることができる」 一緒に踊ることができるという記述はないので不適切。　ウ 「レトロカフェでピザを食べることができる」 ピザという記述はないため不適切。　エ 「チケットを持つ全ての訪問客は，レトロカフェでケーキとコーヒーまたはケーキと紅茶を楽しめる」 レトロカフェのメニューには「コーヒー（または紅茶）とケーキ」とあるため適切。　オ 「3-Aの学生が映画を作るのに3ヶ月かかった」 3ヶ月かかったのは，1-Eのダンスの練習なので不適切。
カ 「13歳以上の人なら誰でもホラー映画を見ることができる」 12歳未満の子どもはホラー映画に入場できないので適切。

6 （長文読解・説明文：語句補充）

（大意）　英語を勉強する必要があるか？

タナカクミコ（千葉）
2022年9月10日 午前9時30分

なぜ英語を勉強するのか考えたことはあるか？　英語は世界中で使われていて，多くの人がその言語を理解できるので必要だと言う人もいるかもしれない。今ではより良い翻訳システムがあるので，もう英語を勉強する必要はないと言う人もいるだろう。海外旅行は絶対にしないから英語を勉強したくないという方もいる。

英語を勉強する理由はいくつかある。まず，$_1$世界から直接情報を得られる。この「情報」には書籍，広告，ニュースなどが含まれる。翻訳は現在は一般的であり，多くの人々が利用できるため，世界中から情報を得るために英語を知る必要はないように思われる。今では，AIの開発により，以前よりも優れた翻訳を得ることができる。そして，それらは完全に英語を話さない人々に最適だ。それでも，日本語と英語は2つの異なる言語だ。翻訳がうまくいかなかったり，ストーリーが違って伝わったりすることがある。$_2$情報源の言語が英語の場合，誤解を避けるために英語で理解することをお勧めする。

第二に，実際に人生でいつ英語を使うのかわからない。だから，$_3$その瞬間に備えるべきだ。人生で実際に英語を使用しないため，学習をやめるのは簡単だ。しかし，時期尚早である。大人になって働き始めると，上司から他の国に行って世界の人々と一緒に働くように命じられるかもしれない。英語は世界の世界共通語としての役割を担っているので，英語の使い方が全くわからないと困ってしまう。水泳のように，英語を学べば，その基本を忘れることはない。

最後に，英語を学ぶことは，言語を学ぶことを意味するだけではない。また，違った価値観を学んでいる。英語を使えば，4さまざまな人々とコミュニケーションをとることができる。人はみな違うし，それぞれの考え方を持っている。様々な面でグローバル化が進んでいる中で，違いを理解し，妥協しようとすることが大切だ。母国語ではない言語を学ぶことで，他の人の視点から物事を見ることができる。5英語を学ぶことは，視野を広げるのに役立つ。

1　直後に，「この『情報』」とあるので，情報について書かれている選択肢が適切である。

2　前の部分に，「日本語と英語は異なる言語で翻訳やストーリーが違って伝わることがある」とあるため，「英語で理解すべきだ」という内容であると判断できる。

3　この後で，英語を使う場面があげられているので，英語を使うときに備えるべきだという内容が適切である。

4　直前に「英語を使えば」とあることから，「さまざまな人々をコミュニケーションをとれる」が適切である。

5　直前に「他の人の視点から物事を見ることができる」とあることから判断できる。

7　**（長文読解・物語文：語句補充，要旨把握，内容吟味）**

（大意）「こんにちは」「どうしたの？」「はじめまして」私たちはそれらを「挨拶」と呼んでいる。私たちは他の誰かに会うときにそれらを異なる言語で使用する。しかし，あなたは②挨拶が何であるかを今までに①考えたことはあるか？

挨拶は他人に友好的になる方法だ。会話を始めるとき，挨拶する。挨拶の表現では，質問を使用する。たとえば，英語では「How are you?」，日本語では「元気ですか？」などだ。

しかし，これらの質問は本当の質問ではない。他の人に「お元気ですか？」と言うとき，私たちは彼らが本当の答えを教えてくれることを期待していない。また，彼らが自分の病気について話すことを期待していない。私たちは常にこれらに「I'm fine.」などの決まったフレーズで答える。本当の状態を知りたい人はそれほど多くない。

挨拶は世間話の前に使われる。世間話は，重要でないことについての友好的な会話だ。私の経験では，英語を話す人々はしばしば天気，スポーツ，食べ物について話をする。2人が話している考えに同意することが重要だ。だから，宗教，給料，政治については③話さない方がいい。また会話が行われている場所での世間話を楽しむことができる。野球の試合を見ていると「いい試合ですね」と言う。バス停では「とても暑いですよね」と言う。

どの言語でも，周りの人とコミュニケーションをとるときは，挨拶や世間話が重要だ。しかし挨拶の仕方や話していることは言語によって異なる場合がある。これは，私たちが言語を学ぶとき，語彙や文法よりも重要なことがあることを示している。また，その言語を話す人々の文化や習慣を学ぶ必要がある。

基本　1　現在完了の文なので，過去分詞 thought が適切である。

2　挨拶については，第2段落第1文に書かれている。

重要　3　had better「～したほうがよい」の否定文は，had better not となる。

4　be different from ～「～とは異なった」

基本　5　世間話は天気やスポーツ，食べ物について話すべきで，宗教や給料，政治について話すべきではないとあることから判断できる。

6　ア「大部分の言語で，世間話は大切な役割をする」　最終段落第1文参照。どの言語でも挨拶や世間話は重要なので適切。　イ「元気ですかと尋ねられたとき，あなたは本当の体調について話すのがよい」　第3段落最終文参照。本当の状態を知りたい人は多くないとあるため不適切。　ウ「英語を話す国では，天気が変わり続けることはないので，話し手は世間話の話題として天気を選ぶ」　第4段落第2文参照。重要でないという理由で天気の話をするため不適切。　エ「世間話の話題を選ぶとき，話し手が2人とも同意しやすいことであるべきだ」 第4段落第4文参照。世間話は考えに同意することが重要なので適切。 オ 「言語を習得したいならば，挨拶や世間話は語彙や文法よりも重要である」 最終段落最終文参照。語彙や文法よりも，文化や習慣を学ぶ必要があるので不適切。

基本 8 (条件英作文)

(初耳だよ)とあるので「それについて聞いたことがないよ」という英文にすればよい。

「～したことがない」は〈have never ＋過去分詞〉,「それについて」は〈about it〉を用いて英文を作る。

9 リスニング問題解説省略。

★ワンポイントアドバイス★

文法問題，長文問題ともに問題数が多くなっている。一方で難易度は平易なため，素早く処理をする必要がある。過去問を用いて数多くの問題に触れるようにしよう。

＜国語解答＞

一 問一 ニ 問二 ニ 問三 ① ロ ② イ 問四 ロ 問五 ホ 問六 ハ
問七 ① ハ ② イ ③ ハ ④ ホ 問八 ニ 問九 イ

二 問一 ハ 問二 (1) イ (2) イ 問三 イ 問四 イ 問五 イ
問六 (例) 定義すら確定しておらず，ルールも定かでない世界ではあるが，企業や研究者が競って重要な地位を占めようとしている場所。 問七 ハ 問八 (例) 現実世界から逸脱した場に対しては不安を覚えるから。 問九 ニ
問十 賛成…(例) 誰もが理想の自分を作り上げることによって格差をなくすことができる。
反対…(例) 誰もが理想の自分を作り上げることができてしまうため，人の本質を評価することが難しくなる。

三 ① 伺 ② 硬貨 ③ 中核 ④ 遮断 ⑤ 基盤 ⑥ 改称 ⑦ 必須
⑧ 過程 ⑨ 発酵 ⑩ 特級

○推定配点○

一 問九 4点 他 各3点×12 二 問六 6点 問八・問十 各5点×2 他 各3点×8
三 各2点×10 計100点

＜国語解説＞

一 (小説文―内容吟味，文脈把握，心情，大意)

問一 傍線部の前に，「対面やり取りではないから双方向性があまりないじゃない？だからさ，こう直しなよが，直しの方向性を示すというよりも」とあり，SNSでのやり取りは一方通行になる傾向にあるので，修正のアドバイスをしてもそれを鵜呑みにして使いがちになってしまうと述べている。

問二 「よくよくのところ」とは，限度をはるかに超えているところという意味。ここでは，添削する箇所はどうしても修正した方が良いところ以外は指摘しないようにする，と述べている。

問三 ① ペンギンが営巣地まで，子どものために自らのお腹に餌を溜め込んで走るように，両親

が自分(大智)のために自己を犠牲にしてでも尽力しようとしている。 ② 営業職は成績重視という点から，ひたすら大智の成績を上げようとすることに必死な様子を表している。

問四　傍線部の後に，「第二志望の国立大学はハードルの高い，ものすごく長い志望理由等の書類を書いて提出しなくてはならない」とあり，文章量が多いのはもちろん，第二志望ということもあり，第一志望よりは魅力を感じないため，何を書いたらよいのかと四苦八苦している。

問五　「意を決して」とは，決意する，覚悟するということ。傍線部の後に，「M先生には担任をされているクラスがある。卓球部の顧問も忙しい。以前，お話したとき，確か通勤に片道二時間以上かかるとおっしゃっていた」とあることから，M先生に志望理由の書類について相談したいとは思うものの，周辺環境を考えると相談するのが憚られたが，覚悟を決めてM先生に相談しようと思っている。

問六　傍線部の前に，「わりとよく話してきたM先生に相談するしかないと思った」と以前より，M先生とは昵懇の仲であったことが伺え，また相談したことで「気が楽になった」とあることから，何を書いたとしても添削してもらえることになったので，気が軽くなっている。

問七　①「N大学は教育者の育成に注力している大学」「学校そのものの在り方や教師の役割とは何かについて学ぶことのできるN大学教育学部教育学科が私には最も適している」とN大学を希望する理由が述べられているが，その理由がN大学以外の教育育成に携わる機関とも言い換えることができるので，なぜN大学でないといけないのかをN大学の独自性に触れて述べた方がよいとアドバイスをしている。 ② 教育史を学びたいことが述べられているものの，それらをN大学にてどのように学んでいこうと考えているのかを加えた方がよいとしている。 ③「小学校教員，または中学校か高等学校の社会科教員を希望し」とあるが，それぞれの学校で行う教育は異なっており，学校として一括りには考えず，志望校種を絞ることを勧められている。 ④ 文化祭，また部活動で起こった出来事について，小説のような語り口調になっているが，ここでは論理立てて説明をする必要があるとしている。

問八　第二志望の国立大学に提出するための書類の原案を書いて，M先生に送ることができた。これによって，M先生が添削を行ってくれ，内容がブラッシュアップされていくことを感じホッとして，周りのことにも少し気を配れるようになったところ，鳥の声が聞こえてきたので，何という鳥が鳴いているのだろうと気をかけている様子。

問九　両親が子どもに対して，「海で得た魚をお腹に入れたまま陸に上がって二キロ先の営巣地までひたすら走り続けるペンギンのように」また，「営業職に就いている人の上司みたい」に，接する事が奈保子には気が重かった。傍線部の後に，「学校に行くと，ろくな目に合わない。学校でじゃないからねと，憎しみのこもった目で両親に向かって言っていた」とあるように，子どもに期待を次から次へとかけ続け過ぎる両親から逃れるために，学校に行きたくないと言い，自分のペースで歩くために，立ち止まっている。

二　(論説文一内容吟味，語句の意味，文脈把握，脱語補充，熟語，慣用句，作文(課題))

問一　VR世界で世界一周旅行を体験したとしても，結局はサイバー空間のみでのことなので，リアルとくっついているわけではなく誤り。

問二　(1)「鬼門」とは，邪悪な鬼が出入りするとして万事に忌み嫌われた方角。また，行くと悪いことに出会うと感じる苦手な場所。 (2)「ウィークポイント」とは，弱点や弱み，苦手を表す。

問三　傍線部の後に，「現実のグランドデザインは実に長い時間をかけて形作られてきました。(中略)リアルとサイバー空間が融合した新しい世界では，これらの多くが未着手で，今参入すれば人間が長い歴史の中で培ってきた構造を，ほとんど自分たちだけの手で作り上げ，そこで強い影響力を得たり，大きな利潤を獲得したりすることが可能」とグランドデザインの描き方の重要性を述べている。

問四　「流動的」とは，その時々の条件によって動きが変わるさま。アップルが，個人情報保護のルールを厳格化したことで，フェイスブックに掲載されていた広告ビジネスが大打撃を受けたことを例に挙げ，一つのことが別のことにも大きな影響をもたらすとしている。

問五　傍線部の「それに際しての基本的な潮流」には二つあり，それは「リアルに寄せるか，サイバー空間を充実させるか」とあるので，「サイバー空間」に関する潮流であると判断できる。

重要　問六　傍線部の前に「デジタルツインやミラーワールドの定義ですら，まだ世界的に確定しているは言え」ないとあり，同時に明確なルールもなく「多数のプレイヤが競って新しい世界で重要な地位を占めようと競争を繰り広げいてい」る世界であるとする。

問七　「議論百出」とは，たくさんの様々な意見が出ること。

重要　問八　デジタルツインの根本の発送は，リアルの模倣であるので，「現実世界」から「逸脱」することと真反対の位置にある。〈補足資料〉にある，デジタル化が進む世界で，アナログなものから離れられない理由を参考にすると良い。

問九　「比肩」とは，肩を並べて同等であること。ここでは，「仮想現実内での体験での質・量」が「リアル」のものと同等であるとする。

やや難　問十　賛成，もしくは反対であることを明確に記し，メタバースを活用する上で，自分が考えるメリット・デメリットをそれぞれ述べる。

三　（漢字の書き取り）

①「伺う」とは，聞く・訪ねる・尋ねる・問うの謙譲語。　②「硬貨」とは，金属で鋳造した貨幣。　③「中核」とは，物事の中心で重要な部分。　④「遮断」とは，流れをさえぎって，他の動き・作用などが及ばないようにすること。　⑤「基盤」とは，物事を成立させるための基礎となるもの。　⑥「改称」とは，名前や呼び名を変えること。　⑦「必須条件」とは，それが満たされなければ，契約や約束が成り立たないという性質の条件のこと。　⑧「過程」とは，物事が変化し進行して，ある結果に達するまでの道筋。　⑨「発酵作用」とは，微生物の働きで有機物が分解され，特定の物質を生成する現象。　⑩「特級」とは，一級よりもさらに上の等級。

★ワンポイントアドバイス★

正答の根拠となる部分を文中から探し出すことを意識しよう！

2022年度

入試問題

2022年度

2022年度

日出学園高等学校入試問題

【数　学】（50分）〈満点：100点〉

【注意】1　比は最も簡単な整数で表しなさい。

2　解答が無理数になるときは$\sqrt{}$のままで答えなさい。

3　円周率はπを用いなさい。

4　問題文中の図は必ずしも正確ではありません。

1　次の問いに答えなさい。

（1）　$(-3^2)\div15-\left(-\dfrac{2}{75}\right)\times5^2$　を計算しなさい。

（2）　$\dfrac{8x+3y}{4}-\dfrac{4x-y}{3}$　を計算しなさい。

（3）　$S=\dfrac{1}{2}(a+b+c)r$をbについて解きなさい。

（4）　$\left(\dfrac{3}{2}x^2y^3\right)^2\div\dfrac{9}{2}x^5y$　を計算しなさい。

（5）　$3\sqrt{6}-\sqrt{216}+\dfrac{2\sqrt{24}}{5}$　を計算しなさい。

（6）　$36x^2y-9y^3$　を因数分解しなさい。

（7）　方程式　$2(x-4)^2-36=0$　を解きなさい。

（8）　4％の食塩水300 gにx gの食塩を加えたら，0.5 x％の食塩水になりました。
このとき，xの値を求めなさい。

（9）　3点$(-1,\ 7)$，$(3,\ -1)$，$(a,\ 0)$が一直線上にあるとき，aの値を求めなさい。

（10）　A，Bの2人が，共に$\boxed{1}$，$\boxed{2}$，$\boxed{3}$と書かれたカードを1枚ずつ合計3枚持っている。2人が同時に3枚から1枚出し，2人とも同じ数を出したときはAの勝ち，異なる数を出したときはBの勝ちとする。勝負結果を確認したら，出したカードは手元に戻す。2回続けて勝負をしたとき，2回ともAが勝つ確率を求めなさい。

（11）　次の図は，Aクラス30人，Bクラス30人の夏休みに読んだ本の冊数を調べた箱ひげ図である。6冊以上読んだ人が多いのは，どちらのクラスか答えなさい。

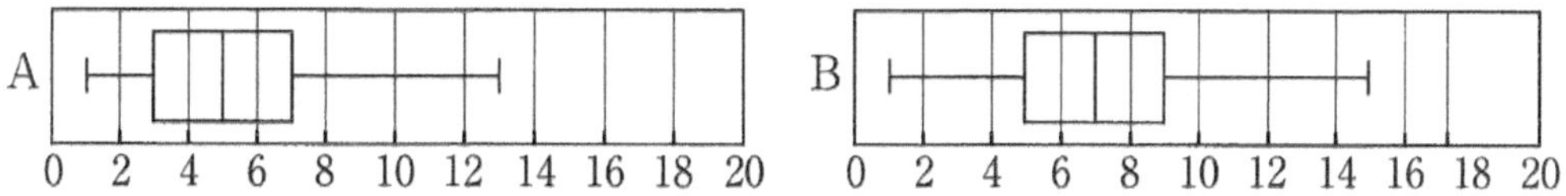

（12）　$x+y=5$，$xy=2$のとき，x^2+xy+y^2の値を求めなさい。

（13）　$\sqrt{7}=2.646$とするとき，$\sqrt{1.75}$を求めなさい。

(14)　関数$y=ax^2$において，xの変域が$-3\leqq x\leqq 2$のときyの変域は$-2\leqq y\leqq b$である。このとき，定数a，bを求めなさい。

(15)　1200に自然数nをかけると，ある自然数の3乗になります。このときの最小の自然数nを求めなさい。

(16)　次のような数の組の列

{1} ,{2, 3},{4, 5, 6},{7, 8, 9, 10},…
第1組，第2組，　第3組　，　第4組　，…

とするとき，第7組の{　　}の中の数の和を求めなさい。

2　次の問いに答えなさい。

(1)　右の図で，$\angle x$と$\angle y$の大きさを求めなさい。

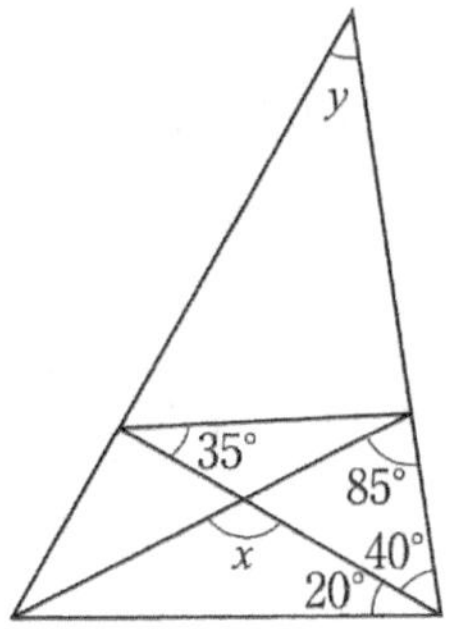

(2)　右の図は，立方体ABCD－EFGHである。
辺AB，BF，ADの中点をそれぞれI，J，Kとする。
3点I，J，Kを含む平面で切るとき，その切り口はどのような図形になるか答えなさい。

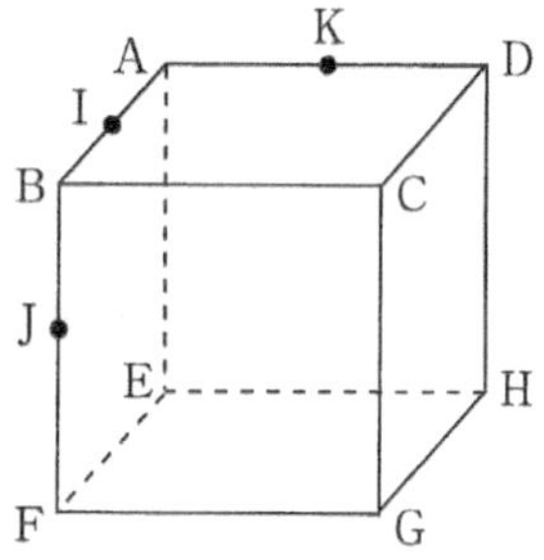

(3)　AB＝5，BC＝6，AC＝4の△ABCがある。∠A，∠Bの二等分線と辺BC，ACが交わる点をそれぞれD，Eとする。また，ADとBEの交点をFとするとき，△AFB：△ABCの面積比を求めなさい。

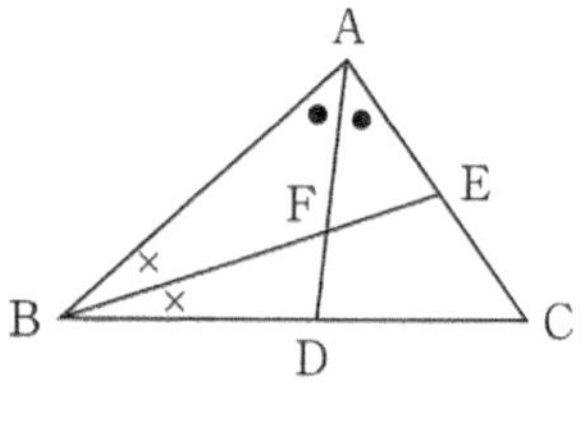

(4)　底面の半径が8 cm，母線の長さが17 cmの円錐の底面と側面のいずれにも接する球の半径を求めなさい。

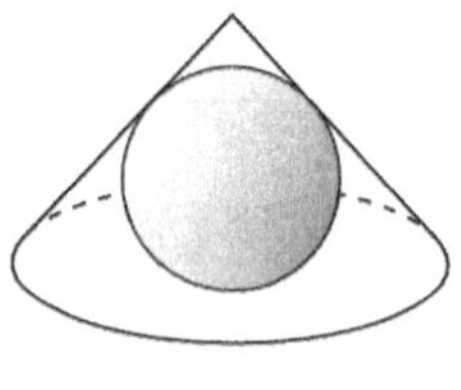

3 以下の会話文を読んで，次の問いに答えなさい。

誠子：明くん，高校に向けて図形の予習をしているんだけど，分からない問題が出てきたの。

明　：一緒に考えよう！図形の問題だね。

問題

EC＝4 cm，CA＝5 cm，BD＝8 cm
のときDEの長さを求めなさい。

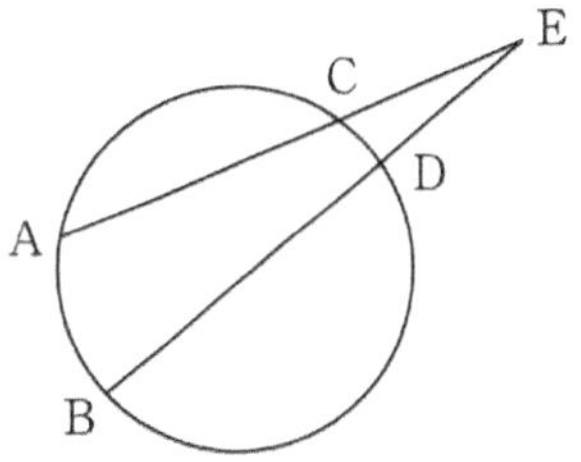

誠子：この問題についてなんだけど，どうやって長さを求めたらいいか分からないんだ。解説には，ED×EB＝EC×EAという計算をして長さを求めているけど，なぜこのように解くか分からないんだ。

明　：今まで見たことがないような問題だね。その公式も初めて見るね。今までの知識で解くことができないかな？ CDとABを結んでみると三角形ができるよ。

誠子：相似な図形とかを利用できないかな？

明　：△AEBと△[①]を見てみると，∠AEBと∠DECは共通な角で等しいね。

誠子：円に内接する四角形の性質から，∠ABEと∠[②]が等しいことも分かるね。

明　：そうすると，相似条件[③]ので，△AEB∽△[①]であることが分かったよ。

誠子：あ！そうすれば対応する辺の比はそれぞれ等しいから，EA：EB＝[④]：[⑤]だから，EB×[④]＝EA×[⑤]で求められるね。

明　：解けたね！見て！解説に載っていた方法が理解できたね。

誠子：本当だ。相似な図形を使っていたんだね。これでDEの長さを求めることができそう。ありがとう！

（1） ①～⑤にあてはまるものを(ア)～(セ)から，選びなさい。

(ア) 3組の辺の比がそれぞれ等しい

(イ) 2組の辺の比とその間の角がそれぞれ等しい

(ウ) 2組の角がそれぞれ等しい

(エ) ADE　(オ) BCE　(カ) DEC　(キ) ABE

(ク) DCE　(ケ) AC　(コ) CB　(サ) AB

(シ) ED　(ス) AD　(セ) EC

（2） DEの長さを求めなさい。

4 右の図のように，放物線$y=\frac{1}{4}x^2$上に2点A，Bがあり，AとBのx座標はそれぞれ-4と2である。また，線分AB上に点Cをとり，点Cを通りy軸に平行な直線と放物線の交点をDとする。点Cのx座標をaとするとき，次の問いに答えなさい。

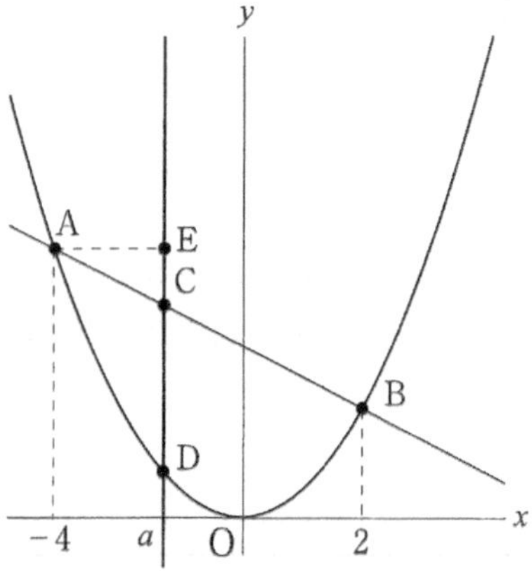

（1） 直線ABの式を求めなさい。

（2） 点Aを通りx軸と平行な直線と直線CDとの交点をEとする。また，△ADCと△ACEを直線CDを軸として1回転させてできる立体の体積をそれぞれV_1，V_2とする。$V_1:V_2=4:3$となるとき，aの値を求めなさい。

5 正の整数nを18で割ったら，余りが商の3倍になったという。このとき，次の問いに答えなさい。

（1） この条件を満たす最大の数nを求めなさい。

（2） n^2が18で割り切れるとき，この条件を満たす最大の数nを求めなさい。

6 Androidのスマートフォンには，画面ロック機能の1つに「パターンロック」がある。

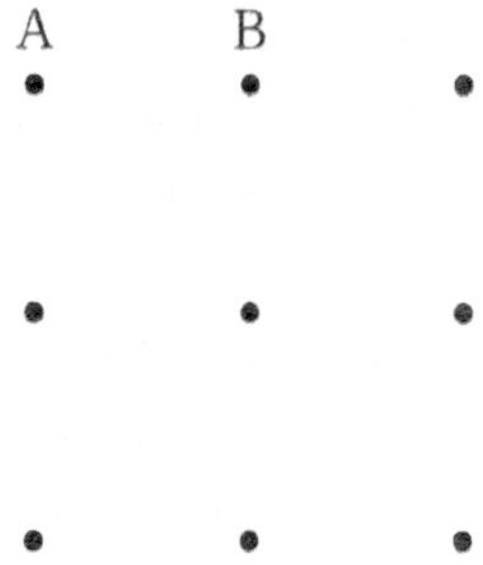

パターンロックとは，右の図のように9個の等間隔に並んだ点を線分で結んでできるパターンを設定することで，スマートフォンの画面をロックする機能である。ロックされた画面は，設定されたパターンを描くことでロックが解除される。

パターン設定のルールは，1つの点は1回しか使えず，最低4点使う必要がある。また，通っていない点を飛び越すことはできない。

点Aをスタートして4点を結ぶパターンを設定することを考える。この場合の例として，下記のような設定が考えられる。

（例1）
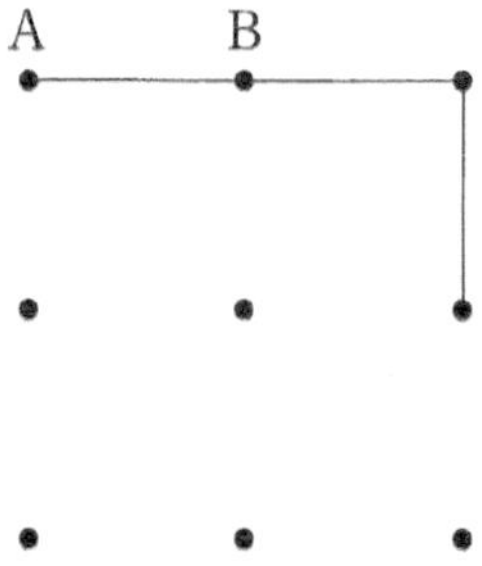

（例2）
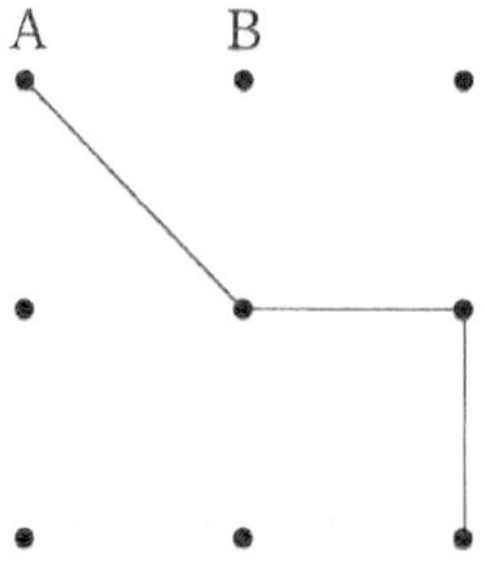

このとき，次の問いに答えなさい。ただし，それぞれの点の縦と横の間隔は，1.5 cmであるとする。

（1） 点Bを含むパターンを設定したとき，4点を結んだ線分の合計が4.5 cmとなるパターンは全部で何通りあるか求めなさい。

（2） 点Bを含むパターンを設定したとき，4点を結んだ線分の合計が最も長くなるときの長さを求めなさい。

（3） 点Bで終わるパターンを設定したとき，4点を結んだ線分の合計が有理数である確率を求めなさい。

【英　語】（60分）〈満点：100点〉

【リスニング問題について】試験時間残り15分前からリスニング試験が始まります。

1 次の各文の空所を補う語(句)として最も適切なものをそれぞれ1つずつ選び，記号で答えなさい。

1．Please tell me the name of the shop at (　　) you bought this pen.

　ア　who　　　イ　whose
　ウ　whom　　エ　which

2．They are twins, but one is a boy and (　　) is a girl.

　ア　other　　　イ　others
　ウ　the other　　エ　the others

3．He made some cookies (　　) her.

　ア　to　　　イ　because
　ウ　for　　　エ　though

4．Tomohiro (　　) here for five years.

　ア　lived　　　イ　is living
　ウ　has lived　　エ　was living

5．Do you remember (　　) Harry the day before yesterday?

　ア　see　　　イ　to see
　ウ　seeing　　エ　to seeing

2 次の各文には誤りがそれぞれ1か所ずつあります。例にならってその部分を抜き出し訂正しなさい。

（例）He [is]ア [one of]イ [the most popular]ウ [singer]エ in Japan.

	記号	正
（例）	エ	singers

1．Let's [practice]ア soccer [with]イ them, [don't]ウ [we]エ?

2．I [am looking]ア forward to [hear from]イ you [during]ウ your stay [in]エ London.

3．The students [who]ア want to [participate in]イ the study trip in Australia [has]ウ to pass the exam [in]エ May.

4．I think [it]ア [will not be long]イ [before]ウ he [will come]エ back.

5．[Both]ア Tim [and]イ I [am]ウ [in]エ the soccer club [now]オ.

3 次の各組の文がそれぞれほぼ同じ意味を表すように，空所を補うものとして最も適切な英単語を入れなさい。

1．This is the most beautiful castle I have ever seen.
I have (　　) seen such a beautiful castle.

2．I decided to adopt a dog. Its hair is black.
I decided to adopt a dog (　　) hair is black.

3．Why were you absent from the meeting yesterday?
What (　　) you absent from the meeting yesterday?

4．Could you tell me the way to the library?
Could you tell me (　　) to get to the library?

5．Let's ask our teacher that question.
(　　) don't you ask that question of our teacher?

4 次の各文が与えられた日本文の意味を表す英文になるように，(　　)内の語(句)を並べかえた時，3番目・5番目に来るものを記号で答えなさい。ただし，それぞれ不要な語(句)が1つずつ含まれています。また，文頭にあたる語も小文字で記してあります。

1．一昨日クラスメイトの何人かが道を歩いて渡るのを見ました。
I (ア across / イ some / ウ saw / エ walk / オ who / カ of / キ my classmates) the street the day before yesterday.

2．ジョン，あなたに伝えなければいけないことがあるんだ。
John, there (ア to / イ something / ウ tell / エ don't / オ I / カ is / キ have) you.

3．マーシャルは太郎に今朝朝食で何を食べたのか尋ねた。
Marshall (ア what / イ did / ウ had / エ Taro / オ asked / カ he / キ for breakfast) this morning.

4．あなたがそこに行くのに1時間ほどかかるだろう。
(ア take / イ about / ウ you / エ will / オ it / カ how / キ an hour) to get there.

5．私があなたなら，もっと早く走れるのに。
I (ア faster / イ am / ウ I / エ run / オ if / カ could / キ were)you.

5 次のポスターと記入書を見て，それに続く英語の問いに答えなさい。

Hinode Gakuen English Club

Want to speak and listen in English well?
Want to enjoy English games?
Why not join English Club?

Trial sessions take place after school on 16th and 19th April
3pm – 5pm, at Science Lecture Room

Contents
●Self-introduction ●watch English movies ●experience games in English
※ If you want to try other things in English, please tell us what you want to do.

Weekly sessions are held every Tuesday and Friday
3pm – 5pm, at Science Lecture Room

You can join all the sessions for free.
For more information or to tell you join the sessions to us, please hand in your application.
There are limited places for each session so tell us as early as you can to avoid disappointment.

English Club Application Form

Name: Takehiro Trial Session Date: April 19th

1. Main purpose to join the club
 ____ English conversation ____ English movies ____ English games
 ✓ Other: Learn English cultures, discuss in English, make new friends
2. Have you ever experienced living in foreign countries?
 ✓ Yes: country UK and Netherland
 ___ Never
3. Please use the space below for comments.
 Now, I am thinking about joining English club or baseball club. On April 19th, I will join the club after baseball practice, so I will be 30 minutes late. I haven't exchanged my ideas about English news with others. So, I want to talk about news topics with friends.

1 What is the purpose of the poster?
 ア To change the schedule of the club activity. イ To introduce a club activity.
 ウ To teach English. エ To start a new activity.

2 What will happen on April 19th at Science Lecture Room?
 ア All the new students of English club will come together.
 イ New students can purchase English games.
 ウ A new English movie will be filmed for the first time.
 エ New students will introduce each other.

3　What does the poster mean?

ア　Students have to pay some fee to join the club.

イ　The club has practice three days a week.

ウ　Sometimes you cannot join the session though you want.

エ　The club belongs to science.

4　What time will Takehiro arrive at Science Lecture Room on April 19th?

ア　At 2:30 P.M.　　イ　At 3:00 P.M.　　ウ　At 3:30 P.M.　　エ　At 5:30 P.M.

5　What will Takehiro do on April 19th?

ア　He will tell he wants to practice baseball with his clubmates.

イ　He will tell his clubmates that he wants to have discussion on English news.

ウ　He will bring his friends to English club.

エ　He will exchange his ideas about movies with his clubmates.

6　**トムが日出学園に入学することが決まり，学校への行き方を検討しています。次の英文を読んで，それに続く問いに答えなさい。**

Tom was happy to pass the entrance exam for Hinode Gakuen High School. He was worried about how to go to school. He heard that there were four ways to go to school. He lived in Funabashi.

At first he took the Keisei Line and got off at Sugano Station and walked to school. It took 14 minutes by train and 7 minutes on foot to school. The fare for the train from Funabashi Station to Sugano Station is 189 yen.

Second, he took the Sobu Line to get off at Ichikawa Station and walked to school. It took 6 minutes by train and 15 minutes on foot to school. The fare for the train from Funabashi Station to Ichikawa Station is 168 yen.

Third, he took the Sobu Line to get off at Ichikawa Station and took a bus to school. It took 6 minutes by train and 5 minutes by bus to school. The bus fare from Ichikawa Station to near Hinode Gakuen is 100 yen.

Fourth, he took the Sobu Line to get off at Motoyawata Station and walked to school. It took 8 minutes by train and 20 minutes on foot to school. The fare for the train from Funabashi Station to Motoyawata Station is 157 yen.

For the first month he didn't like walking, but he decided to go in the cheapest way because he wanted to go without spending much money. Two months after he went to school, he made many friends. Many of his friends used Sugano station, so he asked his parents to change transportation. He tried to change at Yawata Station to the Sobu Line because some people used the Toei Shinjuku Line. But he decided to take the Keisei Line back to Funabashi Station because his best friend, Ken went to Chiba Station on the Keisei Line. He had a lot of fun with his friends to school. Of course, at Hinode Gakuen High School he had a good time with many friends. He found that his friends were more important than money and time.

1．トムが最初の1か月間に選んだ通学方法は以下のうちで最も適当なものを1つ選び，記号で答えなさい。

ア He took the Keisei Line and got off at Sugano Station and walked to school.

イ He took the Sobu Line to get off at Ichikawa Station and walked to school.

ウ He took the Sobu Line to get off at Ichikawa Station and took a bus to school.

エ He took the Sobu Line to get off at Motoyawata Station and walked to school.

2．なぜトムは京成八幡駅で降りずに京成線で船橋まで行くことにしたのか，以下のうちで最も適当なものを1つ選び，記号で答えなさい。

ア Because his best friend could go to Funabashi together.

イ Because he had no money to change trains.

ウ Because that was the cheapest way.

エ Because that was the fastest way.

3．トムは全部で何通りの通学方法を試したか，以下のうちで最も適当なものを1つ選び，記号で答えなさい。

ア One.　　イ Two.　　ウ Three.　　エ Four.

4．通学方法で早く，お金をなるべくかけずに通う方法は以下のうちで最も適当なものを1つ選び，記号で答えなさい。

ア By the Keisei Line and on foot.

イ By the Sobu Line to get off at Ichikawa Station and on foot.

ウ By the Sobu Line to get off at Ichikawa Station and by bus.

エ By the Sobu Line to get off at Motoyawata Station and on foot.

5．トムは何を学ぶことができたか，以下のうちで最も適当なものを1つ選び，記号で答えなさい。

ア Tom learned that it is very important to go to school early.

イ Tom learned that it is very important to make friends.

ウ Tom learned that it is very fun to talk with his classmates.

エ Tom learned that it is very healthy for them to walk.

7 **次の英文を読んで，それに続く問いに答えなさい。**

Japan's Momiji Nishiya, 13, made history on July 26, 2021. At the Tokyo 2020 Games, she took home the first women's street skateboarding Olympic gold medal. Rayssa Leal, also 13, from Brazil, was standing next to her on the *podium. Rayssa got silver in the event. Japanese skater Funa Nakayama, 16, took bronze.

Momiji's win comes a day after 22-year-old Japanese skater Yuto Horigome won gold in the men's event. (　1　)

Half of the skaters in the finals lineup were younger than 18. In Tokyo's heat, they decided to land their best tricks. (2)<u>They tried to fill the empty skatepark with joy while hip-hop was playing in the background.</u>

Some people at the Ariake Urban Sports Park saw (　3　) on the day. World Number 1-ranked Pamela Rosa, 22, was seen as Brazil's most likely medal hopeful. But she didn't even make it to the final. Aori Nishimura, 19, the Number 3-ranked female street skateboarder, came in eighth after falling several times.

After winning gold, Momiji was asked what she wanted to tell young skaters. "Skateboarding is fun and interesting. I hope everyone can give it a try."

And this young group is already giving energy to a new generation of skaters. Outside of the skateboarding park, 9-year-old Keito Ota and 8-year-old Ayane Nakamura were waiting to watch the fresh Japanese medalists. The two friends started skateboarding about a year ago. They arrived at the park with Team Japan skateboarding shirts. Every time a bus left the park, they came to the metal fences and hold up pieces of paper (4)that said, "Thank you for your hard work" and "Congratulations on your gold medal."

Keito says he has added Momiji and Funa to his list of favorite skateboarders. "I am their fan now," he said. In August, Keito entered his first competition at a local skateboarding student cup.

Just 13 years and 330 days old at the time of her win, Momiji is Japan's youngest-ever gold medalist. (5)She is (　　　　　　　　　　) Olympics history. That record, however, goes to American diver Marjorie Gestring. Gestring took the gold medal at the 1936 Berlin Games at the age of 13 years and 267 days. At age 13 years and 203 days, Leal would have set a new record if she had finished first.

Momiji always gets rewards from her mother after competitions. She told reporters she wanted to have *yakiniku*, Japanese-style grilled meat.

【注】podium　表彰台

1．(　1　)に適する内容を次の中から1つ選び，記号で答えなさい。

ア　In Japan, men and women are treated equally enough.

イ　Younger people will make the world more attractive.

ウ　Japan's skateboarders should keep practicing to reach the top of the world.

エ　It establishes Japan's leading position in the world of skateboarding.

2．下線部(2)を日本語にしなさい。

3．(　3　)に適する語句を次の中から1つ選び，記号で答えなさい。

ア　big surprises　　　　イ　wonderful moments

ウ　historical events　　エ　sad memories

4．下線部(4)のthatと同じ用法のthatが用いられている英文を以下から1つ選び，記号で答えなさい。

ア　That boy is called Sam.

イ　The fact is that Japan won many medals.

ウ　I think that your dream will come true.

エ　Do you know the girl that is playing basketball over there?

5．下線部(5)が「彼女はオリンピック史上最年少メダリストの一人である。」という意味になるように，空所に当てはまる英文を書きなさい。

6．本文の内容と一致するものを次の中から2つ選び，記号で答えなさい。

ア　Rayssa Leal is almost as young as Ms. Nishiya.

イ　Four Japanese skateboarders won the medals in the Tokyo Olympic Games.

ウ　All of the female skateboarders in the Games are younger than 18.

エ　Keito and Ayane started skateboarding after Ms. Nishiya's winning the gold medal.

オ　Keito started to become a fan of Ms. Nishiya and Ms. Nakayama after the Games.

カ　Ms. Gestring was the youngest gold medalist of skateboarding.

8　**次の絵を参考にして，対話文中の下線部の空所にふさわしい内容を英語で書き，対話を完成させなさい。ただし，picture という単語を必ず用いて書きなさい。**

Minami ：Look at those boys. They are my brother and his friends.

Kazuma：Is your brother playing tennis now?

Minami ：No. ________________ is my brother.

Kazuma：Oh, he has a nice camera!

9　**［リスニング問題］**

放送を聴いて，【A】～【D】の各問いに答えなさい。それぞれ放送は2回流れます。

【A】　次に放送される対話を聴いて，質問に対する最も適切な答えをア～エから1つ選び，記号で答えなさい。

A

B

C

D

問　What do you do first?

ア　A　　イ　B　　ウ　C　　エ　D

【B】 次に放送される英文を聴いて，それに続く質問の答えとして最も適当なものをア～エからそれぞれ1つ選び，記号で答えなさい。

1．ア Climb mountains. イ Plan his future.
ウ Get to the top easily. エ Exercise every day.

2．ア To teach her boss how to use polite Japanese.
イ To learn Japanese manners.
ウ To start working at a department store.
エ To speak with her boss.

【C】 次に放送される英語の授業を聞いて，その内容に合うように，次のメモの空所(1)～(4)にそれぞれ最も適当な語を答えなさい。ただし，放送で読まれた英文中の単語を用い，全て英語または算用数字で書くこと。

William Shakespeare
・He wrote (1)(　　　　) plays.
・He was born and grew up in Stratford-upon-Avon in England in (2)(　　　　).
・He was not only a playwright but also an (3)(　　　　).
・His plays have three categories-comedy, tragedy and (4)(　　　　).

【D】 次に放送される英文を聴き，その内容に合うように，次の英文の空所(1)～(4)にそれぞれ最も適当な語(句)を答えなさい。ただし，放送で読まれた英文中の単語を用いなさい。

1．Lucy lives in a (1)(　　　　) town. About (2)(　　　　) people live there.
2．They have a good time to watch beautiful flowers in (3)(　　　　).
3．Lucy thinks everybody can enjoy eating some (4)(　　　　).

※リスニングテストの放送台本は非公表です。

つ選び、記号で答えなさい。

イ　人間関係に大きなトラブルを生じる種を抱えたままにする
ロ　自分で考えたり調べたりも面倒くさくてそのままにする
ハ　自分で解決しよう、とりあえずネットで調べようとする
ニ　自分の理解には不安があるが、折り合いをつけたことにする
ホ　次に直接、相手と会ってから聞けば良いと考えることにする

問八　空欄 B に入る内容として最も適当なものを次の中から一つ選び、記号で答えなさい。

イ　自分の考えの全てが正当であり、他は知る価値もないとする存在を生む
ロ　多様性を認める機会を持つことさえない、極端に視野が狭い存在を生む
ハ　自分が知らない世界とは通じようとしない積極的極まりない存在を生む
ニ　インターネットの世界だけで全てを完結させようと考える存在を生む
ホ　ＳＮＳ上で自分を受け入れてくれる人とつながろうとする存在を生む

問九　傍線7「知見は扇の要を失った状態」とあるがどういうことか。次の中から最も適当なものを一つ選び、記号で答えなさい。

イ　自分が今まで学び得たことの価値がなくなり、今以上の向上はもはや望めないということ。
ロ　自らの意志で学んだことと、何かを経験する中で身に付けたことが無秩序に在るということ。
ハ　今後せっかく新しいことを学んでも、それを生かすための手立てが失われているということ。
ニ　学び得たものを統括して次のことに応用したり、生かしたりできなくなっているということ。
ホ　努力を重ねる中での学びを整理してまとめることができずに、諦めざるを得ないということ。

問十　文章Ⅰと文章Ⅱに共通している内容はどのようなことか。※で示された全ての語句を用い、五十字以上六十字以内で答えなさい。語句は同じものを複数回使用しても、活用させても、示された語句以外を加えても構いません。

※さまざまな考え・関連・多様な・世の中・全体・知見や情報・視野

三　次の——線部のカタカナを漢字で書きなさい。

① シンコウ勢力は著しくその勢力を伸張させている。
② その話のカクシンに迫るとされている現物証拠だ。
③ 反対のことを続けるとき使うのはギャクセツ語だ。
④ 一般的な展示室とは一線をカクした部屋にしたい。
⑤ コウカさせた態度は今後も変わらないように思う。
⑥ 植物の紫外線を防御するキコウは参考に値するよ。
⑦ 力の弱い国のショクリョウ問題を優先するべきだ。
⑧ 大きな負荷があることにタイセイのある人は強い。
⑨ 徹底したセッセイを生活全般において続けている。
⑩ 少しでも管理が届かないと雑草がハンショクする。

ることへ抗議したいと考えるから。

ロ　ある教科についてその内容を学んでおくことが、どう自分の人生とつながるか理解できないから。

ハ　自分の属すグループに関わることだけの繁栄を願う分野エゴ、組織エゴに世の中が陥っているから。

ニ　全体が見失われたことによって社会が分断された上に、その科目を学ぶ意欲も失われてしまったから。

ホ　勉強する最終的な目的は、受験勉強に役に立つかどうかということ以外にはなくなっているから。

問五　傍線**5**「世界がどうなっているかが分かるような、一種の見取り図のようなもの、あるいは地図のようなものがほしいという願望」とあるが、人がそのような願望を持つのはなぜか。次の中から最も適当なものを一つ選び、記号で答えなさい。

イ　人とはそれぞれが子どもの頃からの好奇心に近いものを持ち続けようとする存在であるから。

ロ　人は子どもの頃からの好奇心に基づいた願望や目的を持っており、それを実現しようとするから。

ハ　人は何らかの目的を持つと、好奇心が生じて何でもできるようになりたいと考えるようになるから。

ニ　人は何かを行う際、なるべくそれを具合よく進められたら、成し遂げられたらと考えるから。

ホ　人は学びへの動機を持つときに先人たちの築いた知識の代表と言える地図を必要とするから。

問六　傍線**6**「どうすれば、何かができるようになりたいと思うでしょうか」とあるが、人が「何かができるようになりたい」と思わない例はどれか。次の中から適当なものを二つ選び、記号で答えなさい。

イ　観光客がとても多い有名な温泉地で外湯巡りをした。人が多いせいか、どこの温泉へ入りに行っても、入場と同時にサンダルや下駄は一グループで同じ下駄箱に入れてくださいとだけ言われ、とても腹が立った。

ロ　複数飼っている愛猫の一匹が腎臓病で死んでしまった。猫の多くは腎臓病で亡くなるが、もう二度と苦しむ腎臓病で猫を失いたくない。発見されたものの今遅れ気味の腎臓病に関わるタンパク質の研究を進めよう。

ハ　新しく来たテニスコーチから、体で、感覚で動きを覚えているだけでは現状維持のままで、テニスを仕事にするレベルに到達するのは無理だと言われた。やっぱり私にはテニスを仕事にするのは無理ってことか。

ニ　洗濯物を部屋干しすると、どうしても臭いが気になる。臭いが気になり始めると洗濯機自体にも実は汚れがついているのか、服の臭いが気になって仕方がない。洗濯機に入れる独自の素材を何か開発できないかな。

ホ　自分の住む島が世界自然遺産に登録されたのは嬉しい。登録地の森へ入る観光客も今よりずっと増えるだろう。毒の強い虫も多いが、虫は自然の一部だ。人も虫も傷つかない忌避剤を作るにはどうしたらよいか。

問七　空欄［A］に入る内容として最も適当なものを次の中から一

ニ　憲法学の大家として日常的にマスコミに登場しているコメンテイター。

ホ　科学雑誌のみを出版している出版社で印刷会社選定に携わっている人。

問三　傍線**3**「危険な断片化」とあるが、①「危険」であるのはなぜか。理由として最もふさわしくないものを次の中から一つ選び、記号で答えなさい。②「危険な断片化」の例として最もふさわしくないものを次の中から一つ選び、記号で答えなさい。

①

イ　世界の一部の断片だけをよく知っていても、全体が見失われてしまうのであれば、それはどれほどの意味もなさないことだから。

ロ　全体が見えないままに専門家が自分たちの分野だけの発展を望めば、社会に大きなアンバランスが生まれてしまうことになるから。

ハ　科学がそれぞれの分野でバラバラに進んでしまうと、それぞれの専門家たちも他の分野の内容がよくわからなくなってしまうから。

ニ　私たちの社会は専門性によって分けられているが、社会全体を調整する役割をどの学問の誰が担当するかを決めるのが困難だから。

ホ　ある分野の知識をどれだけ獲得したかで、その分野における専門家と素人の間には差が生じてしまい、社会の分断につながるから。

②

イ　どのスポーツにも十二分に対応できることが大切であると考えて、どのような動きにも対応できるよう毎日、三時間以上の運動トレーニングが子どもには必要と皆に実践を求める指導者。

ロ　子どものときに、近しい人が抗がん剤の副作用で辛そうな様子であったのを見たことにより、負担の大きい副作用が生じることの少ない抗がん剤の研究開発にその生涯を捧げる研究者。

ハ　人は第一印象が何より大切であるし、そもそも不快感を他者に与えることは失礼だと考えて、外見を磨くことばかりを重要視し、美容にとって良いとされることのみで生活をまわす大学生。

ニ　眼科医として活躍する一方で、家族から風邪をひいたと言われても対処できなくなっているので、二足のわらじを履こうと小説も書き始め、新聞小説を書くまでになっている有名な医師。

ホ　安全かつ機能的で長持ちをすることこそが家具には重要であるとの信念から、重くて頑丈なため、倒れることも想定しにくいが、重厚すぎて多くの家にはそぐわない家具の設計・販売者。

問四　傍線**4**「中学生になると『これを勉強すると何のためになるのか』という疑問をしばしば持つ」とあるが、それはなぜか。次の中から最も適当なものを一つ選び、記号で答えなさい。

イ　知識と社会の関わりについての全体像がないまま、学び続けのマスメディアの視聴により、結果的に強制されていた自分には個人の好みとしては希望しない、もしくは知りたくもない情報の中には、知っているべき、知らねばならぬ情報が含まれているからである。

　そして、知るべき、知らねばならぬ情報を避けて行ったとき、その人にとっては、自分の考える範囲が多くの人の考えであり、正当性がある考えだと思い込ませることとなり、そのような人々は中立的で一般的な視点や全体的な観点からものごとを見つめることができなくなっていく。それはたとえ習得した知識や学習内容が相当にあったとしても、それらを正しく実社会や実生活に結びつけることができないことに通じているのだ。言わば7知見は扇の要を失った状態に陥ってしまったのである。

＊クラウドコンピューティング……インターネットなどを経由して提供されるサービス。
バナー広告……画像やアニメーションによって表現するインターネット広告。
ブラウザ……ウェブサイトを閲覧するために使うソフト。

問一　傍線1「この学びの順序は正しいでしょうか」とあるが、次の中からこの問いに対する解答として最も適当なものを一つ選び、記号で答えなさい。

イ　分野に分かれた知識であるため意図的に専門化されてきたが、専門化が進みすぎてしまった現代社会では分野間で相互に理解できなくなっているので、この学びの順序は正しいとは言えない。

ロ　教科別に学ぶことからはじめて、そのそれぞれの分野を後で総合することで、自分の人生や社会での生活に知識や技術を活かしていくという学びの姿が前提とされているので、この学びの順序は正しい。

ハ　別々の教科を学んだ人が、あとで共同することが想定されている順序であるので、科学を正確で厳密な知識にするために専門化が進みすぎてしまった現代社会では、この学びの順序は正しくない。

ニ　分野間の専門化が助長されないと、世界の一部の断片のみをよく知っていても、全体が見失われることに通じてしまい、結果として危険な断片化が必至となるので、この学びの順序は正しくない。

ホ　各教科の学習を体系的な枠組みの中でそれぞれ発展させていくことは、専門的な知識がどのように自分の人生や社会に関わってくるかの理解に通じるため、この学びの順序は正しいとは言えない。

問二　傍線2「科学」とあるが、筆者の考える「科学」の概念からすると「科学者」とは言えないものを次の中から全て選び、記号で答えなさい。

イ　車のメーカーで車体の素材、強度、耐久性を検証するチームのトップ。

ロ　化学系会社で環境に優しい除草剤研究者の時間や予定を管理している人。

ハ　夏目漱石研究をしながら大学の文学部日本文学科で講義を担当する講師。

ようとすると全部関係してくることがわかります。とてもよいレストランを作ろうと思ったら、たくさん学ぶべきことがあることに気づくでしょう。

このように具体的に何かができるようになりたいという意欲が、知識とスキルの必要性を理解させ、さらにそれを改良しようとする気持ちにつながります。探究の時間の根底を支えているのは、何かをしようとする意欲であり、動機です。これが、行為に関係する知識を得ようとする探究につながります。

河野哲也『問う方法・考える方法』（筑摩書房）

〈文章Ⅱ〉

新型コロナウイルス感染症の流行に伴い、我々は人と人との対面接触を徹底的に避けることを余儀なくされた。それによって、インターネットを利用した会議や、学校関係では授業や講義が行われることが一気に加速した。しかし動画配信はもちろんだが、*クラウドコンピューティングを使用したウェブ会議システムを利用した形態の双方向コミュニケーションであっても、実際に対面式でのコミュニケーションとは理解は異なっている。発言の背後にある発言者の心の機微まではなかなか見えては来ないし、理解できていないことや知らないことを突っ込んで聞いたりすることもはばかられることも多い。よって、結果として双方とも相手の意図が正しく伝わっていなかったり、理解が浅かったりして誤解も生じやすいし、［A］状態になりがちである。

このようにして、インターネット利用による情報入手の機会が増えると実は次のような問題も露呈して来る。スマートフォンの*バナー広告を見ていると、自分が検索した事象に関係する情報が入って来ていることに皆さんは気が付くのではないか。それはスマートフォンの*ブラウザには、その使用者が知らないうちに、重要な情報がクッキーというファイルで保存されているからである。その重要な情報とは検索したサイトへアクセスした日時、サイトの閲覧履歴やログイン情報などである。よって、使用者の興味関心を把握しているスマートフォンは（実際にはスマートフォンが把握しているのではないが）自身の使用者の好みに適合する商品や情報を示して来るのである。例えばそれは読書が趣味の人には、スマートフォンは単に本を示すのではなく、その人の興味関心のある分野、内容の本を紹介するという具合なのだ。ニュースにしても、何らかのニュースを検索すると、同じジャンルや主義・主張のニュースが表示されるようになって来る。それは［B］ということにつながる。

このようにインターネットは人と人、そして人と情報の関係を徹底的に変えることとなった。インターネットにアクセスすることで、自分の関心のある情報のみを選択し、そうして自分の関心のある情報だけを得た人は自分と同じような考えを持つ人とばかりつながり、そうではない情報を、場合によって自分とは異なる考えの人を切り捨てるまでになった。それに対して従来型の紙の新聞とテレビ、ラジオなどのマスメディアは、人々を閉じさせない効力を発揮していた。今ほど大きく、情報に関する選択肢を我々に与えなかったからである。自分にとって好みの情報のみを知りたいし、優先して信じようとする人の心を抑制し、望ましい方向に向くよう制御していたとも言える。既存ないままに学年が進むことになります。そうすると、その科目を学ぶ意欲が失われていっても不思議ではありません。最終的には勉強する目的も、受験以外にはなくなっていくでしょう。

[4]中学生になるとよく生徒が「これを勉強すると何のためになるのか」という疑問をしばしば持つようになりますが、それは、知識と社会の関わりについての全体像がないままに学び続けることへの抗議なのです。

〈中　略〉

では、人はどういうことに学ぼうとする意欲を持つでしょうか。「知りたい」という気持ちには、大きく言って二種類の動機があると思います。ひとつは、[5]世界がどうなっているかが分かるような、一種の見取り図のようなもの、あるいは地図のようなものがほしいという願望です。これは子どもの頃からの好奇心に近いものです。

もうひとつは、何かができるようになりたいという気持ちです。これは、「ケーキの作り方が知りたい」「自動車の運転ができるようになりたい」「うまくダンスが踊れるようになりたい」といったように、「ある行為ができるようになりたい」という気持ちのことです。

そしてこの何かができるようになりたいという気持ちは、「何かを達成して、自分が世界のなかで効力を持てる存在になりたいという気持ち」でもあります。自分を含めただれかの苦しみを取り除きたいとか、だれかに楽しさを与えたいといった目的を持ち、そのために何かができるようになりたいというのが人間の学びへの動機になります。ごく単純に言えば、楽しいこと、面白いことをやりたい、そして嫌なことを避けたいという気持ちに素直になり、そのために何かがやりたいと思うことが動機づけとなるのです。

何かをうまく達成するためには、先人たちの残してくれた知識が役に立ちます。ひとつ目の「見取り図や地図のようなもの」がそれにあたります。逆に言えば、何かをできるようになりたい。それで苦しみを取り除いたり、楽しみを増やしたりしたい、そういう気持ちがなければ、知識を求める意欲が湧かないのです。いくら先人の築いた知識があっても、自分の行動の役に立ってくれなければ意味がありません。

では、[6]どうすれば、何かができるようになりたいと思うでしょうか。それは、まさに何かをやってみたり、あるいは、だれかが何かをやっているのを見たりして、それが苦しみを取り除き、楽しみを与えてくれているのを知る経験から生まれます。

たとえば、近所のレストランがとても素敵な料理を出してくれます。家族や友人と楽しく食事をすると、みんな仲がよくなります。そうなれば、こんな店をやってみたいと思うことでしょう。自分なりにやってみたい。ここをこうしたい。もっとうまくやってみたい。こういう気持ちが、私たちの中に生じてくるのは不思議ではありません。

自分の好きな料理を出そうとして、レストランを経営するには、どのような技術と知識が必要でしょうか。調理の技術だけで済むわけがありません。栄養学、公衆衛生、関連する法規、食品と流通の知識。これだけでもまだ全然足りません。オリジナルな商品がないと他店との競争に負けそうです。店の外見も内装も、清潔で、オシャレにしないといけません。そして、店舗を経営するには、経営学の知識が必要です。化学から美術、保険から人間関係の心理学まで、何でも関係してきます。一見すると、自分と縁遠いと思った知識も、お店を経営し

イ　こんなにも好きなのに、渓哉の気持ちはもう自分には向かないことを悟り、残念に思う気持ち。

ロ　どれだけ好きでも渓哉に告白はしないという決心は、間違いではないと自分を納得させたい気持ち。

ハ　ずっと惹かれ続けていた渓哉に対し、思いを告白する勇気がない自分を、ふがいなく思う気持ち。

ニ　渓哉への好意を諦めることがあまりにも辛く切ないので、彼に思いを告げようと決めつつある心境。

ホ　募ってきた渓哉への恋心を落ち着かせなければならないと自分に言い聞かせようという心境。

二　次の文章Ⅰ、文章Ⅱを読んで、後の問いに答えなさい。なお、設問の関係上、一部表現を変えてあります。

〈文章Ⅰ〉

これまでの学校での勉強の仕方には、ある「前提」がありました。それは、教科別に学ぶことからはじめて、そのそれぞれの分野を後で総合することで、自分の人生や社会での生活に知識や技術を活かしていくという学びの順序です。別々の教科から学んで、総合する。別々の教科を学んだ人が、あとで共同することが想定されています。しかし1この学びの順序は正しいでしょうか。

現代社会は、2科学によって成り立っている社会です。科学は、「科目」、すなわち分野に分かれた知識ですから、専門化していきます。この専門化こそが科学を正確で厳密な知識にしているのですが、他方で、この傾向には大きな問題点もあります。それは、専門化が進みすぎてしまい、分野間で相互に理解できなくなることです。

これは3危険な断片化です。世界の一部の断片だけをよく知っていても、全体が見失われてしまうならば、どれほどの意味があるでしょう。身体の腸の働きの一部がよくわかっても、健康とは何なのか、身体をいたわるとは何なのかを考えなければ、そこで得た知識はどれほど重要でしょうか。科学がそれぞれの分野でバラバラに進んでしまうと、専門家たちも他の分野がまったくわからなくなってしまいます。科学者も自分の専門以外は、まったくの素人です。医者は建築については何も知らず、法律家は農作物の肥料の効果についてはまったく知りません。

科学の専門化に対応するように、私たちの社会も専門性によって分けられています。分けられても誰かが全体を調整できればいいのですが、その役割はどの学問が担当するのでしょうか。いったいだれが担当するのでしょうか。

さらに、ある分野の知識をどれだけ獲得したかで、専門家と素人の序列が生じてきて、素人は専門家に従うしかなくなります。専門性が重視される社会では、専門家が優位になり、自分の分野を発展させようとします。しかし、全体が見えないままに自分たちの分野だけの発展を望めば、社会に大きなアンバランスが生まれてしまいます。場合によっては、社会の利益を犠牲にして、自分たちのグループだけの繁栄を願う分野エゴ、組織エゴに陥る場合さえあります。

全体が見失われると、社会が分断されるだけではありません。教育を受ける児童・生徒の立場に立てば、それぞれの科目が何の役に立つのか、これを学んでおくことが自分の人生とどうつながるかがわからいることにうんざりし、ため息ばかりついてしまう状態。

ロ　自分より先に進路を決めた者や親戚が気軽に話しかけてくるのを、ありがた迷惑だと感じる自分を持て余している状態。

ハ　成績が伸びず、合格ラインから遠ざかっていく自分の学力に絶望し、色々な物や周囲の人たちにあたってしまう状態。

ニ　志望大学合格に向けて受験勉強に励むべく自分を奮い立たせようとすると、かえって手につかず泣きそうになる状態。

ホ　目標に対する距離の詰め方に苦慮し、些細《ささい》なことが気に障って、周囲の気遣いや応援を素直に受け入れられない状態。

問七　傍線**5**「キャッチャー体質」とは実紀がどのような存在であることを表しているか。次の中から最も適当なものを一つ選び、記号で答えなさい。

イ　自分が抱える悩みや迷いを聞き、根本的な解決に導いてくれる存在であること。

ロ　他者の状況を自分のことのように理解してくれる、母のような存在であること。

ハ　第三者の立場から、険悪な雰囲気をうまく取り持つ仲介役的存在であること。

ニ　相手の不安をやわらげ、張りつめた雰囲気を和ませてくれる存在であること。

ホ　後ろ向きな感情を受け止め、楽観的にとらえなおしてくれる存在であること。

問八　傍線**6**「秋がたけなわ」とほぼ同じ時期を示す表現として最も適当なものを次の中から一つ選び、記号で答えなさい。

イ　今年のスポーツの日の頃　　ロ　秋の風情を感じ始める頃

ハ　立秋を迎える頃　　ニ　虫の音が静まる頃

ホ　中秋の名月を愛でる頃

問九　傍線**7**「栄美は佇んだまま、薄紅色の背中を見送った」とあるが、栄美は見送りながらどう感じていたか。次の中から最も適当なものを一つ選び、記号で答えなさい。

イ　渓哉と自分の似通っていると思っていたところが、人生を歩むにつれて異なってくるだろうとの思いに至り、一抹の寂しさを感じていた。

ロ　渓哉の存在を意識してしまうのは自分との共通点があるからだろうと気づいて、それは彼への好意につながっているものなのだと感じていた。

ハ　渓哉が自分と同じように旅館や湯郷を大切にしているが故に、その思いにお互いが縛られている点を好ましく思い、心嬉しく感じていた。

ニ　夏の夕陽に仄かに染まり遠ざかる渓哉の背中に、孤独と闘いながら信念を貫き生きていこうとする、自分にはない強さを感じていた。

ホ　これまで苦労してきた自分の境遇を渓哉に重ねることで、誰からも理解してもらえなかった辛い気持ちから解放されたと感じていた。

問十　傍線**8**「知らぬ間に胸の上でこぶしを握っていた」とあるが、この行動はどのような心情によるものだと考えられるか。次の中から最も適当なものを一つ選び、記号で答えなさい。

ハ　克《かつ》を入れる　　ニ　釘《くぎ》を刺す

ホ　さじを投げる

問三　傍線2「栄美は迷っていた」とあるが、このときの迷いはどのようなものか。次の中から最も適当なものを一つ選び、記号で答えなさい。

イ　生まれたときから関わり続けてきた『みその苑』を廃業にするか、大学受験の方向に進むか。

ロ　『みその苑』の娘として十八年間生きてきた自分に、大学受験は似合わないのではないか。

ハ　家業としてきた、旅館を営む以外の生き方が可能な方向に踏み出してよいのかどうか。

ニ　『みその苑』以外を知らず、経験や知識が不足した自分が女将を務めてよいのかどうか。

ホ　老舗旅館の女将である母佳代に、旅館業以外の道に進みたいと打ち明けてよいものか。

問四　傍線3「栄美はかぶりを振る」について、次の問いに答えなさい。

i　「かぶりを振る」とはどのような行動か。「〜行動。」につながるように書きなさい。

ii　この行動は栄美のどのような心情によるものか。次の中から最も適当なものを一つ選び、記号で答えなさい。

イ　将来、自分が旅館業以外に魅力を感じた結果、家を継がなくて『みその苑』が廃業するのは考えたくないという思い。

ロ　大学受験を間近に控える立場であるため、『みその苑』の将来については考えることをやめてしまおうという思い。

ハ　周囲の意見に振り回されて、卒業後の進路選択について考えることに疲れ、すべて投げ出したいという思い。

ニ　自分は老舗旅館の娘であると改めて自覚し、『みその苑』を継ぐ選択肢以外は考えるべきではないという思い。

ホ　はっきりとイメージしきれていない遠い将来のことよりも、目先の受験について考えねばならないという思い。

問五　〔ここにきて成績が足踏みしている。〜数日前に返ってきたその年最後の実力テストは、最悪だった。〕とあるが、この箇所の表現の説明として最も適当なものを次の中から一つ選び、記号で答えなさい。

イ　具体性の高い慣用表現を多用することで、受験が近いのに成績が伸び悩む栄美の焦りを表現している。

ロ　擬人法を用いて、栄美の努力が全く報われず、後にも先にも進めない状況を鮮明に映し出している。

ハ　栄美の現状を示す短文の連続が、彼女の、苦境に追い込まれつつある状況を効果的に表している。

ニ　否定表現を繰り返し用いて、栄美の、絶対に受かるはずだという自信が喪失されたことを表している。

ホ　過去を示す表現を繰り返すことで、受験勉強は既に手遅れになっているという挫折感を強めている。

問六　傍線4「カンペキな受験生症候群」とは、栄美のどのような状態を表しているか。次の中から最も適当なものを一つ選び、記号で答えなさい。

イ　テストで自分だけが合格圏内に入れず置いてけぼりになって

「で、深野としては、気が楽になって素直に謝れるわけやな」

「うーん、謝れるかどうかは難しいな。我ながら意固地やなって反省はするんやけど」

「誰だってあるさ。深野だけじゃねえよ。おれなんか意地張りまくりで生きてるもんな」

「真中くんが？　そうなん？」

「そんな風に見えんかったか？」

どうだろうと、栄美はほんの短い間、自分の心をまさぐってみた。

あたしは真中くんのことをどう見て、どう考えて、どう……想っていたんだろう。どう想っているんだろう。今、どう想っている？

「あ、じゃあ、ここでな」。駐輪場の前で手を振り、渓哉が去っていく。渓哉はバスで栄美は自転車で通学していた。まだ白い夏服の背中は夕陽を浴びて、やはり仄《ほの》かに紅い。7栄美は佇《たたず》んだまま、薄紅色の背中を見送った。見送りながら、改めて気が付いた。

真中くんとあたしは似ているんだ。

故郷や、商家である家がその仕事も含めて丸ごと好きで、でも、いや、だからこそ足掻《あが》いている。自分をどこにも縛り付けたくなくて、足掻いている。似ているんだ、とても。

けれど、これから先は違ってくるんだろうな。

不意に思った。突風が吹き付けてきたような感覚だった。真中渓哉と自分は似ている。だから惹かれた。栄美は軽く息を飲み込む。

そうだ、あたしは真中くんが好きだ。どうしようもなく惹かれてしまう。もう、ずっとずっと前から好きだったのだ。惹かれ続けていたのだ。

心の内にあるものを渓哉に告げる気はない。困惑させるだけだとわかっていた。渓哉の眼は自分ではない誰かを追いかけている。あの眼差しの前に立ちふさがり、強引に割り込んでいくには、少し臆病過ぎる。そんな勇気はどこからもわいてこなかった。

8知らぬ間に胸の上でこぶしを握っていた。栄美は佇んだまま、曲がり角に消える渓哉の後姿を見送った。秋の日がゆっくりと終わろうとしていた。

あさのあつこ『透き通った風が吹いて』（文春文庫）

＊湯郷……岡山県の地名。
センター試験……大学入学者の多くが受験する試験。
ＡＯ入試……大学入試のひとつの型。

問一　傍線1「人は色々だ」とあるが、ここではどのようなことか。次の中から最も適当なものを一つ選び、記号で答えなさい。

イ　旅館という場所にいらっしゃるお客様は多様であること。
ロ　人と関わる仕事が面倒な人と、面白いと思う人がいること。
ハ　お客様の中には人付き合いが上手いうえに、愛想がいい人もいること。
ニ　コミュニケーションが下手でも旅館の仕事が好きな人はいること。
ホ　旅館の仕事が好きな理由はお客様によって異なるということ。

問二　空欄□にあてはまる慣用句はどれか。次の中から最も適当なものを一つ選び、記号で答えなさい。

イ　油をしぼる　　ロ　高をくくる

が遠ざかってしまう。数日前に返ってきたその年最後の実力テストは、最悪だった。

落ち込んでしまう。

所属していた陸上部やクラスの友人の中には、推薦*やＡＯ入試で早々に進学先の決まった者もかなりの数いた。卒業後の未来への期待と不安を語る声が耳朶《じだ》に触れる。否応《いやおう》なく聞こえてくる。それだけで苛《いら》ついた。深夜、机に向かっていると突然、どうしようもないほどの苛立ちが突き上げてきて目の前の問題集を窓から投げ捨てたことがある。枕を思いきり殴りつけたことも、「栄美ちゃん、よう頑張ってるんやてな」「もう一息やな。うまいこといったらええなあ」、周りから渡される労《いたわ》りや励ましを含んだ台詞が痛くて、辛くて横を向いたこともある。数えるのが嫌になるほど、ある。

もう、4カンペキな受験生症候群《シンドローム》やないの。

自分で自分が情けない。しっかりしろと叱咤《しった》したいのに、口から漏れるのはため息ばかりだった。まったくもって、情けない。涙が滲《にじ》むほど情けない。

実紀からスマホに連絡があったのは、悶々《もんもん》とした思いを持て余している最中だ。

「あ、もしもし。栄美か、おれ」

実紀の声を聞いたとたん、すっと息ができた。ほんの僅《わず》かだが気持ちが軽くなる。実紀には昔からそういうところがあった。こちらの緊張をふうっと緩めてくれる。

「あいつ、根っからの5キャッチャー体質なんよなあ」

実紀をそう評したのは、真中渓哉だ。中学、高校と野球部でバッテリーを組んできた渓哉は、栄美よりも深く、実紀を理解しているのかもしれない。続けて、

「実紀のおかげで助けられたこと、いっぱいあるけんな」

とも言った。あれはいつごろだったか……。夏が終わり、6秋がたけなわとなる直前の日々、そのどこかだった気がする。風が乾いていた。乾いて稲穂の香りがした。空が紅く焼けていた。通常授業の後、受験生のための補習を受けての帰りだったかもしれない。

「うん。わかる。あたしもそんな風に思うこと、あるよ」

「え？　そうなんか」

目を見張った渓哉の顔がうっすらと紅く染まっていた。陰影がくっきりついて、真昼の光の下で見るよりずっと大人びて見えた。いや、陰影のせいではない。この夏が通り過ぎたころ、渓哉はどことなく変わった。どこがと、はっきりとは語れない。ただ、感じるだけだ。眼差しに深みを感じ、ちょっとした言葉の端に暗みを感じる。感じてしまうのだ。

「そうじゃな。真中くんとは意味が違うかもしれんけど……」

栄美は何げないふりを装って、視線を逸《そ》らす。

「あ、さっき、実紀ちゃんが守ってくれたんじゃないんかなとか助けてくれたんじゃないんかなって気づくことあるの。たいてい、ちょっと後になってからじゃけどな。えっと……例えば、母親と言い合いとかになったとき実紀ちゃんがおるとな、うまーく雰囲気を和らげてくれるんよ。あたしが言い過ぎたなって思って、でも、素直に謝れんかったりして……。そういうとき、すっと話題逸らしたり、冗談言うて笑わせてくれたりするんよな」

【国　語】（五〇分）〈満点：一〇〇点〉

一　次の文章を読んで、後の問いに答えなさい。なお、設問の関係上、一部表現を変えてあります。

おもしろい。

栄美は旅館が好きだった。旅館の仕事が好きだった。いつも人がいて、人と関わっていく。そこを面倒と忌むか、おもしろいと感じるかは人それぞれだろう。それこそ、色々なのだ。栄美は間違いなく後者だった。人付き合いが上手いわけでも、愛想が特別いいわけでもない。どちらかというと他人との関わり方は不器用かもしれない。それでも好きだった。[1]人は色々だ。一様には括《くく》れないと教えてくれる仕事に惹《ひ》かれる。

「お母さん、あたし、旅館が好きや。ようわからんけど、好きなんよ」

そう告げたら佳代はどんな反応を示すだろう。喜ぶだろうか。驚くだろうか。

「この仕事は、甘うないで」と［　　］だろうか。山間の温泉町の老舗《しにせ》旅館の女将。その苦労もやりがいも、佳代は骨の髄まで理解しているのだ。

[2]栄美は迷っていた。旅館業は好きだ。生まれたときから『みその苑《えん》』の娘だった。十八年間『みその苑』の中で生きてきた上で好きだと言い切れる。でも、未知の世界にも足を踏み入れたい。触れたこともない世界を目の当たりにしたい。このまま、＊湯郷《ゆのごう》しか知らないまま生きていきたくない。とも、思ってしまうのだ。大学進学はそのための一つの機会だった。とても大きなチャンスだ。それを生かしたい。でも、踏み込んだ未知の世界に魅せられたら、『みその苑』を継ぐより他の道を選びたいと望んだらどうなるだろう。『みその苑』が廃業となったら……それは嫌だ。この小さな、美しい旅館がなくなるなんて考えられない。考え、考えるたびに、[3]栄美はかぶりを振る。

あれこれ思いあぐねる時期ではなかった。まずは、目の前のハードルを跳び越えねばならない。受験という、なかなかに高いハードルをだ。

クィーン、クィーン。足元でライクが鳴く。茶色の体、短い毛、きれいに巻いた尾っぽ。そして、ピンと立った耳、ただし、左耳の先はぎざぎざに千切れている。何かに齧《かじ》り取られたらしい。鴉《からす》か猫か狐《きつね》か狸《たぬき》、あるいは他の犬かに襲われたのだろう。

クィーン、クィーン。情けないような愛らしいような子犬特有の鳴き声。

「ああ、ごめん。寒いよな。せっかくの散歩なのに立ち止まったらいけんね」

飼い主の一言を理解できたのか、茶色い尻尾《しっぽ》が左右に動く。

二か月前、再従兄弟《はとこ》の津中実紀が連れてきた。二か月前、つまり十二月の下旬、もうすぐクリスマスというころだった。年が明ければ、センター試験が始まる。受験生にとって追い込みの、いや既に追い込みを終えていなければならない時期だ。栄美は焦っていた。

ここにきて成績が足踏みしている。伸びない。志望校は国公立の外語大二つに絞った。二校とも難関で、絶対的な合格圏内にはあと半歩、届かない。その半歩を縮めるのが至難だった。必死に努力し、懸命に頑張っても縮まらないのだ。むしろ、合格ライン

2022年度

解　答　と　解　説

《2022年度の配点は解答欄に掲載してあります。》

＜数学解答＞

1　(1)　$\frac{1}{15}$　(2)　$\frac{8x+13y}{12}$　(3)　$b=\frac{2S}{r}-a-c$　(4)　$\frac{y^5}{2x}$　(5)　$-\frac{11\sqrt{6}}{5}$

(6)　$9y(2x+y)(2x-y)$　(7)　$x=4\pm3\sqrt{2}$　(8)　$x=20$　(9)　$a=\frac{5}{2}$　(10)　$\frac{1}{9}$

(11)　Bクラス　(12)　23　(13)　1.323　(14)　$a=-\frac{2}{9}$，$b=0$　(15)　$n=180$

(16)　175

2　(1)　$\angle x=125°$，$\angle y=45°$　(2)　正六角形　(3)　1：3　(4)　$\frac{24}{5}$cm

3　(1)　①　カ　②　ク　③　ウ　④　シ　⑤　セ　(2)　$-4+2\sqrt{13}$cm

4　(1)　$y=-\frac{1}{2}x+2$　(2)　$a=-\frac{2}{3}$

5　(1)　$n=105$　(2)　$n=84$

6　(1)　5通り　(2)　$\frac{9\sqrt{5}}{2}$cm　(3)　$\frac{1}{20}$

○推定配点○

1，2　各3点×21(1(14)完答)　3　(1)　各1点×5　(2)　4点　4～6　各4点×7

計100点

＜数学解説＞

基本　**1**　(数・式の計算，式の変形，平方根の計算，因数分解，2次方程式，方程式の応用問題，1次関数，確率，統計，式の値，2乗に比例する関数の変域，数の性質，規則性)

(1)　$(-3^2)\div15-\left(-\frac{2}{75}\right)\times5^2=(-9)\times\frac{1}{15}+\frac{2}{75}\times25=-\frac{3}{5}+\frac{2}{3}=-\frac{9}{15}+\frac{10}{15}=\frac{1}{15}$

(2)　$\frac{8x+3y}{4}-\frac{4x-y}{3}=\frac{3(8x+3y)-4(4x-y)}{12}=\frac{24x+9y-16x+4y}{12}=\frac{8x+13y}{12}$

(3)　$S=\frac{1}{2}(a+b+c)r$　$a+b+c=\frac{2S}{r}$　$b=\frac{2S}{r}-a-c$

(4)　$\left(\frac{3}{2}x^2y^3\right)^2\div\frac{9}{2}x^5y=\frac{9x^4y^6}{4}\times\frac{2}{9x^5y}=\frac{y^5}{2x}$

(5)　$3\sqrt{6}-\sqrt{216}+\frac{2\sqrt{24}}{5}=3\sqrt{6}-6\sqrt{6}+\frac{4\sqrt{6}}{5}=\frac{15\sqrt{6}-30\sqrt{6}+4\sqrt{6}}{5}=-\frac{11\sqrt{6}}{5}$

(6)　$36x^2y-9y^3=9y(4x^2-y^2)=9y(2x+y)(2x-y)$

(7)　$2(x-4)^2-36=0$　$(x-4)^2-18=0$　$(x-4)^2=18$　$x-4=\pm\sqrt{18}=\pm3\sqrt{2}$　$x=4\pm3\sqrt{2}$

(8)　$300\times\frac{4}{100}=12$　$\frac{12+x}{300+x}\times100=0.5x$　$1200+100x=0.5x(300+x)$　$0.5x^2+150x-100x-1200=0$　$0.5x^2+50x-1200=0$　$x^2+100x-2400=0$　$(x+120)(x-20)=0$　$x>0$から，$x=20$

(9)　2点$(-1,\ 7)$，$(3,\ -1)$の傾きは，$\frac{-1-7}{3-(-1)}=\frac{-8}{4}=-2$　　$\frac{0-(-1)}{a-3}=-2$から，$1=-2a+6$

$2a=5$　　$a=\frac{5}{2}$

(10)　1回ごとの2人のカードの出し方は全部で，$3\times3=9$(通り)　　そのうち，Aが勝つ場合は，(A，B)＝(1，1)，(2，2)，(3，3)の3通り　　よって，1回の勝負でAが勝つ確率は，$\frac{3}{9}=\frac{1}{3}$

したがって，2回ともAが勝つ確率は，$\frac{1}{3}\times\frac{1}{3}=\frac{1}{9}$

(11)　Aクラスの中央値は5冊，Bクラスの中央値は7冊なので，Bクラスの方が6冊以上読んだ人が多い。

(12)　$x^2+xy+y^2=(x+y)^2-xy$　　$x+y=5$，$xy=2$を代入して，$5^2-2=23$

(13)　$\sqrt{1.75}=\sqrt{\frac{175}{100}}=\frac{\sqrt{175}}{\sqrt{100}}=\frac{5\sqrt{7}}{10}=\frac{\sqrt{7}}{2}=\frac{2.646}{2}=1.323$

(14)　yの変域から，$a<0$　　$x=-3$のとき最小値-2をとるから，$-2=a\times(-3)^2$　　$-2=9a$

$a=-\frac{2}{9}$　　$x=0$のとき最大値0をとるから，$b=0$

(15)　$1200=2^4\times3\times5^2$　　$n=2^2\times3^2\times5$のとき$1200n$は$2^2\times3\times5$の3乗になる。よって，$n=2^2\times3^2\times5=180$

(16)　第5組は，{11，12，13，14，15}，第6組は，{16，17，18，19，20，21}から，第7組の中の数の和は，$22+23+24+25+26+27+28=175$

2　(平面図形・空間図形の計量問題―角度，切断面の形，角の二等分線，三角形の相似，球の半径)

(1)　右の図のように各点を定めると，△DECにおいて内角と外角の関係から，$\angle x=85^\circ+40^\circ=125^\circ$　　$\angle\mathrm{EBC}=180^\circ-(125^\circ+20^\circ)=35^\circ$　　∠DAC＝∠DBCから，四角形ABCDは円に内接するから，∠BAC＝∠BDC＝85°　　△OACにおいて内角と外角の関係から，$\angle y=85^\circ-40^\circ=45^\circ$

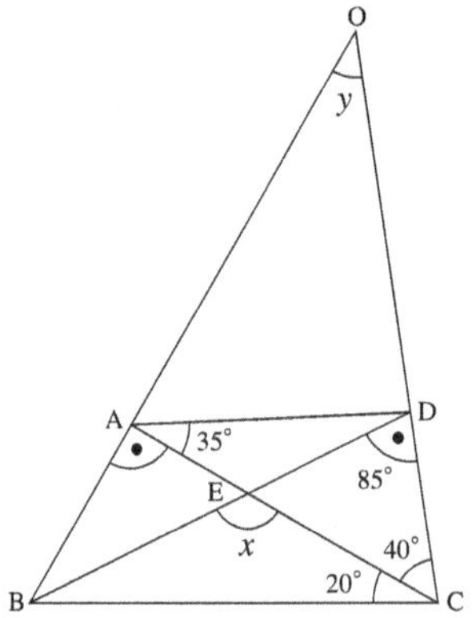

(2)　3点I，J，Kを含む平面は，FG，GH，HDの各中点を通るから，切り口の図形は，正六角形

(3)　角の2等分線の定理から，BD：DC＝AB：AC＝5：4　　BD＝$6\times\frac{5}{9}=\frac{10}{3}$　　AF：FD＝BA：BD＝5：$\frac{10}{3}$＝15：10＝3：2

△AFB＝$\frac{3}{5}$△ABD＝$\frac{3}{5}\times\frac{5}{9}$△ABC＝$\frac{1}{3}$△ABC　　よって，

△AFB：△ABC＝$\frac{1}{3}$：1＝1：3

重要　(4)　各点を右の図のように定める。△PAHにおいて三平方の定理を用いると，PH＝$\sqrt{17^2-8^2}=\sqrt{225}=15$　　AI＝AH＝8　PI＝17－8＝9　　△POI∽△PAHから，OI：AH＝PI：PH　OI：8＝9：15　　OI＝$\frac{8\times9}{15}=\frac{24}{5}$　　よって，球の半径は，$\frac{24}{5}$ cm

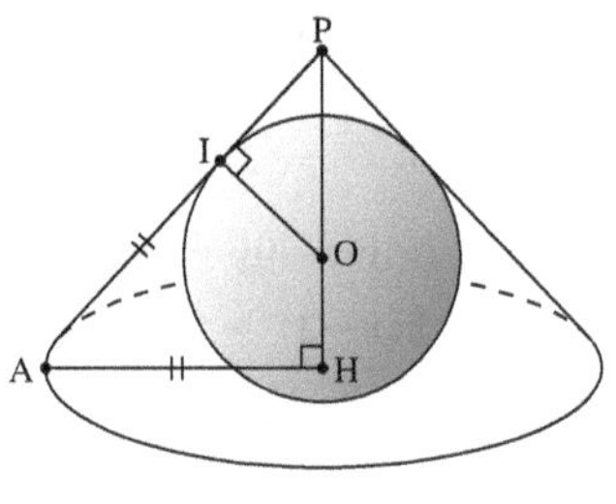

3　(平面図形の問題―三角形の相似の証明)

基本　(1)　△AEBと△DECにおいて，共通な角だから，∠AEB＝∠DEC…①　　円に内接する四角形の性質から，∠ABE＝∠DCE…②　　①と②より，2組の角がそれぞれ等しいから，△AEB∽△DEC

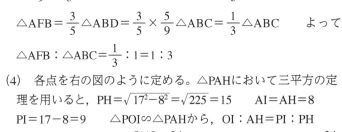

よって，EA：EB＝ED：EC　したがって，EB×ED＝EA×EC

(2)　DE＝$x$cmとすると，ED×EB＝EC×EAより，$x(x+8)=4\times(4+5)$　$x^2+8x-36=0$　$x=\dfrac{-8\pm\sqrt{(-8)^2-4\times1\times(-36)}}{2\times1}=\dfrac{-8\pm\sqrt{208}}{2}=\dfrac{-8\pm4\sqrt{13}}{2}=-4\pm2\sqrt{13}$　$x>0$から，$x=-4+2\sqrt{13}$

4 （図形と関数・グラフの融合問題）

基本 (1)　$y=\dfrac{1}{4}x^2$…①　①に$x=-4$と2を代入して，$y=\dfrac{1}{4}\times(-4)^2=4$　$y=\dfrac{1}{4}\times2^2=1$　よって，A$(-4,\ 4)$，B$(2,\ 1)$　直線ABの傾きは，$\dfrac{1-4}{2-(-4)}=\dfrac{-3}{6}=-\dfrac{1}{2}$　直線ABの式を$y=-\dfrac{1}{2}x+b$として点Bの座標を代入すると，$1=-\dfrac{1}{2}\times2+b$　$b=2$　したがって，直線ABの式は，$y=-\dfrac{1}{2}x+2$

重要 (2)　C$\left(a,\ -\dfrac{1}{2}a+2\right)$，D$\left(a,\ \dfrac{1}{4}a^2\right)$　$EC=4-\left(-\dfrac{1}{2}a+2\right)=\dfrac{1}{2}a+2$　$ED=4-\dfrac{1}{4}a^2$　$V_1:V_2=4:3$から，$(V_1+V_2):V_2=7:3$　(V_1+V_2)とV_2は，底面が同じ円なので，高さの比は体積比と等しくなる。よって，$\left(4-\dfrac{1}{4}a^2\right):\left(\dfrac{1}{2}a+2\right)=7:3$　$12-\dfrac{3}{4}a^2=\dfrac{7}{2}a+14$　$\dfrac{3}{4}a^2+\dfrac{7}{2}a+2=0$　$3a^2+14a+8=0$　$(3a+2)(a+4)=0$　$a=-\dfrac{2}{3},\ -4$　$a\neq-4$から，$a=-\dfrac{2}{3}$

5 （数の性質）

(1)　商をaとすると，余りは$3a$（aは整数）　$0\leqq3a<18$　$0\leqq a<6$　aは整数だから，$a=0,\ 1,\ 2,\ 3,\ 4,\ 5$　$n=18a+3a=21a$　$a=5$のときnは最大となるから，$n=21\times5=105$

重要 (2)　$n^2=(21a)^2=3^2\times7^2\times a^2$　$18=3^2\times2$から，$a^2=2k$（kは整数）のとき，n^2は18で割り切れる。$a=4$のとき，求めるnは最大になるから，$n=21\times4=84$

6 （図形と確率の融合問題）

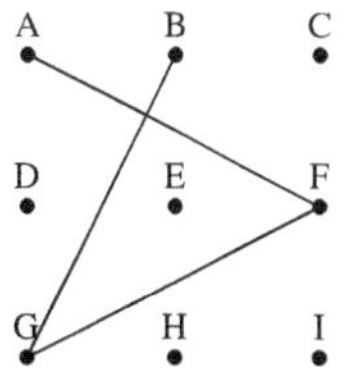

(1)　各点を右の図のように定めると，4点を結んだ線分の合計が4.5cmになるパターンは，ABCF，ABED，ABEH，ABEF，ADEBの5通り

重要 (2)　4点を結んだ線分の合計が最も長くなるパターンはAFGBで，$AF=FG=GB=\sqrt{\left(\dfrac{3}{2}\right)^2+3^2}=\sqrt{\dfrac{45}{4}}=\dfrac{3\sqrt{5}}{2}$　よって，$\dfrac{3\sqrt{5}}{2}\times3=\dfrac{9\sqrt{5}}{2}$(cm)

やや難 (3)　パターンロックでは，通っていない点を飛び越せないというルールがあることから，点Aでスタートして点Bで終わるパターンは，ADCB，ADEB，ADGB，ADIB，AECB，AEDB，AEFB，AEGB，AEHB，AEIB，AFCB，AFEB，AFGB，AFIB，AHCB，AHDB，AHEB，AHFB，AHGB，AHIBの20通り　そのうち，4点を結んだ線分の合計が有理数であるのは，ADEBの1通り　よって，求める確率は，$\dfrac{1}{20}$

★ワンポイントアドバイス★

5は，余りは商より小さくなるので，5以下の整数になることを利用する。(2)は余りを5以下の偶数から最大のものを選ぶ。

＜英語解答＞

1 1 エ　2 ウ　3 ウ　4 ウ　5 ウ

2 1 ウ，shall　2 イ，hearing from　3 ウ，have　4 エ，comes
5 ウ，are

3 1 never　2 whose　3 made　4 how　5 why

4 1 3番目 カ　5番目 エ　2 3番目 オ　5番目 ア
3 3番目 ア　5番目 ウ　4 3番目 ア　5番目 イ
5 3番目 ア　5番目 ウ

5 1 イ　2 エ　3 ウ　4 ウ　5 イ

6 1 エ　2 ア　3 エ　4 イ　5 イ

7 1 エ　2 ヒップホップが流れている中，人のいないスケート場を彼らは喜びでいっぱいにしようとした。　3 ア　4 エ　5 (She is) one of the youngest medalists in (Olympics history.)　6 ア，オ

8 The boy (who is) taking a picture[pictures] (is my brother.)

9 リスニング問題解答省略

○推定配点○

8 4点　他　各2点×48　計100点

＜英語解説＞

基本 1 (空欄補充：関係代名詞，代名詞，前置詞，現在完了，動名詞)

1 先行詞は the shop で，主語＋動詞と続いているため，目的格の関係代名詞 which が適切。
2 one ～ , the other … 「1つ[1人]は～で，もう1つ[1人]は…だ」
3 〈make ～ for 人〉「人のために～を作る」
4 〈have[has] ＋過去分詞＋ for ～〉で現在完了の継続用法の英文になる。
5 remember ～ing「～したのを覚えている」

基本 2 (正誤問題：付加疑問文，動名詞，関係代名詞，接続詞)

1 Let's の文の付加疑問文は ～, shall we? となる。
2 look forward to ～ing「～するのを楽しみに待つ」
3 主語は The students と複数形なので，has ではなく have を用いる。
4 時を表す接続詞の後は，未来の内容であっても現在形を用いる。
5 主語は Both Tim and I と複数なので，be動詞は are を用いる。

重要 3 (書き換え問題：現在完了，関係代名詞，文型，不定詞，命令文)

1 〈have never ＋過去分詞＋ such a ～〉「そんな～を…したことがない」
2 所有格の関係代名詞 whose を用いる。
3 〈 What made A＋B?〉「何がAをBにしたか」＝「なぜAがBしたか」
4 how to get to ～「～への行き方」
5 Why don't you ～?「～するのはどうですか」

4 (語句整序問題：不定詞，関係代名詞，間接疑問文，仮定法)

やや難 1 (I) saw some of my classmates walk across (the street the day before yesterday.)
〈see A＋原形不定詞〉「Aが～するのを見る」

2 (John, there) are something I have to tell (you.)　I have to tell you は前の名詞を修飾す

る接触節である。

3 (Marshall) asked Taro what he had for breakfast (this morning.) 間接疑問文は〈what ＋主語＋動詞〉の語順になる。

4 It will take you about an hour (to get there.) 〈It takes 人＋時間＋ to ～〉「人が～するのに時間かかる」

重要 5 (I) could run faster if I were (you.) 仮定法過去の文においてbe動詞は were を用いる。

基本 5 (資料問題)

(大意)

日出学園 英語部

英語で上手に話したり聞いたりしたいですか？
英語のゲームを楽しみたいですか？
英語部に参加してみませんか?

体験会は，4月16日と19日の放課後，理科室で15時~17時に開催します。

内　容
●自己紹介　●英語映画鑑賞　●英語のゲームを体験
※ 英語で他のことを試してみたい方は，したいことを教えてください。

毎週火曜日と金曜日の午後3時から午後5時まで，理科室で毎週の体験会が開催されます。

すべての体験会に無料で参加できます。
詳細または体験会への参加を伝えるには，記入書を提出してください。
各体験会の場所は限られていますので，失望を避けるためにできるだけ早く教えてください。

英語クラブ申込書

氏名：タケヒロ　　体験会日付：4月19日
1. 入会の主な目的
______英会話______英語の映画______英語ゲーム
______その他：英語の文化を学び，英語で話し合い，新しい友達を作る
2. 海外での生活経験はありますか？
✓はい：国 イギリスとオランダ
__いいえ
3. コメントは下記のスペースをご利用ください。
英語部か野球部に入ろうと思っています。4月19日は野球の練習を終えて参加するので，30分遅れます。僕は他の人と，英語のニュースについての僕の意見を交わしたことがありません。だから僕は友人とニュースの話題について話したいです。

1 「ポスターの目的は何か」 英語部の紹介のポスターである。

2 「理科室で4月19日に何が行われるか」「自己紹介」「英語映画鑑賞」「英語のゲーム」が行われる。

3 「ポスターは何を意味しているか」 ポスターの最後の文から，場所が限られているので，断られる場合もあることがわかる。

4 「タケヒロは4月19日，何時に理科室に到着するか」 野球の練習を終えてから参加するため，30分遅れるので，3時半に到着する。

5 「4月19日にタケヒロは何をするつもりか」 記入書の最後の部分から，ニュースの話題について話したいとある。

6 (長文読解・説明文：語句補充，指示語，語句解釈，要旨把握，内容吟味)

(大意) トムは日出学園高校の入学試験に合格した。彼は学校に行く方法を心配していた。彼は学校に行くには4つの方法があると聞いた。彼は船橋に住んでいた。

最初は京成線に乗り，菅野駅で下車し，歩いて通学した。電車で14分，学校まで徒歩で7分かかった。船橋駅から菅野駅までの電車の運賃は189円だ。

次に，総武線で市川駅を降り，歩いて学校へ行った。電車で6分，学校まで徒歩で15分かかった。船橋駅から市川駅までの電車の運賃は168円だ。

第三に，総武線で市川駅で下車し，バスで通学した。学校までは電車で6分，バスで5分かかった。市川駅から日出学園付近までのバス料金は100円だ。

第四に，総武線で本八幡駅で下車し，歩いて学校に通った。電車で8分，学校まで徒歩で20分かかった。船橋駅から本八幡駅までの電車の運賃は157円だ。

最初の1ヶ月間，彼は歩くのが好きではなかったが，彼は多くのお金を費やさずに行きたかったので，最も安い方法で行くことにした。学校に行ってから2か月後，たくさん友達を作った。友人の多くが菅野駅を利用していたため，両親に交通手段の変更を依頼した。八幡駅で総武線に乗り換えようとしたのは，都営新宿線を利用する人がいたからだ。しかし，京成線で船橋駅に戻ることにしたのは，親友のケンが京成線の千葉駅に行ったからだ。彼は友達と学校に行くのがとても楽しかった。もちろん，日出学園高校では多くの友達と楽しい時間を過ごした。彼は友人がお金や時間よりも重要であることに気付いた。

1 多くのお金を費やさずに通学したかったので，料金が最も安い手段である本八幡駅で下車し，歩いて学校へ行く方法だとわかる。

2 親友のケンが京成線で千葉駅に向かったので，同じ電車で船橋駅へ帰りたかったのだとわかる。

3 At first, ~ から，Fourth まで4つの手段が書かれている。

4 早く通学でき，なるべくお金がかからない手段は，総武線で市川駅で下車し，歩いて学校へ行く方法である。

5 トムが学んだことは，最終文より「友人がお金や時間よりも重要である」ことである。

7 (長文読解・物語文：語句補充，英文和訳，語句整序[比較]，内容吟味)

(大意) 日本の西矢椛(13歳)は，2021年7月26日に歴史を作った。東京2020大会では，女子ストリートスケートボードオリンピック初の金メダルを獲得した。同じくブラジル出身のライッサ・レアウ(13歳)は表彰台で彼女の隣に立っていた。ライッサはこのイベントで銀メダルを獲得した。日本人スケート選手の中山楓奈さん(16)が銅メダルを獲得した。

椛の勝利は，22歳の日本人スケート選手堀米雄斗が金メダルを獲得した翌日のことだ。(1)スケートボードの世界における日本の一流の地位を確立する。

決勝戦のスケーターの半数は18歳以下だった。彼らは最高の技を着陸させることにした。(2)彼らはヒップホップがバックグラウンドで演奏されている間，空のスケートパークを喜びで満たそうとした。

有明アーバンスポーツパークの人々は，(3)この日大きな驚きを見た。世界ランキング1位のパメラ・ロザ(22歳)は，ブラジルで最もメダル獲得の有望選手と見られていた。しかし，決勝に進出することさえできなかった。女子ストリートスケートボーダー3位の西村碧莉(19)は，何度か転倒して8位に入った。

金メダルを獲得した後，椛は若いスケーターに何を伝えたいかと尋ねられた。「スケートボードは楽しくて面白いです。私は誰もがそれを試してみることができることを願っています」

そして，若いグループはすでに新世代のスケーターにエネルギーを与えている。スケートボードパークの外では，9歳のオオタケイト選手と8歳のナカムラアヤネ選手が日本のメダリストたちを見守っていた。二人がスケートボードを始めたのは約1年前。彼らはチームジャパンのスケートボードシャツを持って公園に到着した。バスが公園を出るたびに，彼らは金属製のフェンスに来て，「頑張りに感謝します」と「金メダルおめでとうございます」という紙を掲げた。

ケイトは，椛と楓奈を好きなスケートボーダーのリストに加えたと言う。「彼女たちファンです」と彼は言った。8月，地元のスケートボード学生カップで初めての大会に出場した。

優勝当時わずか13歳330日だった椛は，日本最年少の金メダリストだ。彼女はオリンピック(5)史上最年少のメダリストの一人だ。しかし，その記録はアメリカのダイバー，マージョリー・ゲストリングにさかのぼる。ゲストリングは1936年ベルリンオリンピックで13歳267日で金メダルを獲得した。13歳203日で，リールは1位でフィニッシュしていれば新記録を樹立していただろう。

椛はいつも競技会の後，母親からごほうびをもらっている。彼女は，焼き肉を食べたいと語った。

1　男子も女子も金メダルを獲得したことで，日本がスケートボードにおいて一流であることを確立したのである。

重要 2　fill A＋ with ＋B「AをBで満たす」

3　ランキング1位の選手が決勝に出られず，ランキング3位の選手が数度の転倒の末8位になったことは，大きな驚きであったのである。

4　主格の関係代名詞 that である。

5　〈one of the ＋最上級＋複数名詞〉「最も～な…のうちの一つ」となる。

6　ア「ライッサ・レアウは西矢さんとほぼ同じ年だ」　第1段落第3文参照。ライッサ・レアウも13歳なので適切。　イ「東京オリンピックで4人の日本人のスケートボーダーがメダルを獲得した」　第1段落，第2段落参照。メダルを獲得したのは西矢椛，中山楓奈，堀米雄斗の3人であるので不適切。　ウ「競技の女性スケートボーダーは皆18歳より若い」　第4段落第2文参照。パメラ・ロザは22歳なので不適切。　エ「ケイトとアヤネは西矢が金メダルを取った後，スケートボードを始めた」　第6段落第2文，3文参照。オリンピックの1年前から始めていたので不適切。　オ「ケイトは競技の後，西矢さんと中山さんのファンになった」　第7段落第1文参照。西矢さんと中村さんをお気に入りのスケートボーダーに加えたので適切。　カ「ゲストリングはスケートボードの最も若い金メダリストだ」　第8段落第4文参照。全ての協議において最年少の金メダリストなので不適切。

基本 **8**　（条件英作文）

＿＿＿＿is my brother. となっていることから，空欄が主語であることがわかる。また，この後の文で，「素敵なカメラを持っているね」ということから，カメラを持っている少年が弟であることがわかる。したがって「写真を撮っている少年が私の弟よ」という英文にすればよい。

9　リスニング問題解説省略。

★ワンポイントアドバイス★

会話文，長文読解があわせて3題あるため，前半の問題を素早く処理する必要がある。過去問や問題集を繰り返し解いて，文法問題をすばやく処理する練習をしよう。

＜国語解答＞

一　問一　イ　問二　ニ　問三　ハ　問四　i　頭を左右に振る(行動。)　ii　イ
問五　ハ　問六　ホ　問七　ニ　問八　イ　問九　ロ　問十　ハ

二　問一　ホ　問二　ロ・ホ　問三　①　ニ　②　ロ　問四　ロ　問五　ニ
問六　イ・ハ　問七　ハ　問八　ロ　問九　ニ　問十　(例)　世の中は，多様な知見や情報が関連し全体が構築されていることを踏まえ，さまざまな考えを知り，視野を広げていくべきである。

三　①　新興　②　核心　③　逆接　④　画　⑤　硬化　⑥　機構　⑦　食糧
⑧　耐性　⑨　節制　⑩　繁殖

○推定配点○

一　問四・問八　各2点×3　他　各3点×8

二　問三・問六　各3点×4　問十　10点　他　各4点×7(問二完答)

三　各2点×10　計100点

＜国語解説＞

一　(小説―情景・心情，内容吟味，文脈把握，脱語補充，語句の意味，慣用句)

問一　直後に「一様には括れないと教えてくれる仕事に惹かれる」とある。「仕事」は「旅館の仕事」。「一様には括れない」のは，旅館を訪れるさまざまなお客様である。

基本　問二　「釘を刺す」は，相手に念を押すの意味。旅館の仕事が好きだという栄美に対して，佳代は，旅館の仕事は甘くないと念を押すだろうというのである。イ「油をしぼる」は，あやまちや失敗をひどく責めるの意味。ロ「高をくくる」は，たいしたことはないと思って軽く見るの意味。ハ「克を入れる」は，たるんでいるものや元気のないものに刺激を与えて元気づけるの意味。ホ「さじを投げる」は，ある物事に見込みがないとあきらめて，それから手を引くの意味。

問三　「でも」の直後の言葉に注目する。一般的に逆接の接続語のあとには，本音や正直な気持ちが表現されることが多い。「でも」のあとには，栄美の率直な気持ちが表現されているのである。「未知の世界にも足を踏み入れたい」「踏み込んだ未知の世界に魅せられたら，『みその苑』を継ぐより他の道を選びたいと望んだらどうなるだろう」とある。この迷いを説明しているのは，「旅館を営む以外の生き方」を考えていることに触れているハ。

やや難　問四　i「かぶりを振る」の「かぶり」は「頭」の古い言い方。頭を左右に振って，承知しないこと，拒否の意味を表す行動である。　ii　問三と関連させて考える。この場面で栄美が拒否しているのは，自分の将来の選択によって『みその苑』が廃業になるという事態について考えることである。

重要　問五　イ，「足踏みしている」「半歩，届かない」は慣用表現と言えるが，「具体性の高い」が誤り。具体的な内容は表現していない。　ロ，「成績が足踏みしている」は擬人法であるが，「努力が全く報われず，後にも先にも進めない状況を鮮明に映し出している」という内容は読み取れない。ハ，「短文の連続」がたたみかけるような調子を出している。それが「苦境に追い込まれつつある状況を効果的に表している」のである。説明は適当である。　ニ，「絶対に受かるはずだという自信」は表現されていない。　ホ，「ここにきて成績が足踏みしている」という現状を強調している。「挫折感を強めている」のではない。

重要　問六　受験生としての栄美の状態は，「年が明ければ，センター試験が始まる」の一文から描写されている。「栄美は焦っていた」とあるのは，「追い込みを終えていなければならない時期」にも

かかわらず，実力テストが最悪の結果だったように成績が伸びないことによるものである。進学先の決まった者の卒業後の話を聞いただけで苛ついたり，苛立ちゆえに問題集を窓から投げ捨てたりするのは，時期に合った勉強の結果が出ないので，大学合格という「目標に対する距離の詰め方に苦慮し」，些細なことが気に障っているのである。また，そのような状態であるから，「周囲の気遣いや応援を素直に受け入れられない」のである。

問七　直前に「実紀の声を聞いたとたん，すっと息ができた。ほんの僅かだが気持ちが軽くなる。……こちらの緊張をふうっと緩めてくれる」とある。ニの「相手の不安をやわらげ」は「すっと息ができた。ほんの僅かだが気持ちが軽くなる」という様子の説明に，「張りつめた雰囲気を和ませてくれる」は「こちらの緊張をふうっと緩めてくれる」という状態の説明になっている。

やや難　問八　「たけなわ」は，物事の勢いが最も盛んなとき。「秋がたけなわ」は，最も秋らしい時期であるから，10月10日のスポーツの日の頃である。

問九　直後に「見送りながら，改めて気が付いた」とあり，どんなことに気が付いたかが表現されている。「真中くんとあたしは似ている」「似ているんだ，とても」「真中渓哉と自分は似ている。だから惹かれた」「そうだ，あたしは真中くんが好きだ」とある。この内容を説明しているのはロ。

問十　問九と関連させて考える。「こぶしを握る」という動作は，怒りや悔しさ，不満の気持ちの表れである。「ふがいない」は，したいと思うようなことが何一つできないような情けない状態であるの意味。栄美は，自分自身の状態を悔しく思い，不満なのである。栄美は，「心のうちにあるものを渓哉に告げる気はない」のであり，「自分ではない誰かを追いかけている」渓哉の「眼差しの前に立ちふさがり，強引に割り込んでいく……勇気はどこからもわいてこなかった」のである。つまり，ハのような心情で「渓哉の後姿を見送った」のである。

二　（論説文―要旨，内容吟味，文脈把握，脱語補充）

問一　「この学びの順序」とは「教科別に学ぶことからはじめて，そのそれぞれの分野を後で総合することで，自分の人生や社会での生活に知識や技術を活かしていくという学びの順序」である。そして，現代の学びについての問題点として，「専門化が進みすぎてしまい，分野間で相互に理解できなくなる」，「全体が見失われてしまうならば，どれほどの意味があるでしょう」と述べている。全体性を重視する筆者は，「各教科の学習を体系的(＝総合的)な枠組みの中でそれぞれ発展させていくこと」が正しいと考えているのである。そのことで「教育を受ける児童・生徒の立場に立てば，それぞれの科目(＝専門的な知識)が何の役に立つのか，これを学んでおくことが自分の人生とどうつながるか」が理解できると述べている。つまり，ホで説明されているように，現代の学びの順序は学び本来の在り方からは，正しいとは言えないのである。

やや難　問二　ロは，「予定を管理している人」は科学的な知識とは関係がないので科学者とは言えない。ホも，科学的な知識とは関係がないので科学者とは言えない。

問三　①　直後で断片化の危険性について説明している。「分けられても誰かが全体を調整できればいいのですが，その役割はどの学問が担当するのでしょうか。いったいだれが担当するのでしょうか」とある。誰が担当するのかを決めるのは困難だと述べている。　②「危険な断片化」の危険性とは，A「自分の専門以外は，まったくの素人」，B「全体が見えないままに自分の分野だけの発展を望めば，社会に大きなアンバランスが生まれてしまいます」ということである。イ・ハ・ホはBの例。ニはAの例である。ロは，社会全体に利益をもたらすのであてはまらない。

基本　問四　直後に傍線4を「それは」と指し示したうえで，「知識と社会の関わりについての全体像がないままに学び続けることへの抗議なのです」と述べている。問一でとらえた，「教育を受ける児童・生徒の立場に立てば，それぞれの科目(＝専門的な知識)が何の役に立つのか，これを学んでおくことが自分の人生とどうつながるか」が理解できないから，疑問となり，抗議へと結びつくのである。イは紛らわしいが，抗議したいと考えるから疑問を持つのではない。疑問を持つことが抗議へと結びつくのであって，順序が逆である。

問五　「『知りたい』という気持ちには……二種類の動機がある」と述べて，ひとつ目として傍線5の事柄を挙げている。読み進めていくと，「何かをうまく達成するためには，先人たちの残してくれた知識が役に立ちます。ひとつ目の『見取り図や地図のようなもの』がそれにあたります」とある。「一種の見取り図のようなもの，あるいは地図のようなものがほしいという願望」を持つのは，何かを行う際に具合よく進めて，うまく成し遂げたいと考えるからである

問六　直後に傍線6を「それは」と指し示したうえで，「何かをやってみたり，あるいは，だれかが何かをやっているのを見たりして，それが苦しみを取り除き，楽しみを与えてくれているのを知る経験から生まれます」と，「何かができるようになりたいと思う」動機について説明している。イは，サンダルや下駄を同じ下駄箱に入れたいとは思わないので当てはまる。ハは，テニスを仕事にすることをあきらめていて，できるようになりたいとは思っていないので当てはまる。

やや難　問七　この段落で話題にしていることは，インターネットを利用したコミュニケーションの問題点である。相手の発言の背後の心の機微(＝目に見えない微妙なおもむき)や理解できないこと，知らないことについて，インターネットを利用したコミュニケーションの場合に，対面式のコミュニケーションとは違って「自分で解決しよう，とりあえずネットで調べようとする」状態になりがちであるというのである。

やや難　問八　直前の「それ」が指しているのは，スマートフォンのバナー広告が「使用者の好みに適合する商品や情報を示して来る」こと，また，ニュースについては「同じジャンルや主義・主張のニュースが表示されるようになって来る」ことである。このような状況からは画一的な情報しか入って来ず，ロのようなことにつながるのである。

重要　問九　「要」は，扇の骨を一点にまとめてとめるくぎ。「扇の要」は，まとめるもの，くくるもののたとえである。ニの「統括」は，ばらばらな物事を一つにまとめることで，「扇の要」の説明になっている。「学び得たもの」は，「習得した知識や学習内容」を指している。「それらを正しく実社会や実生活に結びつけることができない」とは，「応用したり，生かしたりできなくなっている」ということである。

重要　問十　示された語句が〈文章Ⅰ〉・〈文章Ⅱ〉の内容にどう関わっているかをとらえる。解答例の「世の中は，多様な知見や情報が関連し全体が構築されている」という内容は，問一や問四でとらえたことである。後半の「さまざまな考えを知り，視野を広げていくべきである」という内容は，問八でとらえた多様な情報に触れることの大切さをまとめたものである。

三　(漢字の読み書き)

①「新興」は，強い勢力をもって新たに起こること。同音異義語の「進行」「侵攻」「振興」「信仰」などと区別する。「興」の音は「コウ・キョウ」。訓は「おこ－る・おこ－す」。「興隆」「余興」などの熟語がある。　②「核心」は，物事の中心となる，大切な部分。「確信」と区別する。「核」も「心」も，中心・大切な部分の意味。「中核」などの熟語がある。　③「逆接」と「逆説」を区別する。「逆説」は，一見真理ではないことを述べているようで，よく考えると真理を述べている説。④「一線を画する」は，はっきりと区切りをつけるという意味の慣用句。「画する」は，はっきりと区別するの意味。　⑤「硬化」は，意見や態度などが強硬になること。「態度が硬化する」という言い方でよく使われる。「硬」の訓は「かた－い」。「硬直」「硬軟」などの熟語がある。　⑥「機構」は，ある一つの組織を組み立てているしくみ。「気候」では，文の意味が通らない。「構」は，同音で形の似た「講」と区別する。　⑦「食糧」は，主食となる食べ物。「食料」は，食べ物。「食

糧問題」は，飢餓などにつながる問題のこと。「糧」には「ロウ」の音もある。訓は「かて」。「兵糧(ヒョウロウ)」「糧食」などの熟語がある。　⑧「耐性」は，本来は，病原菌などがある種の薬に耐えて生きる性質の意味。外部からの力に対して耐えることのできる性質の意味で使われることも多い。同音異義語の「体勢」「態勢」と区別する。　⑨「節制」は，適度におさえること，控えめにすること。「節」の訓は「ふし」。「節約」「節減」などの熟語がある。⑩「繁殖」は，生物が新しい個体を作って増えること。「殖」を「植」と誤らないように注意する。「殖」の訓は「ふ－える・ふ－やす」。「繁盛」「繁華街」「増殖」「養殖」などの熟語がある。

★ワンポイントアドバイス★

小説は，場面の様子や会話から人物の心情や心情の理由をとらえる。また，語句・表現の意味や人物像を正確に読み取っていく。論説文は，筆者の説明を文脈をたどって正確に読み取り，筆者の考えや，考えの根拠となる具体例などをとらえる。二つの文章に共通する話題にも注目する。

MEMO

大切なことはメモしておこうネ！

2021年度

★★★★★★★★★★★★★★★★★★★★★★★★

入　試　問　題

2021
年
度

2021年度

日出学園高等学校入試問題

【数　学】（50分）〈満点：100点〉

【注意】 1. 比は最も簡単な整数で表しなさい。

2. 解答が無理数になるときは$\sqrt{\quad}$のままで答えなさい。

3. 円周率はπを用いなさい。

4. 問題文中の図は必ずしも正確ではありません。

1 次の問いに答えなさい。

（1） $-2+\{(-3^2)\times(-7)-5\}-(-2)^3\times 0$ を計算しなさい。

（2） $\sqrt{7}(\sqrt{2}-\sqrt{7})^2-\dfrac{63}{\sqrt{7}}$ を計算しなさい。

（3） $3x^2y^2-36x^2z^2-12x^2yz$ を因数分解しなさい。

（4） 2次方程式 $x^2-11x-1=0$ を解きなさい。

（5） $\mathrm{S}=\dfrac{(a+b)h}{2}$ をaについて解きなさい。

（6） $2\leqq\sqrt{2x+3}<3$ を満たす整数xの値をすべて求めなさい。

（7） 関数$y=-2x^2$のxの変域が$-2\leqq x\leqq a$のとき，yの変域が$-50\leqq y\leqq 0$である。aの値を求めなさい。

（8） 日出学園高等学校のある42人のクラスで，男子生徒の$\dfrac{2}{3}$と女子生徒の$\dfrac{3}{4}$が部活動に参加している。部活動に参加している生徒数は30人であった。このクラスの男子生徒と女子生徒の人数をそれぞれ求めなさい。

（9） AさんとBさんがさいころをそれぞれ1回投げ，Aさんは出た目の数の2倍を，Bさんは出た目の数の3倍を得点とする。このときBさんの得点がAさんの得点より高くなる確率を求めなさい。

（10） 下の表はある授業で50点満点の小テストを行った結果をまとめたものである。このクラスの平均点を求めなさい。

階級（点）	度数（人）
0以上 10未満	2
10 ～ 20	1
20 ～ 30	5
30 ～ 40	6
40 ～ 50	1

2 次の問いに答えなさい。

（1） 右の図で，点Oは円の中心である。
xの値を求めなさい。

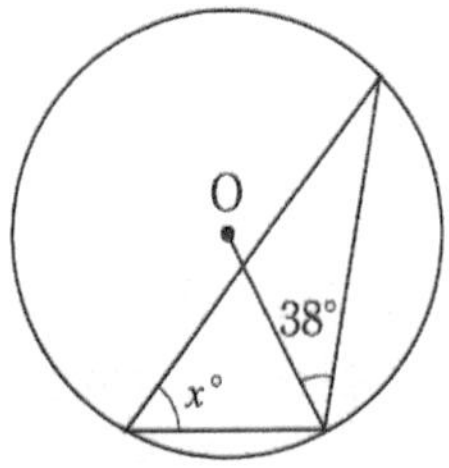

（2） 右の図の△ABCでAB，AC，CEの長さを，
それぞれ10 cm，6 cm，1 cmとする。
このときDEの長さを求めなさい。

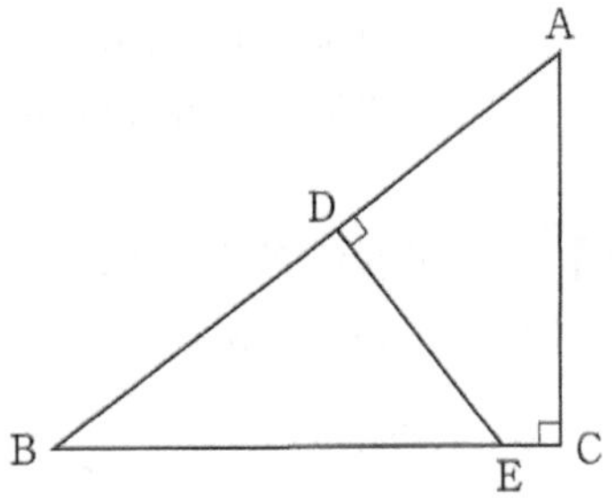

（3） 下の図のような，半径3 cmの球を半分にした立体（立体1）と直方体（立体2）がある。まず，立体1の容器に水をいっぱいに入れる。次に，立体2の容器に水をすべて移すとき，水の高さを求めなさい。ただし，容器の厚みは考えないものとする。

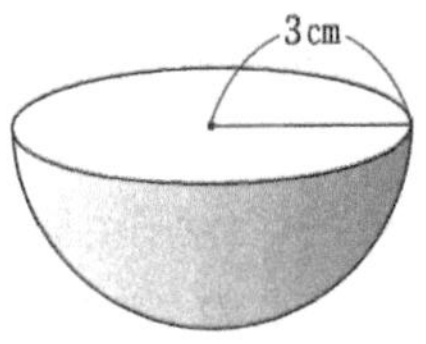

立体1

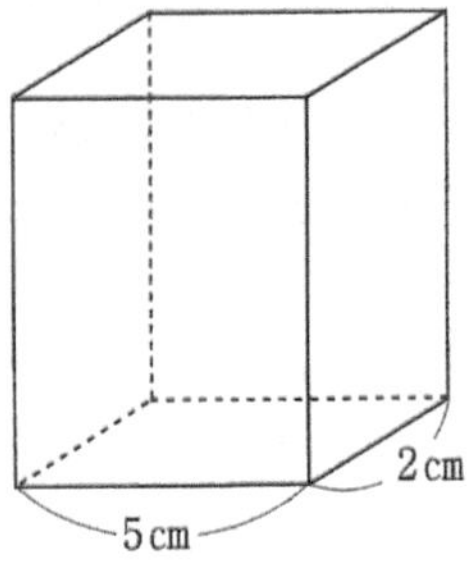

立体2

（4） 右の図形を，直線ℓを軸として1回転させてできる立体の体積を求めなさい。

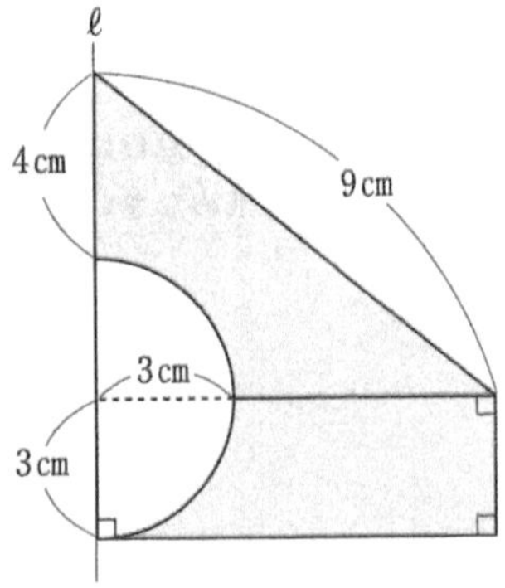

（5） 右の図のようなAB＝4 cm，AD＝12 cm，
∠ABC＝60°の平行四辺形ABCDがある。CDを1：3に分けた点をE，ADとBCの中点をそれぞれF，Gとおく。FGとAEの交点をH，FGとBDの交点をI，BDとAEの交点をJとおくとき，△HIJの面積を求めなさい。

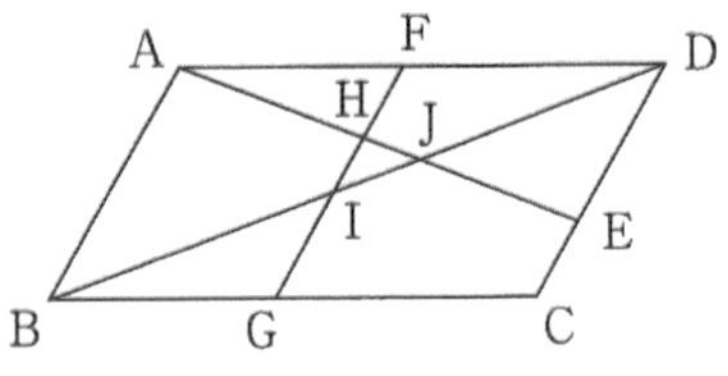

3 右の図のように，1辺の長さが8 cmの立方体ABCD－EFGHの辺BC，DCを3：1に分けた点をそれぞれM，Nとする。次の問いに答えなさい。

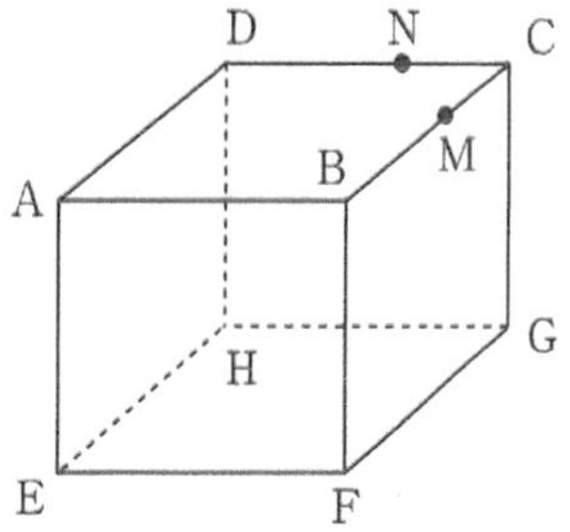

（1） MNの長さを求めなさい。

（2） △MNGの面積を求めなさい。

（3） 頂点Cから△MNGに垂線をひいたときの△MNGとの交点をIとする。CIの長さを求めなさい。

4 aを正の定数とする。

下の図のように放物線$y=ax^2$と，この放物線上の点A，B，Cを頂点とする平行四辺形ABCDがある。辺ABの長さが4 cm，辺ADの長さが$\sqrt{13}$ cm，点Dの座標がD(0，4）である。ただし，座標軸の1目もりを1 cmとする。次の問いに答えなさい。

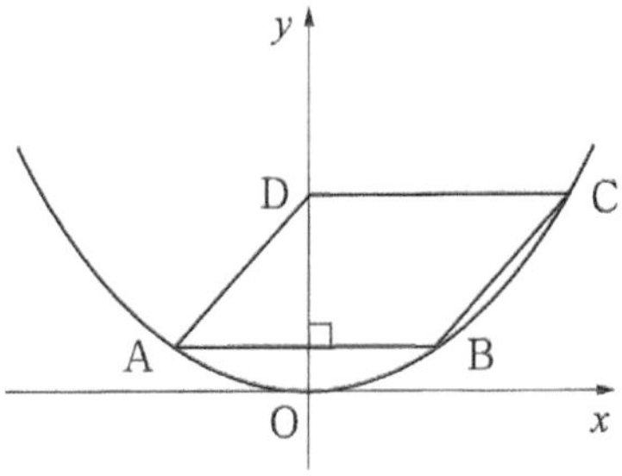

（1） 辺ABを底辺としたときの平行四辺形の高さを求めなさい。

（2） aの値を求めなさい。

（3） 原点を通り，平行四辺形ABCDの面積を2等分する直線の式を求めなさい。

5 1つのコマを点Aに置き，コインを投げて，表が出たらひとつ上に，裏が出たらひとつ右にコマを移動させる。次の問いに答えなさい。

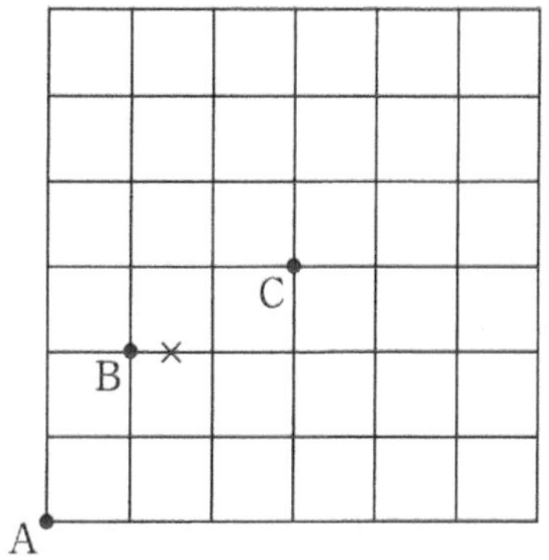

（1） コインを3回投げて点Bにコマがある確率を求めなさい。

（2） ×印は通らずに，コインを6回投げて点Cにコマがある確率を求めなさい。

6 以下のまことさんとあきらさんの会話中の [ア] ～ [ク] にあてはまる値を答えなさい。ただし，[エ] と [オ] については下の選択肢①～④から選んで答えなさい。

まこと：円周率を計算したいと思ったのだけれどどうしたらいいだろう。

あきら：円に内接する図形を利用すれば，近い値は計算できると思うよ。例えば，図1のように，半径が1の円に内接する正六角形の周の長さを直径の長さ2でわった値は円周率に近い値になるよね。この正六角形の一辺の長さは [ア] だから，周の長さを直径の長さでわると [イ] になる。だから円周率は約 [イ] だ。

まこと：約 [イ] か。もう少し真の値に近い値は計算できないかな。

あきら：それでは，正十角形で考えてみよう。図2のように正十角形を二等辺三角形に分割して，その一つを△OABとしよう。辺ABの長さが分かればいいね。

まこと：ABの長さ？　求めるのが難しいね。

あきら：図3のように，∠Aの二等分線をひいて，辺OBとの交点をCとすれば，∠BAC＝[ウ] 度になるよね。これで三角形 [エ] と三角形 [オ] は相似になるから，ABの長さをxとおいて，相似比を使って方程式をつくれる。

まこと：なるほど！　その方程式を解いて，ABの長さを求めると [カ] だ！

あきら：授業で習ったように$\sqrt{5}=2.2360679\cdots\cdots$だから，2.24として計算すると，図2の正十角形の一辺の長さは約 [キ] となる。だから，正十角形の周の長さを直径の長さでわると，約 [ク] となるね。円周率は約 [ク] だ。

まこと：真の値に少し近づいたね！

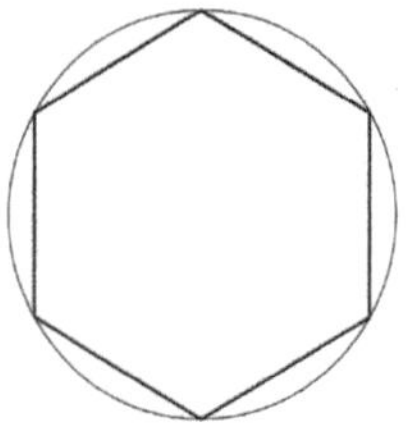

図1

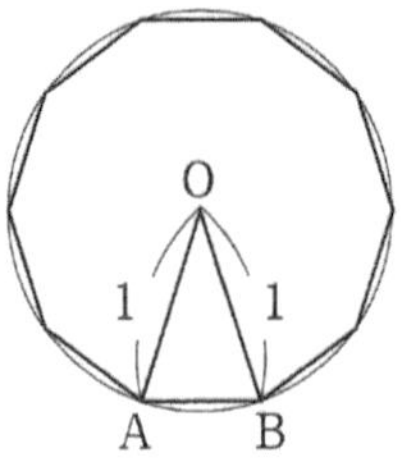

図2

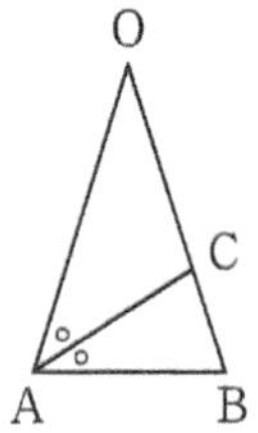

図3

[エ]，[オ] の選択肢

①ABC　　②OAC　　③OBC　　④OAB

【英　語】（60分）〈満点：100点〉

【注意】試験時間残り15分前からリスニング試験が始まります。

1 次の各文の空所を補う語(句)として最も適切なものをそれぞれ１つずつ選び，記号で答えなさい。

1．Hiromi tried to leave the magazine for her neighbor, but it was too (　　) to push under her door.

ア small　　イ thick

ウ thin　　エ wide

2．A：Did you leave the door open?

B：I don't think so. I remember (　　) it when I went to bed.

ア close　　イ closing

ウ to close　　エ to be closed

3．The father (　　) the story to his son last night.

ア has read　　イ read

ウ should read　　エ does read

4．Jim's bag was (　　) heavier than I expected.

ア very　　イ so

ウ much　　エ such

5．I know a girl (　　) mother is a famous doctor.

ア who　　イ whose

ウ which　　エ what

2 次の各文には誤りがそれぞれ１か所ずつあります。例にならってその部分を抜き出し訂正しなさい。

（例）He $\underset{ア}{\underline{\text{is}}}$ $\underset{イ}{\underline{\text{one of}}}$ $\underset{ウ}{\underline{\text{the most popular}}}$ $\underset{エ}{\underline{\text{singer}}}$ in Japan.

	記号	正
（例）	エ	singers

1．The $\underset{ア}{\underline{\text{best}}}$ way $\underset{イ}{\underline{\text{to make}}}$ friends $\underset{ウ}{\underline{\text{are}}}$ to share your interest with $\underset{エ}{\underline{\text{them}}}$.

2．This is $\underset{ア}{\underline{\text{the}}}$ $\underset{イ}{\underline{\text{most}}}$ $\underset{ウ}{\underline{\text{exciting}}}$ news I've $\underset{エ}{\underline{\text{never}}}$ heard.

3．Yesterday I $\underset{ア}{\underline{\text{was spoken}}}$ suddenly $\underset{イ}{\underline{\text{by}}}$ a woman $\underset{ウ}{\underline{\text{while}}}$ I $\underset{エ}{\underline{\text{was reading}}}$ a book.

4．A：I think I $\underset{ア}{\underline{\text{left}}}$ my umbrella $\underset{イ}{\underline{\text{at}}}$ Tom's house.

B：Don't $\underset{ウ}{\underline{\text{worry}}}$. I can $\underset{エ}{\underline{\text{borrow}}}$ this to you.

5．I $\underset{ア}{\underline{\text{will live}}}$ $\underset{イ}{\underline{\text{with my family}}}$ $\underset{ウ}{\underline{\text{until}}}$ I $\underset{エ}{\underline{\text{will find}}}$ an apartment.

3 次の各組の文がそれぞれほぼ同じ意味を表すように，空所を補うものとして最も適切な英単語を入れなさい。

1．{ He is a careful driver.
　　He drives very (　　).

2．{ His idea and hers are not the same.
　　His idea is (　　) from hers.

3．{ Do you know what they call this flower in English?
　　Do you know the (　　) of this flower in English?

4．{ May I visit you tomorrow morning?
　　Do you (　　) my visiting you tomorrow morning?

5．{ She waited for him, but he didn't come.
　　(　　) she waited for him, he didn't come.

4 次の各文が与えられた日本文の意味を表す英文になるように，(　　)内の語(句)を並べかえた時，3番目・5番目に来る語を記号で答えなさい。ただし，文頭にあたる語も小文字で記してあります。

1．学校から菅野駅まで行くのにどのくらいかかりますか。
(ア how / イ does / ウ to / エ it / オ take / カ long) go from the school to Sugano Station?

2．タピオカは何からできていると思いますか。
(ア do / イ *tapioka* / ウ is / エ think / オ what / カ you) made from?

3．私があなたにお話をしたもう一人の女の子も市川市に住んでいる。
The other girl (ア about / イ also / ウ I / エ that / オ told / カ you) lives in Ichikawa City.

4．私の姉は何も言わずに部屋を出て行った。
My sister (ア anything / イ saying / ウ left / エ room / オ her / カ without).

5．この映画は世界で一番おもしろい。
This movie is (ア movie / イ than / ウ more / エ any / オ interesting / カ other) in the world.

5 次の英文はYuiが参加する海外研修旅行の旅程表の一部である。英文の内容に合うよう，それに続く英文の空所に入るもの，または英語の質問に記号で答えなさい。なお，時刻表記は現地時間である。

We are going to study abroad in Australia from August 2 to 12. Please look at the schedule carefully before leaving Japan. The time in Australia is one hour earlier than ours.

Study Trip Schedule

Day 1 (Monday)	16:00	Meet up at Hinode High School. Move to Haneda Airport by bus.
	16:45	Arrive at Haneda Airport. Check-in.
	19:00	Take off for Australia.
Day 2 (Tuesday)	06:30	Arrive at Sydney Airport. Move to Sunrise Hotel by bus.
	07:30	Arrive at Sunrise Hotel. Check-in. Relax for a while in your room. Go to the entrance by 9:20.
	09:30	Leave the hotel. Move to West Sydney High School (our sister school).
	09:50	Arrive at West Sydney High School. Join the welcome party in the morning. After having lunch at the school cafeteria, take two classes; the first class is world history, and the second is music.
	15:15	Leave the high school. Move to the National Library by bus.
	16:45	Leave the library. Return to the hotel.
	19:00	Dinner (traditional Australian dishes).
	20:15	Leave the hotel. Walk to see Sydney Harbour Bridge. Take pictures with a beautiful night view.
	21:00	Return to the hotel. Prepare for going to bed.
	23:00	Go to bed.
Day 3 (Wednesday)	06:00	Get up.
	06:30	Breakfast at the cafeteria (You should finish it by 7:30).
	08:00	Leave the hotel. Move to the high school by bus.
	08:20	Arrive at the high school. Join the morning *assembly, then take a Japanese class and an English class.
	12:00	Lunch at the school cafeteria.
	13:00	Leave the high school. Move to the Australian Museum by bus. Join the tour in groups with a guide in English.

《注》 assembly 集会

1 This trip (1).

ア is a trip without taking a plane

イ will continue for ten days

ウ is a trip a high school in Australia is going on

エ is going to be held at the beginning of August

2　According to the schedule of the first day, (　2　).

ア　students will go to the airport on their own

イ　the plane will take off at 6:00 p.m. Australian time

ウ　students may sleep on the plane

エ　students will have lunch on the plane

3　According to the schedule of the second day, (　3　).

ア　students will go to the entrance soon after arriving at the hotel

イ　the Sydney Harbour Bridge is too far to walk from the hotel

ウ　it will take less than one hour to go from Sydney Airport to the hotel

エ　students will cook Australian traditional dish

4　According to the schedule of the third day, (　4　).

ア　students will arrive at the museum by 1:00 p.m.

イ　students will take classes soon after arriving at the sister school

ウ　students will have a meeting with the students in Australia

エ　students will arrive at the sister school twenty minutes before 8:00 a.m.

5　Based on the schedule, which of the followings is[are] true? (**You may choose more than one option**.)

ア　There is no chance to take a train.

イ　It is necessary for students to bring lunch to the sister school.

ウ　Students will join the tour in the museum in English.

エ　Students will get a chance to see live animals.

オ　Students will take four classes at the sister school on the third day.

カ　Students can enjoy Australian foods on Tuesday night.

6　**次の文の空所(　1　)～(　5　)に入れるのに最も適当な英文を，ア～クのうちからそれぞれ1つずつ選び，記号で答えなさい。ただし，記号は1度しか使えません。**

Ms. Hughes：Hello, class. Today we are going to talk about plastic *pollution. Plastic pollution is now one of the biggest problems in the world. It is said that about 8 million tons of plastic waste are going into the sea every year. What do you think about this?

Kaori：I think we can reduce plastic waste by changing small things in our lives. (　1　) Since last year, you have had to pay for plastic bags at stores. I think that is a great idea to reduce plastic waste. Also, instead of buying water in plastic bottles, we can bring our own water bottles when we go out.

Hikaru：(　2　)

Ms. Hughes：Could you tell us more?

Hikaru：I think it is not enough to do just small things. It is necessary for companies to use paper or something like that, not plastics. Of course, it is important to change our habits to reduce plastic waste, but we should reduce the *amount of plastics made by companies. I heard that some companies have created plastics which can *be broken down. If many companies use them, it will be possible to reduce the amount of plastic waste.

Kae：I can understand their opinions. (　3　) However, sometimes it is better for us to use plastics. My sister is working at a hospital and I saw her wear plastic gloves when she was working. In hospitals,plastics are used in many ways to protect patients and workers.

Ms. Hughes：What do you mean, Kae?

Kae：I think plastics should be used in some ways because it is clean and safe. Especially in places like hospitals,things used for patients should always be kept clean. Also, we should think about the safety of doctors and nurses. If they use tools again and again, it is not clean and safe.

Ms. Hughes：I see. (　4　)

Kae：Yes.

Ms. Hughes：It was a very interesting discussion. (　5　)

《注》 pollution 汚染　amount 量　be broken down 分解される

ア For example, when you go shopping, you can bring bags to carry things you buy.
イ You mean that it is important not to use plastics in hospitals, right?
ウ We have to think about this problem from various points of view.
エ In conclusion, we should not use plastics at all.
オ You are saying that plastics should be used in some cases, right?
カ We don't have to use plastics all the time.
キ I agree with her opinion, because I think it is important to change small things.
ク I agree with her opinion, but I think we need to do something bigger.

7 次の英文は厚生労働省のサイトに掲載された一部の内容を基に英語にしたものです。英文を読み，それに続く問いに答えなさい。

What do you want the most? What are you glad to see? What are you happy to get? Probably, we all live for smiles, (1)(　　　　)(　　　　)? 'Smiles' is the happiest word in the world.

In December, 2019, people all over the world learned of (2)COVID-19. The number of infections continues to grow, and will reach 10 million by the end of June. First, some scientists said it spread from a seafood market in Wuhan, China, but others say that the first case of it was in Italy.

COVID-19 causes infections among humans and animals. There have been six kinds of COVID-19 known to cause infections in humans. All but SARS-CoV and MERS-CoV are like a normal cold.

In Japan, on January 14, a patient with pneumonia who had stayed in Wuhan, China, was reported by medical institutions in Kanagawa Prefecture to the local health center. (3)The case was reported based on the National Institute of Infectious Diseases'system for patients with pneumonia with unknown causes, after the report was filed when the patient visited a medical institution on January 6, 2020.

On February 3, the cruise ship "Diamond Princess," with 3,711 crew and passengers, arrived at Yokohama Port. An outbreak of COVID-19 had occurred, and by the end of May, 712 cases had been confirmed.

On February 28, the Ministry of Education, Culture, Sports, Science and Technology (MEXT) requested the temporary closure of all schools in Japan because of COVID-19. In some schools, classes were held through online devices,homework was mailed, and teachers called students during the closed period.

Prime Minister Abe declared a state of emergency on April 7. The people in the prefectures of Saitama, Chiba, Tokyo, Kanagawa, Osaka, Hyogo and Fukuoka were told to stay home for one month, from April 7 to May 6.

PCR tests were carried out in each prefecture, and the number of people with COVID-19 became known. By July 24, about 1,200 people were tested by PCR in Iwate Prefecture, but the number of COVID-19 people remained zero there. Someone has to stop COVID-19. Who will become an (4)unsung hero?

During this time, both children and adults had to experience many new things in their lives. All of us must be updated on today's events. It is important to learn the basics, but you must challenge (5)the ones without the sure answers. During this period, you could connect with people around the world through (6)Zoom. Google Meet, Microsoft Teams, Line, and REMO. But you think (7)something was missing. You have learned the importance of getting people together face to face and doing something. Why do we study? Why do we work? It is not for exams or money. We must feel that because everyone smiles.

1．下線部(1)の空所に適する語を1語ずつ入れなさい。

2．下線部(3)について，原因が明らかでない肺炎等の患者について，なぜ国立感染症研究所は検査制度に基づき報告できたのか，その理由を日本語で説明しなさい。

3．下線部(2)(4)の単語の意味にあたると思われるものをそれぞれ1つずつ選び，記号で答えなさい。

(2)

ア　coronavirus disease 2019　　イ　coronavitamin D19

ウ　coronaview 2019 days　　エ　coronavision device19

(4)

ア　表立って活躍する人　　イ　縁の下の力持ち

ウ　スタンドプレーヤー　　エ　アンチヒーロー

4．下線部(5)の1つを表すものとして最も適当なものを1つ選び，記号で答えなさい。

ア　数十年前のテスト　　イ　あなたの進む道

ウ　指示された練習　　エ　お金で得たもの

5．下線部(6)を総称して何というか本文中より2語の英語で抜き出しなさい。

6．下線部(7)について，「私たちは何のために生きているのか」という問いに対する答えとして，次の文の空所に適する日本語を入れて完成させなさい。

「(　　　)と(　　　)ではなく，(　　　)のために生きている」

7．本文の内容と**一致しないもの**を1つ選び，記号で答えなさい。

ア　新型コロナウイルスは武漢市の海鮮市場から広がったと考えられていた。

イ　新型コロナウイルスはイタリアで初めに発症したという話もある。

ウ　COVID-19は人や動物の間で感染症を引き起こす。

エ　SARS-CoVとMARS-CoV以外は風邪などの症状にとどまる。

オ　1月，神奈川県内の医療機関から管轄の保健所に対して，肺炎の患者が報告された。

カ　5月末，クルーズ船で合計712人の陽性が確認され，集団発生となった。

キ　岩手県では8月末まで日本で唯一感染者がゼロのままであった。

ク　2月28日に文部科学省から学校に一斉臨時休校を要請した。

8 ［リスニング問題］

放送を聴いて【A】～【C】の各問いに答えなさい。

【A】 次に放送される2人の人物による会話を聴いて，それに続く質問の答えとして最も適当なものをア～エからそれぞれ1つ選び，記号で答えなさい。放送は1回流れます。

1．ア　It is easier to learn than Japanese.　　イ　It is used by many people.

　　ウ　She can help him to learn.　　エ　She is interested in the culture.

2．ア　Stay home.　　イ　Finish her work.

　　ウ　Talk with Nick on the phone.　　エ　Go shopping with Nick.

3．ア　She is at her desk.　　イ　She forgot her papers.

　　ウ　She works at a hospital.　　エ　She is in her car.

【B】 次に放送される英語の授業を聞いて，その内容に合うように，次のワークシートの空所(1)～(4)にそれぞれ最も適当な語を答えなさい。ただし，放送で読まれた英文中の単語を用い，全て英語または算用数字で書くこと。放送は2回流れます。

pg. (1)(________)

・His (2)(________) come true.

Black boys and black girls would not be judged by the (3)(________) of their skin.

Black boys and black girls joined (4)(________) with white boys and white girls.

【C】 次に放送されるKenの海外体験に関するスピーチを聞いて，その内容に合うように，次の英文の空所(1)～(3)にそれぞれ最も適当な語を答えなさい。ただし，放送で読まれた英文中の単語を用いなさい。放送は2回流れます。

1．Ken's first memory in London is that he (1)(________) and danced with Italian friends while eating pizza.

2．After coming back to Japan, Ken thought the positive sides of Japan are (2)(________) and comfort in our life.

3．Ken thinks if he finds foreigners who are in (3)(________), he will help them.

※リスニングテストの放送台本は非公表です。

ニ　それがなくてもぜんぜん問題なく生きていけるものの中で、読書は誰のどの本を選ぶかによって自分の人生が変革を余儀なくされるほど影響を受ける可能性があるものだということ。

ホ　それがなくてもぜんぜん問題なく生きていけるものの中で、読書はそれとの関わり方次第で人によっては自身の在り方の指針ともなり得るような力を持つこともあるということ。

三　**次の傍線部のカタカナを漢字で書きなさい。**

① 季節の変化をエイビンに感じ取ることが大切だ。
② 『源氏物語』は多くの言語にホンヤクされている。
③ 心の表現のセンサイさが魅力的だと言われている。
④ 哲学という学問をオサめることの意義を考える。
⑤ ザンシンな色合いの車が最近はすごく多いと思う。
⑥ 方向転換のケイキは人気が出すぎたことにあった。
⑦ 支持するものについてカンショウするのは良くない。
⑧ 漱石は小説において近代の真理をツイキュウした。
⑨ 長い年月を費やして豊かな文化をツクり出してきた。
⑩ 『平家物語』は平家のコウボウを描いた作品である。

いという想いを込めて書くということ。

ニ　即戦力となることが高く評価されている昨今、即戦力として活躍するものを作っていない作家業に身を置き続ける意味を示す必要があるということ。

ホ　効率の良いことが重んじられがちな今日、目に見える価値をすぐに生じさせることのない作家としての自分を大切にしていきたいということ。

問八　傍線8「それが生活における『実用』という意味での『役に立つ』よりずっと大切なこともきっとある」とあるが、そのような例として適当なものを次の中から全て選び、記号で答えなさい。

イ　よく冒険ものの小説を読んでいたから、林間学校でマッチやライターを使わずに火を起こして食事作りをするときに、その方法がわかっていたので、上手に火起こしができて皆から褒められた。

ロ　好きな人に想いを伝えようと意を決したものの、表現に行き詰まっていたが、かなり前に読んだ本の中で主人公が告白するときに使っていたフレーズを思い出し、活用したら両想いになれた。

ハ　夜、ふとんに入ってからなかなか寝つくことができないで困っているときに、心温まるような物語を読んだところ、それが入眠するのにとても効果があるとわかり、毎晩読んでから寝ている。

ニ　子どもの頃、体調を崩して学校を休んでいると、母はいつも感動的な話の本を買ってきてくれたものだが、それらの本の内容は今も私の心の拠《よ》り所となって私を支えてくれている。

ホ　大学に入ってからの日々、周囲とも適当に付き合って上手にやっていると思っていたが、読んだ本の主人公の苦悩する生き方から、自分の在り方に疑問を感じて反省せざるを得なくなった。

ヘ　高校生のときに、歴史小説を読んで以来、歴史的舞台となった場を訪れるのがライフワークとなっており、六十歳となった今も、その活動のお陰で日々たくさん歩いて健康的な毎日だ。

ト　母となり育児に困り果てていたときに、自身が子どもの頃に母から物語を読み聞かせてもらったことを思い出して自身も読み聞かせを実践したところ、育児にとても良い影響があった。

問九　傍線9「本を読むのは、そのような行為のなかで、もっとも特殊に個人的である」とあるが、どういうことか。最も適当なものを次の中から一つ選び、記号で答えなさい。

イ　それがなくてもぜんぜん問題なく生きていけるものの中で、読書というものは選択できる対象、つまり本の数が一番多いことにより、個人の選択の幅が一番広いということ。

ロ　それがなくてもぜんぜん問題なく生きていけるものの中で、読書こそ、それを実行するかしないかが一番その人の人生全体に大きく影響を及ぼすものであるということ。

ハ　それがなくてもぜんぜん問題なく生きていけるものの中で、読書というものは眼前ですぐに役に立たなくても、必ずその人の根幹を築き続けるものであり、影響力が強いということ。

問題の解決を図る。

ハ　高齢ドライバーが運転せざるを得ない社会状況を検証するとともに、運転免許返納率の高い東京、大阪、神奈川の施策を模範として他の道府県が自治体運営を行っていけるような道筋を作る。

ニ　高齢ドライバーが運転せざるを得ない理由の一つとなっている、地方における公共交通機関の衰退等の課題に対して可能な対策およびその有効性について検証し、それらを実践していく。

ホ　高齢ドライバーが運転せざるを得ないことを示す面積が広い道県に住む高齢者の交通手段困窮状況を徹底検証し、生活上不可欠な生活必需品購入可能店や医療機関を効率よく配置する。

問五　傍線5「これも広い意味で『実用』の話である」のはなぜか。最も適当なものを次の中から一つ選び、記号で答えなさい。

イ　生計を立てることが現代の複雑で多様な知見が必要な問題を解決することの最終目的だから。

ロ　現代の複雑で多様な知見が必要な問題を解決に導くために、学問が生かされるから。

ハ　より良い生活を目指して現代の複雑で多様な知見が必要な問題に対処をすることに変わりはないから。

ニ　現代の複雑で多様な知見が必要な問題を乗り越えようという発想自体が実用であるから。

ホ　間接的にではあっても、生活を改善するために学問が利用されようとしているから。

問六　傍線6「文学の場合、『役に立つ』という言葉でそれを言いたくない気持ちが私にはある」とあるが、それはなぜか。最も適当なものを次の中から一つ選び、記号で答えなさい。

イ　文学は学んだ後、時間がたってから人を根底から支えてくれる価値あるものであるから。

ロ　文学は人生で本質的に悩んだときにはじめて存在意義が明確化される性質のものであるから。

ハ　文学はそれを学び得てすぐに役に立つという実用的な意味での価値を持つものではないから。

ニ　文学は実用的な価値ではかられたり、存在すると考えられたりするべきものではないから。

ホ　文学はそれに触れることで人の生を豊かにしてくれるかどうかが価値基準となるものであるから。

問七　傍線7「作家が小説を書くとき、自分を励ましている言葉でもあるのだ」とあるが、どういうことか。最も適当なものを次の中から一つ選び、記号で答えなさい。

イ　実用的なことばかりが重視される風潮がある中で、作家が自分のことを考えて文学というものを志す意義を確立するための言葉を書くということ。

ロ　とかく実用的であることが至上のことと捉えられている現在、作家は文学作品自体が再評価されることを期待した表現をしているということ。

ハ　すぐに成果が出ることが価値あることの基準となっている今、それを産出できない文学者は自分の立場を確保し続けた行う専門教育より一段低い教育である。

ニ　池上氏の言う「リベラルアーツ」は、専門教育の前に行う一段低い教育という意味合いを払拭するためにつくられたもので、「教養教育」は専門教育を役立たせるために必要な教育である。

ホ　池上氏の言う「リベラルアーツ」は、学んだ専門教育が開花するために欠かせないもので、「教養教育」は「リベラルアーツ」に劣るかつての教育である。

問三　傍線**2**「国際問題でもあるので、国際政治学、経済学、社会学、心理学など、文系と言われる学問の知見なしに解決することはない」とあるが、他にどのような文系学問が必要であると考えられるか。理由とともに解答欄に適する形で答えなさい。

［　　　　　　　］ので［　　　　　　　］に関する学問

問四　傍線**3**「高齢社会で起きてくるさまざまな問題」とあるが、その中の高齢ドライバーに関する問題について考える。**資料1〜4**を踏まえてこの問題をより良く解決していくために傍線**4**「心理学、社会福祉学」がそれぞれどのように関わることが適切か。最も適当なものを次の中から一つずつ選び、記号で答えなさい。なお、「心理学」は人間の心理や行動がどのような原理で動いているのかを研究する学問で、「社会福祉学」とは人間が人間らしく生きていくために、社会環境や制度のあり方をさまざまな角度から研究していく学問である。

①「心理学」

イ　高齢ドライバーが免許を所持し続けることに抵抗を感じるのはどのような点に対してなのかを調査・研究し、その内容を集めて高齢者に示すことで、高齢者に免許の返納を促す。

ロ　高齢ドライバーが免許の所持と車の運転を続けようとする意図について調査・研究を進め、必然性のない免許の所持や車の運転を続けなくても良いとの考えに至るような状態を作る。

ハ　高齢ドライバーが車を運転することに魅力を感じなくなるような状況がどのようなものであるかについて調査・研究を進め、その研究結果を行政に示し、免許返納推進システムを作る。

ニ　高齢ドライバーの運転講習会で提供される講習内容に、高齢者が心理的に車の運転を望まなくなるような内容を上手に盛り込んで高齢者の運転を減らし、交通事故減少に寄与できるようにする。

ホ　高齢ドライバーが免許の返納で利点を感じることは何か、大量の個別インタビューで調査・研究を進め、高齢者が確実に運転免許の返納をしたくなる利点を示すことで高齢者の運転自体を減らす。

②「社会福祉学」

イ　高齢ドライバーが運転せざるを得ないことを示す一人当たりの乗用車台数が多い都道府県でよく見られる家族関係を探り、若い家族に頼れば高齢者が運転しなくても困らないような法律を作る方向に促す。

ロ　高齢ドライバーが運転せざるを得ない状況を作っている社会の中で、各都道府県における高齢者の追い込まれた立ち位置を洗い出し、社会問題として取り上げ、世論を動かすことで

資料4　次の会話は、公共機関の相談窓口に80歳代の両親を連れた息子と娘が訪れ、相談したときのものです。

息　子：最近、本当に高齢ドライバーの事故が多いから、お父さんもう運転はやめようよ。

父　：もう足腰も弱ったから、買い物したものを店から家まで車で持って帰れると助かるんだよ。

娘　：でも、体の機能も落ちているし、実際、お父さんが事故でけがするだけでなく、他の人を傷つけることだってあるんだから。

母　：免許返納のことで、お父さんと子どもたちがずっと対立していて困っているんです。

相談員A：お子さんたちの心配もよくわかりますよ。ただ、去年、自分の親御さんの運転を心配した息子さんが、お父様に車を手放させ、免許も返納させたんです。すると活発だったお父さんの元気がなくなってしまい、半年後には寝たきりになりました。どうも、高齢の方は免許を持っていること、それ自体がステータスのようなんです。お父さんは今も病床で免許を返納した代わりにもらった運転経歴証明書を名残惜しそうによく眺めているそうです。

相談員B：高齢者のなかには車を運転できなくなると、同時に自分はもう一人前の人間ではないと落ち込む方もいます。なぜかというと、すでに仕事を退職していて、社会における役割が減っている中、車の運転は自分が社会人として世の中から認められる数少ないことなんです。だから、免許を失ってしまうと、自分は誰かに頼らないと何もできない人間だと自信を失ってしまうご高齢の方も多いんですよ。

相談員A：特に、認知機能が衰えつつあるような場合は、運転をしていたことで使われていた認知機能を使用しなくなるので、急速に認知機能が低下することも多いんです。運転をしなくなると、お年寄りの活動量が減って、それに伴い、脳も使われなくなるということですよね。だから、お父様に免許の返納を無理強いするのはよくないかもしれません。

息　子：うーん、困ったなあ。どうしたらいいんだろう。そんなにお父さんの精神状態に影響があるのか。困ったなあ。

問一　空欄［　　］に適する内容を三十五字以内で答えなさい。

問二　傍線**1**「池上氏の言う『リベラルアーツ』は、『教養教育』という日本語とは少し意味内容が違う」とあるが、どのように違うのか。次の中から最も適当なものを一つ選び、記号で答えなさい。

イ　池上氏の言う「リベラルアーツ」は、「役に立つ」専門教育の土台作りをするもので、「教養教育」は専門教育の前に行う専門教育より一段低い教育である。

ロ　池上氏の言う「リベラルアーツ」は、「役に立つ」専門教育の基礎作りをするもので、「教養教育」は専門教育に直結する、本来は価値のある教育である。

ハ　池上氏の言う「リベラルアーツ」は専門教育が結実するために必要となってくるもので、「教養教育」は専門教育の前に

資料１　免許返納件数と免許保有人口に対する免許返納率

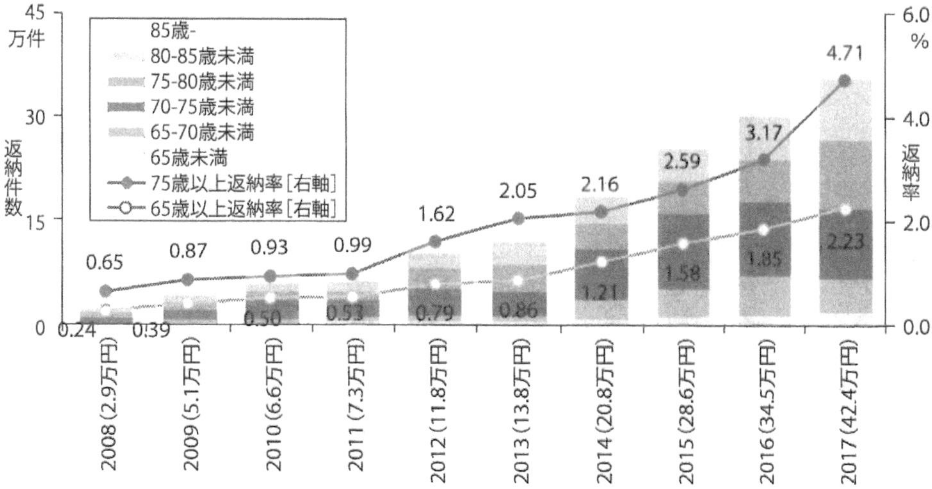

（注）図表内の数字は、65歳以上、75歳以上の返納率

（資料）警察庁「運転免許統計」（各年）

資料３　交通事故死者数

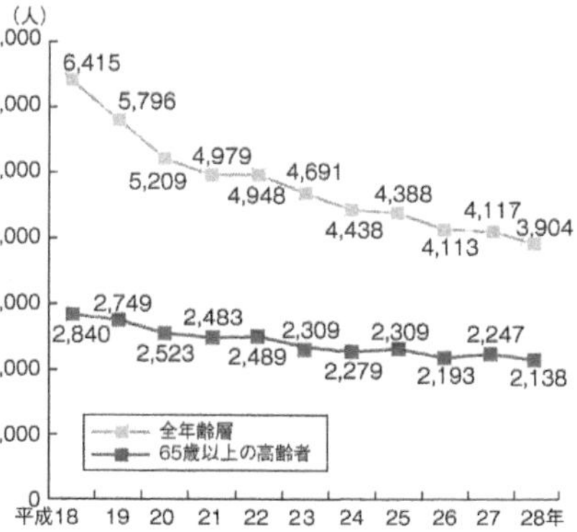

資料２　一人当たりの乗用車台数と75歳以上返納率

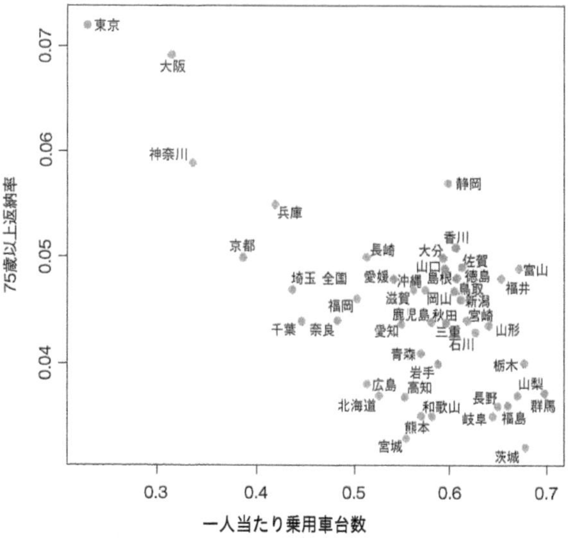

（資料）免許返納率：警察庁「運転免許統計」、一人当たり乗用車台数：（一財）自動車検査登録情報協会「車種別保有台数表」総務省「人口推計」（2017年）

ベル賞を得た科学者が、実は文系の学問にも造詣が深く、そこからインスピレーションを得たという話もある。

文理を問わない幅広い知見がなければ、現代の複雑で多様な知見が必要な問題には対処できない。ただ、5これも広い意味で「実用」の話である。そういう話とは、別の脈絡で、「すぐに役に立たないことが、生涯ずーっと役に立つ」ことがあると思う。先に述べた古典、文学の「役に立つ」は、この脈絡の中にある。古文、漢文といった古典の読解は、何らかの用を済ませるためとか、誰かと話すとかという点では役に立たない。受験生の中には、受験に関して役に立ち、受験後は役に立たないと考える者がいるかもしれない。受験に対する実用的価値だけを認めるということであり、すぐに忘れてよい知識ということになる。しかし、本来、古典の学習は受験という実用のためにあるのではないと思う。古典で学んだことは、すぐに役には立たない。ずっと役に立たないという人もある一方で、ずっと役に立つことになる人もいる。文学の「役に立つ」は実用的な意味での「役に立つ」と同義ではない。6文学の場合、「役に立つ」という言葉でそれを言いたくない気持ちが私にはある。

文学を学ぶことの意味を考えているときに読んでいた小説に次のような一節があった。7作家が小説を書くとき、自分を励ましている言葉でもあるのだと思う。「理屈で説明のつくことだけが真実なら、ひとはなぜ、あんなに夢中になってさまざまな物語に読みふける？　希望を組み立てていってかたちづくられる真実も、きっと、ある。その真実は、現実の世界を救うことはできなくても、いつか、誰かが、現実の世界を愛そうとするときの手助けになるだろう」「大事なのは想像力です。……そして、想像力とは、希望なのだと思います」（重松清『ゼツメツ少年』二〇一六年）。文学は、残念ながら生活の足しにはならない。その意味でなら「すぐに役に立つ」ことも「ずっと役に立つ」こともない。生活には役に立たないけれど、自分が生きている世界をどうとらえるか、自分に起きてくるさまざまな出来事をどうとらえて、人生をどう生きるかに対して大きな意味を持つことはある。人生の希望を見つけることもある。人によっては、それが人生に「ずっと役に立つ」ことにもなるだろう。人によっては、人生が進んで、ずいぶん時間が経ってから「役に立たない」が「役に立つ」に変わることもあるだろう。そして、8それが生活における「実用」という意味での「役に立つ」よりずっと大切なこともきっとある。

別の作家の言葉である。「スポーツしなくても、ゲームしなくても、おいしいもの食べなくても、温泉に入らなくても、ぜんぜん問題なく生きていけるが、けれどそこに何かべつのことを求めて、それらのことを人はする。そのなかに、本を読むという行為も含まれている。そうして、9本を読むのは、そのような行為のなかで、もっとも特殊に個人的であると、私は思っている。そう、だれかと一対一で交際をするほどに」（角田光代『さがしもの』あとがきエッセイ、二〇〇八年）。人生は、出会いの連続なのだと思う。人と出会うばかりではない。私たちは本（文学）とも出会い、時に深く付き合うことで人生を豊かにしていくのだと思う。

誰とも真に出会わない人生は悲しい。どんな本とも真に出会わない人生も悲しい。人間は出会いを求める生き物なのだと思う、たとえそれが役に立たなくとも。

村上慎一『読解力を身につける』

う覚悟の意味をようやく理解し、前に書いた言葉の不誠実さを心から謝りたいと思ったから。

問十　空欄［Y］に当てはまる語として最も適当なものを次の中から一つ選び、記号で答えなさい。

イ　大手を振って　　ロ　大なたを振って
ハ　話題を振って　　ニ　采配を振って
ホ　かぶりを振って

問十一　傍線9「図星」と同じ読みの組み合わせとなっている熟語を次の中から一つ選び、記号で答えなさい。

イ　味方　　ロ　宇宙　　ハ　針金
ニ　組曲　　ホ　背中

問十二　傍線10「いちばん大事なこと」とあるが、どのようなことか。十五字以内で説明しなさい。

問十三　空欄［Z］に当てはまる内容として最も適当なものを次の中から一つ選び、記号で答えなさい。

イ　死の恐ろしさに言葉が出ない感じで
ロ　なんとなく、怒りだけが残る感じで
ハ　どうしても、実感がわかない感じで
ニ　悲しくなくて、せいせいする感じで
ホ　病気の怖さが胸に迫ってくる感じで

二　次の文章を読んで、後の問いに答えなさい。なお、設問の関係上、一部表現を変えてあります。また、解答する際の字数には句読点を含みます。

「すぐに役に立つものは、すぐに役に立たなくなる」という言葉には、裏に隠れた意味がある。池上氏は、そこに言及している。〝［　　］〟と。どんなことがそれに当たるのか。ここで、1池上氏の言う「リベラルアーツ」は、「教養教育」という日本語とは少し意味内容が違う。

かつて大学には教養部が設けられ、「役に立つ」専門教育の土台作りをすると考えられていた時代がある。専門教育の前に行う一段低い教育というかつての意味合いを払拭するために、現在は「教養教育」ではなく「リベラルアーツ」という語を使うようになっている。なぜ、今「リベラルアーツ」の必要が言われるのか。逆説的な言い方になるが、「役に立つ」専門教育だけでは、役に立たないからである。自分の専門分野のことはよく知っているが、他のことには興味がなく、専門分野以外のことは知らないという人は、社会のさまざまな問題に対応できない。たとえば、地球環境問題。その解決には、理系の知識と文系の知識の両方が必要である。この問題は、科学的な知識、技術なくして解決することはないだろう。しかし、科学的な知見だけでは解決しない。2国際問題でもあるので、国際政治学、経済学、社会学、心理学など、文系と言われる学問の知見なしに解決することはない。たとえば、3高齢社会で起きてくるさまざまな問題。高齢者にやさしい技術の開発、医学的な知見、政治学、経済学、4心理学、社会福祉学など、文理を問わないさまざまな知見が必要になる。直接に「役に立つ」ように見える専門だけでは、役に立たない。理系の分野で、ノー感じたから。

ロ　親が名付けてくれたタカコという大切な名前とは異なる、ガンリュウというあだ名に込められた意地悪さにやっと気付いたから。

ハ　おばあさんがタカコちゃんと呼ぶのを聞いて、ガンリュウが重い病気であり、もはや共に学校生活を送る日々は来ないであろうと気づいたから。

ニ　ガンリュウの様子がいつもと違うと僕に感じさせる原因となったものは、みんながタカコちゃんと呼んでいたことだと実感したから。

ホ　初めてタカコという本当の名前を聞いて、学校での強いガンリュウとは異なる、全く別の知らない人間を見たような気持ちになったから。

問八　傍線**7**「雪が降り積もるように、うつむいた僕の首筋に沈黙の重みがじわじわとのしかかる」とあるが、この表現はどのようなことを表しているか。その説明として最も適当なものを次の中から一つ選び、記号で答えなさい。

イ　病気の人に「死」を意識させるような言葉を意地悪にも送ってしまったという罪悪感によって、「僕」が少しずつ押しつぶされている様子。

ロ　元気だったガンリュウがもうすぐ重い病気で死んでしまうかもしれないという言葉にできない恐怖で、「僕」が動けなくなっている様子。

ハ　ガンリュウの病気で苦しむ姿を見たことで自分たちの送った言葉の軽さを初めて痛感し、深い悲しみが「僕」の胸にこみ上げてきている様子。

ニ　色紙の言葉はガンリュウが読めば読むほど彼女の心を傷つけるものであるという苦しみと後悔の気持ちが、「僕」の心を締め付けている様子。

ホ　重い病気であるガンリュウに送ってしまった言葉の重さが沈黙の長さに比例して大きくなり、「僕」が罪の意識でさいなまれている様子。

問九　傍線**8**「ごめん、と謝りたい。もう一度書き直したい。」とあるが、なぜ「僕」はそう思ったのか。その理由として最も適当なものを次の中から一つ選び、記号で答えなさい。

イ　僕たちが書いた言葉で涙を流すガンリュウの姿を見て、決して悪気はない言葉であっても傷つけてしまったことを謝るべきだと思ったから。

ロ　ガンリュウがみんなの励ましの言葉の多くは嘘だと気付いて泣いていると分かり、もっと優しくてきれいな言葉に書き直そうと思ったから。

ハ　死と向き合うガンリュウに接する中で、思いやりのない言葉には意味がないことを痛感し、苦しみに寄り添った心の支えとなる言葉を送れるように感じたから。

ニ　僕は重い病気と闘うガンリュウに生きることの本当の意味を気付かされ、孤独なガンリュウを少しでも勇気づけ、生きる希望を与える言葉を書ける気がしたから。

ホ　孤独に病気と闘うたくましいガンリュウの姿を見て先生の言

問二　傍線2「ふてぶてしい」とあるが、その意味として最も適当なものを次の中から一つ選び、記号で答えなさい。

イ　図に乗って偉そうにしている。
ロ　開き直って平然と構えている。
ハ　見栄を張って取り繕っている。
ニ　自信を持って堂々としている。
ホ　権力を振るって圧倒している。

問三　傍線3「パジャマのせいだろうか。窓からの陽射しがまぶしいせいだろうか。部屋に染みついた消毒薬のにおいのせいだろうか。点滴のスタンドがベッドの脇に置いてあるせいだろうか。枕元の壁に設えた棚に、お茶が少し残った吸い飲みと、小さなスヌーピーの人形が並んでいるせいだろうか。」という表現から、「僕」のどのような心情を読み取ることができるか。最も適当なものを次の中から一つ選び、記号で答えなさい。

イ　ガンリュウは重い病気であるという思い込みを少しでも早く忘れるために、とりあえず今は病室の中の目につくものに意識を集中させておきたい。
ロ　ガンリュウの印象がいつもと違う原因はこの病室の不穏な雰囲気にあると感じたので、その雰囲気を少しでも変える可能性のあるものを見つけたい。
ハ　「影が薄くなった」と感じるほどガンリュウの様子が変わってしまった原因を、病気以外のもののせいだと思うことで自分の気持ちを紛らわせたい。
ニ　ガンリュウのキツい性格がなりをひそめて違う雰囲気を感じさせる病気の正体に気付き、怖くていたたまれない気持ちにさせる病室から逃げたい。
ホ　病気は意地悪だったガンリュウの気質を変えてしまうほど恐ろしいものであるという事実を痛感し、苦しくなっていく自分たちの気持ちを打ち消したい。

問四　空欄［X］に当てはまる語として適当なものを次の中から一つ選び、記号で答えなさい。

イ　ひそめ　　ロ　しかめ　　ハ　かしげ
ニ　ほそめ　　ホ　つりあげ

問五　傍線4「色紙」のように二通りの読み方（意味）を持つ熟語を一つ、漢字二字で答えなさい。

問六　傍線5「だが、そこに書いた言葉がぜんぶほんとうなのかと問い詰められたら、僕にはなにも答えられない」とあるが、どういうことか。次の文章の空欄に適する語句をひらがな四字で答えなさい。

【みんながガンリュウのことを思って書いた励ましの言葉は、確かに嘘ではないきれいな言葉ではあるが、それらは［　　］で書かれた言葉であるため、「僕」にはほんとうなのか嘘なのか分からないということ。】

問七　傍線6「胸がどきんとした」とあるが、それはなぜか。その理由として最も適当なものを次の中から一つ選び、記号で答えなさい。

イ　タカコという名前を聞いているうちに、いつものガンリュウというあだ名で本人に呼び掛けるのはいけないことのように

「それで、女子は絵も一緒に描こうっていうことになって、みんな思い思いに小さな絵を描いたんです。わたしがどんな絵を描いたか、当ててみます？」「……花、ですか？」

山本さんは［ Y ］、「鳥を描いたんです」と言った。「色紙の真ん中で、水色の鳩《はと》が、翼を広げて空に飛び立っていく絵」

後ろ姿を描いた。

その絵を想像した僕の表情が微妙にこわばったのを察して、そしてもっと深いところまで見抜いて、山本さんは言った。

「どう見ても、天国に旅立つ絵ですよね」

9図星だったから、返す言葉に詰まった。

「でも、わざとじゃないんです。ガンリュウが嫌いだから、意地悪で死んじゃえって思ったわけじゃなくて、ほんとうに、天国に行けたらいいね、って……ひどいですよね、お見舞いの色紙なのに……」

今度は、山本さんが言葉を詰まらせてしまう。小学六年生の頃だと、もう三十年ほど前の話になるのに、つい昨日の出来事の後悔を語るように、ため息はかすかに震えていた。

「想像できなかったんだと思うんです、ひとが死んでしまうことの意味が。生きていたひとが死んでしまうって、どういうことなのか、どんなふうに重くて、どんなふうに悲しくて、どんなふうに悔しいのか……六年生なのに、わたし、あの頃はけっこう勉強ができてたのに、10いちばん大事なことがわかってなかったんです。だから、すっと、嘘みたいに簡単に、天国に行けるといいねって……仲良しの友だちだったら、そんなこと絶対にしなかった。友だちがいなくなるって、考えただけで泣きそうになってて……でも、ガンリュウはそうじゃなかったから……あの子がいなくなっちゃうことを想像しても、［ Z ］……だから、わからなかったんです、なにも……」

慰めや励ましの言葉を、僕はなにも言わなかった。ただ黙って、山本さんの話のつづきを待った。

重松　清『ひこうき雲』

問一　傍線1「怖かった。帰りたい、と思った。」とあるが、それはなぜか。その理由として最も適当なものを次の中から一つ選び、記号で答えなさい。

イ　先生に言われて覚悟していたとはいうものの、まるで別人のように痩せてしまったガンリュウの姿を目の当たりにしてついうろたえてしまったから。

ロ　病気のつらさを必死で隠すように、笑ったり本を読んだりするガンリュウの姿が、かえって病気の重さを物語っているように感じてしまったから。

ハ　病院のベッドで過ごすガンリュウは、以前とそれほど変わらないのに僕たちの知っている彼女ではなく、その姿の中にどこか暗い影が見留められたから。

ニ　お見舞いに来た僕たちに直接的な影響はない病気であると分かりつつも、ガンリュウの希薄な印象から不吉なことを想像せずにはいられなかったから。

ホ　先生が僕たちに覚悟をさせるほど重い病気であるガンリュウとの面会が、僕たちの心にトラウマとして残ってしまうのではないかと不安になったから。

「タカコちゃん……タカコちゃん、よかったねえ……いいものもらったねえ……早く良くなって、みんなと遊ばないとねえ……」

おばあさんの声は涙交じりになった。よかったねえ、よかったねえ、と泣きながらガンリュウの脚をさすりつづける。パジャマのズボンの裾《すそ》がめくれた。向こうずねが見えた。棒っきれみたいに痩せた脚だった。

ガンリュウは黙ったまま、まだ色紙のメッセージを読んでいる。何度か肩を大きく上下させて深い息をつき、そのたびに、頬が少しずつゆるんでいった。

僕は奥歯を噛みしめる。色紙をひったくって、破ってしまいたくなった。こんなもの渡すんじゃなかった、と悔やんだ。8ごめん、と謝りたい。もう一度書き直したい。

手を伸ばせば届く。色紙を破ることはすぐにできる。だが、体がこわばってしまって、ただ立っていることでさえ苦しい。

ガンリュウは最後に一つ大きな息をついて、僕たちを見た。

「ありがと」

そっけなく言って、二枚重ねた色紙を軽い手つきでサイドテーブルに置き、入れ替わりに文庫本をまた手に取って開いた。

「ここだけ読みたいから……」

誰にも訊《き》かれていないのにつぶやいて、一ページめくって、まばたくと、涙が目からこぼれ落ちた。

〈文章Ⅱ〉　※〈文章Ⅱ〉に登場する「僕」は、〈文章Ⅰ〉に登場する「僕」とは別の人物です。

山本さんは、和美の書きのこした手紙についてなにも訊かなかった。短すぎる文面の重みを一人では背負いきれなかった僕が「まいっちゃいましたよ」と手紙を読み上げようとしたら、手でさえぎられた。

「奥さんが家族の皆さんに宛てた手紙なんですから、わたしなんかにしゃべるのはもったいないですよ」

「でも……」

「それより、ちょっとだけ、わたしの話をしてもいいですか?」

小学生の頃――空港を離発着する飛行機が怖いほど間近に見える街に住んでいた頃の話だった。

「六年生のとき、同級生の女の子が入院したんです。重い病気で、手術も何度も受けて、結局ずっと入院したまま、中学一年生の秋に亡くなりました」

ガンリュウというあだ名の女の子だった。

「すごいネーミングですね」と僕が言うと、山本さんは岩本隆子という名前を音読みしてそうなったのだと教えてくれて、「そんなあだ名がぴったりの子だったんです」とつづけた。性格がキツくて、意地悪で、乱暴で、みんなから嫌われていたらしい。クラス委員だった山本さんも、「だーい嫌い、でした」と苦笑した。

一度だけ、同級生数人で病院にお見舞いに出かけた。クラス全員で書いた寄せ書きを持って行った。

「みんな、ガンリュウの病気が重くて、死んじゃうかもしれないってこと、なんとなく知ってたんです。でも、とにかくそういう子だったから、言葉だけで寄せ書きしちゃうと、なんか嘘っぽいっていうか、きれいごとだらけになっちゃうんですよね」

「わかります」

なになった。ガンリュウが一人きりで過ごすこの世界は、僕たちの世界より早く時間が流れて、早くおとなになって、そして、早く……。

「ごめんなさいねえ、入院してから、すっかりわがままになっちゃったのよ」

おばあさんは申し訳なさそうに言って、先生と二言三言、話をした。両親だけでは付き添いの手が足りないので、おばあさんも手伝っているのだという。静岡に住んでいるおばあさんは、わざわざ病院の近くにアパートを借りて、昼間はほとんど毎日病室に詰めているらしい。

「親とは違うんで、つい甘やかしちゃうんで、よくないとは思うんですけどねえ……」

おばあさんはそう言って、ガンリュウにまた「ほら、お友だち来てくれてるのよ」と声をかけた。太い眉を不機嫌そうに X て「ちょっと待ってって言ってるじゃん」と返したガンリュウは、また文庫本のページをめくる。僕たちにはちっとも目を向けない。

間が持てなくなった美代子が、先生に目配せして、肩に掛けていたバッグを下ろした。

「岩本さん、クラスのみんなで寄せ書きしたから……」

[4]色紙を差し出されて、ガンリュウはやっと顔を上げた。文庫本を開いたまま伏せてサイドテーブルに置き、ぶすっとした顔でため息をついて、『終わりの会』でプリントが配られるときのように、片手で色紙を受け取った。

僕もあわてて足を前に踏み出し、「こっちは男子のぶんだから」と色紙をバッグから出した。

ガンリュウは、ふうん、まあどうでもいいけど、という感じで、面倒くさそうに二枚の色紙を膝の上に並べた。

励ましの言葉がクラス全員——三十七人ぶん。みんなガンリュウの体を心配して、早くよくなってほしいと願って、手術が成功することを祈っている。きれいな言葉だ。誰一人として悪口は書いていない。嘘《うそ》をついているわけでもない。[5]だが、そこに書いた言葉がぜんぶほんとうなのかと問い詰められたら、僕にはなにも答えられない。きっと美代子もそうなのだろう、いつも自信たっぷりに胸を張ってひとと会う優等生が、いまはもじもじして、居心地悪そうに、色紙からもガンリュウからも目をそらしている。

「あらあら、よかったねえ、お友だちがこんなに書いてくれて」

おばあさんが嬉しそうに言った。僕たちを見て、にこにこと笑って何度もお辞儀をして、ベッドの上に投げ出したガンリュウの脚を軽くさする。

「タカコちゃん、よかったねえ、お友だちもみんな応援してくれてるねえ、がんばって早く良くならないとねえ……」

ああ、ガンリュウはタカコっていうんだ、と——あたりまえのことなのに、[6]胸がどきんとした。「ガンリュウ」は六年二組だけのあだ名で、家に帰れば「タカコちゃん」で、この病院でも「ガンリュウ」なんて呼ぶひとは誰もいなくて、だからもうガンリュウは僕たちとは別の世界にいて、二つの世界は、もう交わることはないのだろうか。

ガンリュウは、じっと色紙を見つめていた。寄せ書きの一つ一つを、ゆっくりと読んでいた。なにもしゃべらない。顔をこっちに向けることもない。長い沈黙の時間が流れた。[7]雪が降り積もるように、うつむいた僕の首筋に沈黙の重みがじわじわとのしかかる。

【国　語】〈五〇分〉〈満点：一〇〇点〉

一　**文章Ⅰ、Ⅱを読んで、後の問いに答えなさい。文章Ⅰは、先生に連れられてクラス委員の山本美代子と僕たち男子数名が同級生のお見舞いで訪れた病院での出来事です。文章Ⅱは、文章Ⅰから約三十年後、看護師となった山本美代子が当時を回顧している場面です。なお、設問の関係上、一部表現を変えてあります。解答する際の字数には句読点を含みます。**

〈文章Ⅰ〉

病室は六人部屋だった。ガンリュウのベッドはいちばん奥の、窓ぎわ。

ガンリュウはベッドに座って本を読んでいた。病室に入ってきた僕たちに気づいて、顔を上げ、ちょっと照れくさそうに頬《ほお》をゆるめ、笑いかけたことがもっと照れくさかったのか、また本に目を戻した。

「岩本さん、みんなを連れてきたわよ」

先生は、学校で僕たちに話しかけるときと同じ口調で、ガンリュウに言った。その隣で、美代子も「ひさしぶり」と胸の前で手を振って笑った。

僕たち男子は、先生の後ろに隠れるような格好になった。前に出て行けなかった。うつむいて、ガンリュウのベッドの脚を見つめる。頬の内側を奥歯で噛《か》んだり、スリッパが足に合わないふりをして、つま先を床にトントン当てたり……タケシは、もうどの指も深爪になっているはずなのに、また爪を噛んでいた。

1怖かった。帰りたい、と思った。

ガンリュウは、僕たちの知っているガンリュウではなかった。

先に先生に言われて覚悟していたせいもあるのか、思っていたほど痩《や》せてはいなかった。逆に頬がふっくらとして、顔ぜんたいが少し大きくなったように見えた——いまにして思えば顔がむくんでいたのかもしれない。パジャマの上から見るかぎりでは、がっしりとした体つきはそのままだったし、太い眉毛も、鼻の下の産毛《うぶげ》の影も、以前と変わらない。

だが、ガンリュウは、六年二組の教室にいた頃とは、どこかが違っていた。「影が薄くなる」というのは、このことを指しているのだろうか。体つきは変わらないのに、雰囲気が、絵の具を水で溶いたように薄くなった。淡くなった。ずけずけとキツいことを言って女子を泣かせ、男子と口喧嘩《くちげんか》をするときには「てめー、ぶっ殺す」と平気で言い放つ、2ふてぶてしいガンリュウとは違う。

3パジャマのせいだろうか。窓からの陽《ひ》射しがまぶしいせいだろうか。部屋に染みついた消毒薬のにおいのせいだろうか。点滴のスタンドがベッドの脇に置いてあるせいだろうか。枕元の壁に設《しつら》えた棚に、お茶が少し残った吸い飲みと、小さなスヌーピーの人形が並んでいるせいだろうか。

重い病気だからというので、僕が勝手に思い込んで、決めつけているから——ではないことだけは、わかる。

付き添いのおばあさんにうながされても、ガンリュウは「いま、いいところだから、ここ読んでから」とそっけなく返し、本のページをめくる。書店のカバーが掛かった文庫本だった。僕はまだ本を文庫で読んだことがない。文庫本はおとなの読むものだと思っていたし、同級生でも文庫を学校に持ってくる子はいなかった。ガンリュウはおと

MEMO

大切なことはメモしておこうネ！

2021年度

解　答　と　解　説

《2021年度の配点は解答欄に掲載してあります。》

＜数学解答＞

1　(1)　56　　(2)　$-14\sqrt{2}$　　(3)　$3x^2(y-6z)(y+2z)$　　(4)　$x=\frac{11\pm5\sqrt{5}}{2}$

(5)　$a=\frac{2S-bh}{h}$　　(6)　$x=1,\ 2$　　(7)　$a=5$　　(8)　男子　18人，女子　24人

(9)　$\frac{2}{3}$　　(10)　27点

2　(1)　$x=52$　　(2)　$\frac{21}{5}$cm　　(3)　$\frac{9}{5}\pi$ cm　　(4)　$\frac{404}{3}\pi$ cm^3　　(5)　$\frac{3\sqrt{3}}{28}$cm^2

3　(1)　$2\sqrt{2}$ cm　　(2)　$2\sqrt{33}$cm^2　　(3)　$\frac{8\sqrt{33}}{33}$cm

4　(1)　3cm　　(2)　$a=\frac{1}{4}$　　(3)　$y=\frac{5}{2}x$

5　(1)　$\frac{3}{8}$　　(2)　$\frac{7}{32}$

6　ア　1　　イ　3　　ウ　36　　エ　①　　オ　④　　カ　$\frac{-1+\sqrt{5}}{2}$　　キ　0.62　　ク　3.1

○推定配点○

1～5　各4点×23　　6　各1点×8　　計100点

＜数学解説＞

基本　**1**　(数・式の計算，平方根の計算，因数分解，2次方程式，式の変形，不等式，2乗に比例する関数，方程式の応用問題，確率，統計)

(1)　$-2+\{(-3^2)\times(-7)-5\}-(-2)^3\times0=-2+\{(-9)\times(-7)-5\}-0=-2+(63-5)=-2+58=56$

(2)　$\sqrt{7}(\sqrt{2}-\sqrt{7})^2-\frac{63}{\sqrt{7}}=\sqrt{7}(2-2\sqrt{14}+7)-\frac{63\sqrt{7}}{7}=\sqrt{7}(9-2\sqrt{14})-9\sqrt{7}=9\sqrt{7}-14\sqrt{2}-9\sqrt{7}=-14\sqrt{2}$

(3)　$3x^2y^2-36x^2z^2-12x^2yz=3x^2(y^2-12z^2-4yz)=3x^2(y^2-4yz-12z^2)=3x^2(y-6z)(y+2z)$

(4)　$x^2-11x-1=0$　　2次方程式の解の公式から，$x=\frac{-(-11)\pm\sqrt{(-11)^2-4\times1\times(-1)}}{2\times1}=\frac{11\pm\sqrt{125}}{2}=\frac{11\pm5\sqrt{5}}{2}$

(5)　$S=\frac{(a+b)h}{2}$　　$(a+b)h=2S$　　$ah+bh=2S$　　$ah=2S-bh$　　$a=\frac{2S-bh}{h}$

(6)　$2\leqq\sqrt{2x+3}<3$から，$4\leqq2x+3<9$　　よって，$x=1,\ 2$

(7)　$y=-2x^2$…①　　①に$x=-2$を代入すると，$y=-2\times(-2)^2=-8$　　よって，$x=a$のとき$y=-50$となる。$-50=-2a^2$　　$a^2=25$　　$x=0$のとき，①は最大値0をとるから，$a>0$　　したがって，$a=5$

(8) 男子生徒の人数をx人，女子生徒の人数をy人とする。$x+y=42$…① $\frac{2}{3}x+\frac{3}{4}y=30$ 両辺を12倍して，$8x+9y=360$…② ①×9−②から，$x=18$ これを①に代入して，$18+y=42$ $y=24$

(9) AさんとBさんの出た目をそれぞれa，bとする。$2a \geqq 3b$となる場合は，$(a, b)=(2, 1)$，$(3, 1)$，$(3, 2)$，$(4, 1)$，$(4, 2)$，$(5, 1)$，$(5, 2)$，$(5, 3)$，$(6, 1)$，$(6, 2)$，$(6, 3)$，$(6, 4)$の12通り よって，求める確率は，$1-\frac{12}{36}=1-\frac{1}{3}=\frac{2}{3}$

(10) $\frac{5\times2+15\times1+25\times5+35\times6+45\times1}{2+1+5+6+1}=\frac{405}{15}=27$(点)

2 (平面図形・空間図形の計量問題―円の性質，三角形の相似，体積，面積)

基本 (1) $\angle x$を円周角とする弧の中心角は，$180^\circ-38^\circ\times2=104^\circ$ よって，$x=104\div2=52$

(2) △ABCにおいて三平方の定理から，$\mathrm{BC}=\sqrt{10^2-6^2}=\sqrt{64}=8$ $\mathrm{BE}=\mathrm{BC}-\mathrm{EC}=8-1=7$ △ABCと△EBDにおいて，2角が等しいことから，△ABC∽△EBD AB：EB＝CA：DE 10：7＝6：DE $\mathrm{DE}=\frac{42}{10}=\frac{21}{5}$(cm)

基本 (3) 求める高さを$h$cmとすると，$5\times2\times h=\frac{4}{3}\pi\times3^3\times\frac{1}{2}=18\pi$ $h=\frac{18\pi}{10}=\frac{9}{5}\pi$(cm)

(4) 上部の三角形の高さは，$4+3=7$，底辺の長さは，$\sqrt{9^2-7^2}=\sqrt{32}=4\sqrt{2}$ 求める体積は，底面の円の半径が$4\sqrt{2}$で高さが7の円錐の体積と底面の円の半径が$4\sqrt{2}$で高さが3の円柱の体積の和から，半径が3の球の体積をひいたものだから，$\frac{1}{3}\times\pi\times(4\sqrt{2})^2\times7+\pi\times(4\sqrt{2})^2\times3-\frac{4}{3}\pi\times3^3=\frac{224}{3}\pi+96\pi-36\pi=\frac{224+288-108}{3}\pi=\frac{404}{3}\pi$(cm³)

重要 (5) 点AからBCへ垂線AMを引くと，$\angle\mathrm{ABM}=60^\circ$から，$\mathrm{AM}=4\times\frac{\sqrt{3}}{2}=2\sqrt{3}$ よって，ABCDの面積は，$12\times2\sqrt{3}=24\sqrt{3}$ $\triangle\mathrm{ABD}=24\sqrt{3}\times\frac{1}{2}=12\sqrt{3}$ $\triangle\mathrm{AID}=12\sqrt{3}\times\frac{1}{2}=6\sqrt{3}$ AF＝FD＝BG＝GC＝12÷2＝6 直線AEとBCの交点をKとすると，AD：CK＝DE：EC 12：CK＝3：1 CK＝4 DI：IB＝1：1＝7：7 DJ：JB＝AD：BK＝12：(12＋4)＝12：16＝3：4＝6：8 DI：DJ＝7：(7−6)＝7：1 よって，$\triangle\mathrm{AIJ}=6\sqrt{3}\times\frac{1}{7}=\frac{6\sqrt{3}}{7}$ AJ：JK＝DJ：JB＝3：4＝24：32 AH：HK＝AF：GK＝6：10＝3：5＝21：35 AJ：HJ＝24：(24−21)＝24：3＝8：1 したがって，$\triangle\mathrm{HIJ}=\frac{6\sqrt{3}}{7}\times\frac{1}{8}=\frac{3\sqrt{3}}{28}$(cm²)

3 (空間図形の計量問題―平行線と線分の比の定理，三平方の定理，体積)

基本 (1) $\mathrm{BD}=8\sqrt{2}$ 平行線と線分の比の定理から，$8\sqrt{2}\times\frac{1}{4}=2\sqrt{2}$(cm)

(2) $\mathrm{CM}=\mathrm{CN}=8\times\frac{1}{4}=2$ $\mathrm{MG}=\mathrm{NG}=\sqrt{2^2+8^2}=\sqrt{68}$ 点GからMNへ垂線GJを引くと，$\mathrm{MJ}=\frac{2\sqrt{2}}{2}=\sqrt{2}$ $\mathrm{GJ}=\sqrt{(\sqrt{68})^2-(\sqrt{2})^2}=\sqrt{66}$ よって，$\triangle\mathrm{MNG}=\frac{1}{2}\times2\sqrt{2}\times\sqrt{66}=2\sqrt{33}$(cm²)

重要 (3) (三角錐G−CMN)$=\frac{1}{3}\times\frac{1}{2}\times2\times2\times8=\frac{16}{3}$ 三角錐G−CMNの体積の関係から，$\frac{1}{3}\times2\sqrt{33}\times\mathrm{CI}=\frac{16}{3}$ $\mathrm{CI}=\frac{16}{3}\times\frac{3}{2\sqrt{33}}=\frac{16\sqrt{33}}{66}=\frac{8\sqrt{33}}{33}$(cm)

4　**（図形と関数・グラフの融合問題）**

基本　(1)　辺ABの長さが4cmであることから，点Aのx座標は，-2　辺ABとy軸との交点をHとすると，AH＝2　△DAHにおいて三平方の定理を用いると，DH$=\sqrt{(\sqrt{13})^2-2^2}=\sqrt{9}=3$　よって，求める平行四辺形の高さは，3cm

(2)　$y=ax^2$に$x=-2$を代入すると，$y=4a$　よって，H(0，$4a$)　$4-4a=3$から，$4a=1$　$a=\frac{1}{4}$

重要　(3)　$y=\frac{1}{4}x^2$に$x=2$を代入すると，$y=\frac{1}{4}\times 2^2=1$　よって，B(2，1)　DBの中点をPとすると，$\frac{2+0}{2}=1$，$\frac{1+4}{2}=\frac{5}{2}$から，P$\left(1,\ \frac{5}{2}\right)$　直線OPは平行四辺形の面積を2等分するから，求める直線の式は，$y=\frac{5}{2}x$

5　**（確率）**

基本　(1)　3回のコインの投げ方は全部で，$2^3=8$(通り)　そのうち，コマが点Bにある場合は，(表，表，裏)，(表，裏，表)，(裏，表，表)の3通り　よって，求める確率は，$\frac{3}{8}$

重要　(2)　6回のコインの投げ方は全部で，$2^6=64$(通り)　AからCまで移るのは，表と裏が3回ずつ出る場合だから，$\frac{6\times5\times4\times3\times2\times1}{3\times2\times1\times3\times2\times1}=20$(通り)　そのうち，×印を通る場合は，$3\times2=6$(通り)　よって，×印を通らない場合は，$20-6=14$(通り)　したがって，求める確率は，$\frac{14}{64}=\frac{7}{32}$

6　**（平面図形の計量問題―円の性質，三角形の相似）**

正六角形の一辺の長さは，円の半径と等しいから，1(ア)　周の長さを直径の長さで割ると，$1\times6\div2=3$(イ)　△OABにおいて，$\angle AOB=360°\div10=36°$　$\angle OAB=\frac{180°-36°}{2}=72°$　$\angle BAC=72°\div2=36°$(ウ)　2角が等しいことから，△ABC∽△OAB(エ，オ)　△COAも二等辺三角形になるから，OC＝AC＝x　BC＝$1-x$　AB：OA＝BC：ABから，$x:1=(1-x):x$　$x^2=1-x$　$x^2+x-1=0$　2次方程式の解の公式から，$x=\frac{-1\pm\sqrt{1^2-4\times1\times(-1)}}{2\times1}=\frac{-1\pm\sqrt{5}}{2}$　$x>0$から，$x=\frac{-1+\sqrt{5}}{2}$(カ)　$\frac{-1+2.24}{2}=0.62$(キ)　$0.62\times10\div2=3.1$(ク)

★ワンポイントアドバイス★

5 (2)において，場合の数は，点Cにコマがある場合の数から，×印を通って点Cにコマがある場合の数をひいて求める。

＜英語解答＞

1 1 イ　2 イ　3 イ　4 ウ　5 イ

2 1 ウ，is　2 エ，ever　3 ア，was spoken to　4 エ，lend　5 エ，find

3 1 carefully　2 different　3 name　4 mind　5 Though[Although]

4 1 3番目 イ　5番目 オ　2 3番目 カ　5番目 イ
3 3番目 オ　5番目 ア　4 3番目 エ　5番目 イ
5 3番目 イ　5番目 カ

5 1 エ　2 ウ　3 ウ　4 ウ　5 ア，ウ，カ

6 1 ア　2 ク　3 カ　4 オ　5 ウ

7 1 don't we　2 武漢市に滞在したことがあると申告している患者が医療機関に来たから。　3 (2) ア　(4) イ　4 イ　5 online devices　6 試験(と)お金(ではなく,)笑顔(のために生きている)　7 キ

8 リスニング問題解答省略

○推定配点○
各2点×50　　計100点

＜英語解説＞

重要 1 (空欄補充：不定詞，動名詞，比較，関係代名詞)

1 too ~ to …「~すぎて…できない」
2 remember ~ing「~したことを覚えている」
3 last night があるので，過去形の文にする。
4 比較級を強める場合は〈much ＋比較級〉にする。
5 所有格の関係代名詞は〈whose ＋名詞〉という語順で用いる。

重要 2 (正誤問題：現在完了，受動態，接続詞)

1 主語は単数名詞 way なので，be動詞は is を用いる。
2「今まで聞いた中で」(that) I've ever heard となる。
3 speak to ~「~に話しかける」という群動詞を受動態にする場合，be spoken to by ~ となる。
4 borrow「借りる」⇔ lend「貸す」
5 時を表す接続詞が用いられる場合は，未来の内容であっても現在形を用いなければならない。

3 (書き換え問題：熟語，助動詞，動名詞，接続詞)

1 careful「注意深い」(形容詞)→ carefully「注意深く」(副詞)
2 be different from ~「~とは違った」
3「この花を何と呼ぶか」＝「この花の名前」
やや難 4 Do you mind my ~ing?「~してもいいですか」という許可を求める文になる。
5 Though (Although) ~「~だけれども」

4 (語句整序問題：不定詞，間接疑問文，関係代名詞，動名詞，比較)

1 How long does it take to (go from the school to Sugano Station?)　〈It takes ＋時間〉「~かかる」
やや難 2 What do you think tapioca is (made from?)　do you think の場合は，疑問詞を先頭に出す。
3 (The other girl) that I told you about also (lives in Ichikawa City.)　that I told you about は前の名詞を修飾する目的格の関係代名詞である。

4 (My sister) left her room without saying anything(.)　without ~ing「～せずに」

5 (This movie is) more interesting than any other movie (in the world.)〈比較級＋ than any other ＋単数名詞〉「ほかのどの～よりも…だ」

基本 5 (資料問題)

私たちは8月2日から12日までオーストラリアでの海外研修旅行の予定です。日本を出発する前に，スケジュールをよく見てください。オーストラリアの時間は私たちより1時間早いです。

海外研修旅行スケジュール

1日目（月）	16:00	日出高校で集合。バスで羽田空港に移動。
	16:45	羽田空港に到着。チェックイン。
	19:00	オーストラリアに向けて離陸。
2日目（火）	06:30	シドニー空港に到着。サンライズホテルへバスで移動。
	07:30	サンライズホテルに到着。チェックイン。部屋でしばらく休憩。9時20分までに入り口に集合。
	09:30	ホテルを出る。ウェストシドニー高校(姉妹校)に移動。
	09:50	ウェストシドニー高校に到着。午前中に歓迎パーティーに参加。学校の食堂で昼食をとった後，授業を受ける。1時間目は世界史，2時間目は音楽。
	15:15	高校を出発。バスで国立図書館に移動。
	16:45	図書館を出発。ホテルに戻る。
	19:00	夕食(伝統的なオーストラリア料理)。
	20:15	ホテルを出発。シドニーハーバーブリッジまで歩く。夜景で写真撮影。
	21:00	ホテルに戻る。就寝準備。
	23:00	就寝。
3日目（水）	06:00	起床。
	06:30	カフェテリアでの朝食(7時30分までに終了すること)。
	08:00	ホテルを出発。バスで高校に移動。
	08:20	高校に到着。朝の集会に参加，日本語クラスと英語クラスを受講。
	12:00	学校の食堂で昼食。
	13:00	高校を出発。オーストラリア博物館へバスで移動。英語のガイドがいるグループでツアーに参加。

1　この海外研修旅行は，8月2日～12日に(11日間)開催される。

2　初日は，日出高校に集合して，日本時間午後7時にオーストラリアに向けて離陸するので，生徒たちは機内で寝ることになる。

3　2日目は，6時半に空港に到着し，7時半にホテルに着くので，1時間以内で空港からホテルに移動することになる。

4　3日目は，8時20分に高校に到着し，集会に参加する。

5　ア「電車に乗る機会はない」　イ「生徒たちは姉妹校に昼食を持っていく必要がある」　2日目，3日目ともにカフェテリアで昼食をとるため持っていく必要はない。　ウ「生徒たちは英語で博物館のツアーに参加する予定だ」　エ「生徒たちは動物を見る機会がある」　動物園に行く機会はないので，動物を見ることはできない。　オ「生徒たちは3日目に姉妹校で4時間授業を受ける予定だ」　3日目は日本語の授業と英語の授業を受けるため4時間授業を受けない。
カ「生徒たちは，火曜日の夜にオーストラリア料理を楽しむことができる」

6 （会話文）

（大意）　ヒューズ先生：こんにちは。今日はプラスチック汚染について話します。プラスチック汚染は今や世界で大きな問題です。毎年約800万トンのプラスチック廃棄物が海に入り込んでいます。これについてどう思いますか？

カオリ　　　：小さなことを変えることで，プラスチック廃棄物を減らすことができます。(1)例えば，買い物に行くとき，袋を持っていけます。昨年から，袋の代金を支払わなければなりません。プラスチック廃棄物を減らすのは素晴らしいです。また，ペットボトルの水を買わずに，外出時に自分の水筒を持ち込むことができます。

ヒカル　　　：(2)私も賛成ですが，もっと大きなことをする必要があると思います。

ヒューズ先生：もっと教えてくれる？

ヒカル　　　：小さいことだけでは不十分です。企業はプラスチックではなく紙を使う必要があります。プラスチック廃棄物を減らすために習慣を変えることは大切ですが，企業のプラスチックの量を減らすべきです。分解できるプラスチックを作られたと聞きました。企業がそれを使用すれば，廃棄物の量を減らすことができます。

カエ　　　　：彼女たちの意見を理解できます。(3)常にプラスチックを使用する必要はないと思います。でも，プラスチックを使用する方が良いことがあります。妹が病院で働いているときにプラスチック製の手袋をしているのを見ました。病院では，患者や労働者を保護するためにプラスチックが多くの方法で使用されています。

ヒューズ先生：どういう意味ですか，カエ？

カエ　　　　：プラスチックは清潔で安全なので，使用されるべきだと思います。特に病院のような場所では，患者に使われるものは清潔に保たれるべきです。また，医師や看護師の安全についても考えるべきです。彼らが何度も道具を使用する場合，それはきれいで安全ではありません。

ヒューズ先生：わかりました。(4)プラスチックは，いくつかの場面で使用する必要があるということですね？

カエ　　　　：はい。

ヒューズ先生：とても興味深い話でした。(5)この問題について様々な観点から考えなければいかなければならないですね。

(1)　この後で，ビニール袋の話をしているので，買い物袋の内容にすればよい。

(2)　この後のヒカルの発言で，「小さいことだけでは十分ではない」と言っていることから判断する。

(3)　「しかし，時にはプラスチックを使用するほうが良い」という内容に続くものを選択する。

(4)　この後でカエが「はい」と答えていることから，カエの考えの内容をまとめていると判断する。

(5)　カオリ，ヒカル，カエはそれぞれ異なる考えを持っているため，それらをまとめる発言を選択する。

重要 7 （長文読解・説明文：語句補充，指示語，語句解釈，要旨把握，内容吟味）

（大意）　一番欲しいのは何か？何を見てうれしいか？何を得て幸せか？私たちは，笑顔のために生きているだろう。「笑顔」は世界で最も幸せな言葉だ。

2019年12月，世界中の人々が(2)COVID-19を知った。感染は増加を続けており，6月末までに1,000万人に達する予定だ。武漢の海鮮市場から広がったという科学者もいれば，最初はイタリアだったと言う科学者もいる。

COVID-19は，ヒトと動物の間で感染する。ヒトに感染するCOVID-19は6種類ある。SARS-CoVとMERS-CoVを除くすべてが風邪のようなものだ。

日本では，1月14日，武漢市に滞在していた肺炎患者が，神奈川県の医療機関から保健所に報告された。この症例は，2020年1月6日に医療機関を訪問した際に報告が提出された後，(3)原因不明の肺炎患者に対する国立感染症研究所の検査制度に基づいて報告された。

2月3日，3,711人の乗員乗客を乗せた「ダイヤモンドプリンセス」が横浜港に到着した。COVID-19が発生し，5月末までに712例が確認された。

2月28日，文部科学省はCOVID-19のため，国内全校の一時休校を要請した。一部の学校ではオンラインデバイスを通じて授業が行われ，宿題が郵送され，教師は閉校中生徒に電話した。

安倍総理は4月7日，埼玉，千葉，東京，神奈川，大阪，兵庫，福岡の県民は4月7日から5月6日まで非常事態宣言を出した。

各県でPCR検査を実施し，COVID-19の人数が知られた。7月24日までに，岩手県内においてPCR検査を約1200人が行ったが，COVID-19の人数はゼロのままだった。誰かがCOVID-19を止めなければならない。誰が(4)陰の英雄になるのだろうか？

この間，子供も大人も生活の中で多くの新しいことを経験しなければならなかった。私たち全員が今日のイベントについて考えを新たにしなければならない。基本を学ぶことは重要だが，(5)確実な答えのない挑戦をしなければならない。この期間中，(6)ズーム，Google Meet，Microsoft Teams，ライン，REMOを通じて人々とつながることができた。しかし，あなたは(7)何かが欠けていたと思っている。あなたは人々と顔を合わせて何かをすることの重要性を学んだ。なぜ私たちは勉強するのか？なぜ私たちは働くのか？試験やお金のためではない。誰もがほほ笑むので，私たちはそれを感じる必要がある。

1　前の部分が肯定になっているため，不可疑問は否定にする。

2　COVID-19の発生源と考えられていた「武漢」に滞在したことがある肺炎患者が来たからである。

3　(2)　COVID-19とは「2019年に確認されたコロナウィルスによる病気」という意味である。

　(4)　unsung hero とは「影の英雄」＝「縁の下の力持ち」という意味である。

4　「答えのない」ものなので，これから進む道を表している。

5　下線部のものは，休校中にも使用された「オンラインデバイス」である。

6　最終段落に書かれているように，私たちは試験やお金のためではない。第1段落にあるように，笑顔のために生きているのである。

7　岩手県は7月24日まで感染者数がゼロであった。

8　リスニング問題解説省略。

★ワンポイントアドバイス★

問題数が多いため，前半の文法問題を素早く処理する必要がある。過去問を繰り返し解いて，傾向や難易度をつかむようにしたい。

＜国語解答＞

一 問一　ハ　問二　ロ　問三　ハ　問四　イ　問五　（例）人気　問六　たてまえ
問七　ハ　問八　ニ　問九　ハ　問十　ホ　問十一　イ　問十二　（例）死を実感し人の心情を慮ること。　問十三　ニ

二 問一　（例）すぐには役に立たないことが，ずーっと役に立つことになることがある
問二　ハ　問三　（例）生態系の保全にはルールが必要な（ので）法律（に関する学問）
問四　①　ロ　②　ニ　問五　ロ　問六　ニ　問七　ホ　問八　ニ・ホ
問九　ホ

三 ①　鋭敏　②　翻訳　③　繊細　④　修　⑤　斬新　⑥　契機　⑦　干渉
⑧　追究　⑨　創　⑩　興亡

○推定配点○
一　問六・問十二　各5点×2　他　各3点×11　二　問一・問八　各5点×2（問八完答）
問三　6点（完答）　他　各3点×7　三　各2点×10　計100点

＜国語解説＞

一　（小説－情景・心情，内容吟味，文脈把握，脱語補充，語句の意味，熟語，慣用句）

問一　直後からガンリュウの様子が描写されている。「僕たちの知っているガンリュウではなかった」，「がっしりとした体つきはそのままだったし……以前と変わらない」，「だが，ガンリュウは……どこかが違っていた。『影が薄くなる』というのは，このことを指しているのだろうか。体つきは変わらないのに，雰囲気が，絵の具を水で溶いたように薄くなった。淡くなった」などとある。この内容を説明しているのはハ。そのようなガンリュウの様子が不気味で，なんとなく怖くなり，帰りたいと思ったのである。

やや難　問二　「ふてぶてしい」は，まるで怖いものがないように，振る舞いが勝手で大胆であり，憎らしく感じるほどであるの意味。ここでは，男子に対しても怖がる様子がなく，開き直って平然と構えているガンリュウの様子を言い表している。

問三　直後に「重い病気だからというので，僕が勝手に思い込んで，決めつけているから——ではないことだけは，わかる」とある。ガンリュウの様子が変わってしまったのは，病気の重さ以外にも原因があると考えているのである。問一でとらえたように，「僕」は病気のガンリュウを見ていることに，不気味さや怖さを感じている。そこで，病気以外に原因があってガンリュウの様子は変わってしまったのだと思うことで，気持ちを紛らわせようとしているのである。

基本　問四　「眉をひそめる」は，心配事や不愉快さなどのために，顔をしかめるの意味。

基本　問五　「色紙」は「しきし」と読めば，和歌・俳句・サイン・寄せ書きなどを書くための，色や模様のついた四角な厚紙のこと。「いろがみ」と読めば，装飾や幼児の遊びに使ういろいろな色に染めてある紙のこと。他には，次のようなものがある。「人気」は「にんき」と読めば，ある人に対する世間からの評判，好き嫌いの感じ。「ひとけ」と読めば，人のいる気配。「風車」を「ふうしゃ」と読むか「かざぐるま」と読むかなど。

重要　問六　どのような言葉が書かれているかといえば，「励ましの言葉」「きれいな言葉」で，「嘘をついてるわけでもない」のである。しかし，「ぜんぶほんとうなのかと問い詰められたら，僕はなにも答えられない」のである。嘘ではないが本当でもないきれいな言葉を言い表す語句は，「たてまえ」である。「たてまえ」は，表向きで原則的であること。つまり，本心ではない言葉だったのである。

やや難 問七　おばあさんが，「タカコ」という自分たちがふだん読んでいるのとは違う名でガンリュウを呼んだことで，「もうガンリュウは僕たちとは別の世界にいて，二つの世界は，もう交わることはないのだろうか」と感じたのである。つまり，ガンリュウは自分たちの世界には戻ってこない(＝もはや共に学校生活を送る日々は来ない)ことに気づいたのである。

問八 「寄せ書きの一つ一つを，ゆっくりと読んでいた。なにもしゃべらない」と「雪が降り積もるように」の対応をとらえる。ガンリュウの様子を見ている「僕」は，ガンリュウの心がゆっくりと傷つけられていくことを感じ取っている。「沈黙の重み」とは，ガンリュウの心の痛みであり，それが，「僕」に「じわじわとのしかかる」のであり，「『僕』の心を締め付けている」のである。ガンリュウが傷つけられていくのを，「僕」は「苦しみと後悔の気持ち」で見ているのである。

重要 問九　問六・問八と関連させて考える。「思いやりのない」「たてまえ」でしかない「意味のない」寄せ書きの言葉は，ガンリュウを傷つけるものだと「僕」は気づいたのである。そして，そのことに気づいたので，ガンリュウの「苦しみに寄り添った心の支えとなる言葉を送れるように感じたから」，「もう一度書き直したい」と考えたのだ。

基本 問十 「かぶりを振って」は，頭を左右に振って，否定や拒否の意思を示すことを言う。イ「大手を振って」は，やましい所などがなく人に気がねや遠慮をしないで堂々と物事を行う様子を言う。ロ「大なたを振って」は，思い切った大規模な整理をはかることを言う。　ハ「話題を振って」は，話題を提供することを言う。　ニ「采配を振って」は，指図する，指揮をとることを言う。

基本 問十一 「図星」は「ズ(音)＋ぼし(訓)」の組み合わせ。「味(ミ)方(かた)」も音＋訓の組み合わせ。ロ「ウ(音)チュウ(音)」。　ハ「はり(訓)がね(訓)」。　ニ「くみ(訓)キョク(音)」。　ホ「せ(訓)なか(訓)」。

重要 問十二 「いちばん大事なことがわかってなかった」から，「天国に行けるといいねって」いう意味にしかとれないような鳩の絵を描いてしまったのである。山本さんの会話の初めに，「想像できなかった」とあって，「ひとが死んでしまうことの意味」がわかっていなかったこと，そして，人が死んでしまうことが「どんなふうに重くて，どんなふうに悲しくて，どんなふうに悔しいのか」という人の心情がわかっていなかったと話している。これらの内容から「死を実感し人の心情を慮ること。」という解答が導ける。

問十三　直前に「友だちがいなくなるって，考えただけで泣きそうになってて……でも，ガンリュウはそうじゃなかったから……あの子がいなくなっちゃうことを想像しても」とある。ガンリュウがどういう存在だったかは，「性格がキツくて，意地悪で，乱暴で，みんなから嫌われていた」とある。そのような存在だったから，いなくなることを想像しても「悲しくなくて，せいせいする感じで」あったのである。

二 (論説文一要旨，内容吟味，文脈把握，脱語補充)

問一 「『すぐに役立つものは，すぐに役に立たなくなる』という言葉には，裏に隠れた意味がある」と説明している。「裏」とは「反対」と言い換えることができる。そして，「池上氏は，そこ(＝「反対」の意味があること)に言及している」と述べて，空欄の言葉を引用している。つまり，空欄に入る言葉は，「すぐに役立つものは，すぐに役に立たなくなる」という言葉と反対の内容を表す言葉だと判断できる。読み進めていくと，第二段落に「『すぐに役に立たないことが，生涯ずーっと役に立つ』ことがあると思う」とある「すぐに役立つものは，すぐに役に立たなくなる」という言葉と対比させる形で「すぐには役に立たないことが，ずーっと役に立つことになることがある」と答える。

やや難 問二　直後に，「リベラルアーツ」と「教養教育」の意味内容がどのように違うかが説明されている。教養部で行われる「教養教育」は，「『役に立つ』専門教育の土台作りをする」「専門教育の前に行う一段低い教育」とある。そして，「リベラルアーツ」が必要とされる理由として，「『役に立つ』専門教育だけでは，役に立たないからである」とある。見方を変えれば，専門教育を役に立つものにする(＝結実させる)ために，「リベラルアーツ」が必要なのである。イ「専門教育の土台作り」，ロ「専門教育の基礎作り」は，「リベラルアーツ」でなく「教養教育」の説明。ニ「意味合いを払拭するためにつくられた」が誤り。呼び方を変えたのである。ホは，「リベラルアーツ」と「教養教育」との関係の説明自体が誤っている。

問三　取り上げられているのは地球環境問題である。国際問題の側面とは別の観点で，文系学問の知見が必要な問題を考える。解答例は「生態系の保全」という観点から考えたもの。「ルールが必要」であれば，「法律」に関する学問の知見が必要になるのである。他の例としては，「江戸時代のリサイクルに学ぶ(ので)日本史(に関する学問)」のような解答も考えられる。

重要　問四　①「心理学」は「人間の心理や行動がどのような原理で動いているのか」という観点であるから，資料4から高齢ドライバーの心理や行動について説明している内容を読み取る。「高齢の方は免許を持っていること，それ自体がステータス(＝社会的な地位を表すもの)」「車の運転は自分が社会人として世の中から認められる数少ないこと」「免許を失ってしまうと，自分は誰かに頼らないと何もできない人間だと自信を失ってしまう」とある。これらは，高齢者にとって免許を持っているという，そのこと自体が重要であることを述べている。この内容は，ロの「必然性のない免許の所持や車の運転」という説明と一致する。　②「社会福祉学」は「人間が人間らしく生きていくために，社会環境や制度のあり方をさまざまな角度から研究していく」という観点である。「高齢者」「車の運転」「社会環境」というキーワードで資料をとらえると，資料2「一人当たりの乗用車台数と75歳以上返納率」が参考になる。資料2を見ると，東京や大阪，神奈川といった大都市圏では一人当たりの乗用車台数が少なく，免許返納率が高い。逆に，茨城や福島，群馬といった地方では一人当たりの乗用車台数が多く，免許返納率が低い。この内容は，ニの「地方における公共交通機関の衰退」を反映している。つまり，地方では移動の手段として車を運転せざるを得ず，一人当たりの乗用車台数が多く，免許返納率が低くなるのである。

問五　「実用」は，実際に役に立つこと。「これ」は，実際に役に立つのである。「これ」が指すのは，直前の「文理を問わない幅広い知見がなければ，現代の複雑で多様な知見が必要な問題には対処できない」ということ。ロは，この内容の前後を入れ替えて，肯定の言い方に直したたもの。「現代の複雑で多様な知見が必要な問題を解決に導くために，学問が生かされるから」，広い意味で実際に役に立つのである。

やや難　問六　問五でとらえたように，「実用」は，実際に役に立つこと。直前に「文学の『役に立つ』は実用的な意味での『役に立つ』と同義ではない」とある。傍線部中の「それ」が指すのは「文学」で，傍線部は「文学を実用的な意味での『役に立つ』という言葉で言い表したくない」ということを述べている。

問七　直後に挙げられている重松清の言葉が意味する内容を，筆者は，文学は生活には役に立たない(＝目に見える価値をすぐに生じさせることはない)けれど，人生をどう生きるかを考える場合に意味を持ち，人生の希望を見つける役に立つことがあるだろうと解釈している。それは，重松清の「その真実は，現実の世界を救うことはできなくても，いつか，誰かが，現実の世界を愛そうとするときの手助けになる」という部分に対応している。ホで説明されている内容を述べているのである。

問八　問六・問七を踏まえて考える。「それ」が指しているのは，段落全体で説明している，文学に触れることで人生をどう生きるかを考え，人生の希望を見つけることもあるという内容である。

そのことを説明している選択肢はニ・ホである。

重要 問九 「そのような行為」は，スポーツやゲーム，おいしいものを食べること，温泉に入ることなどの「それがなくてもぜんぜん問題なく生きていけるもの」を指している。問七でとらえたように，本を読むという行為は生活には役に立たないが，「読書はそれとの関わり方次第で人によっては自身の在り方の指針ともなり得るような力を持つこともある」と筆者は考えているのである。イ「個人の選択の幅」を問題にしているのではない。 ロ「実行するかしないか」という観点では説明していない。 ハ「必ずその人の根幹を築き続ける」とは述べていない。 ニ「誰のどの本を選ぶか」ということは問題にしていない。

三 （漢字の読み書き）

①「鋭敏」は，鋭く感じやすいこと。「鋭」の訓は「するど-い」。「鋭利」「精鋭」「敏感」「過敏」などの熟語がある。 ②「翻訳」は，ある国語で表された文章の内容を他の言語に移し変えること。「翻」の訓は「ひるがえ-る・ひるがえ-す」。「訳」の訓は「わけ」。「翻案」「翻意」「抄訳」「誤訳」などの熟語がある。 ③「繊細」は，鋭く細かい様子。「繊」は，形の似た「織(シキ・ショク)」と区別する。「細」には「ほそ-い・ほそ-る・こま-か・こま-かい」の訓がある。「繊維」「繊毛」などの熟語がある。 ④「修める」は，学んで自分のものにする。「収める」「治める」「納める」と区別する。「修得」「研修」などの熟語がある。 ⑤「斬新」は，際立って新しく珍しいこと。形の似た「漸(ゼン)」と区別する。「斬」の訓は「き-る」。「斬殺」「斬首」などの熟語がある。 ⑥「契機」は，きっかけ。「契」の訓は「ちぎ-る」。形の似た「潔(ケツ)」と区別する。「契約」「黙契」などの熟語がある。 ⑦「干渉」は，自分と直接関係のない物事に立ち入って，あれこれと口出しすること。「干」の訓は「ほ-す・ひ-る」。「干」は「千」と区別する。「渉」は，形の似た「捗(チョク)」と区別する。「干満」「干潮」「交渉」「渉外」などの熟語がある。 ⑧「追究」は，どこまでも深く明らかにしようとすること。意味が異なる「追求(目的のものを手に入れようとすること)」「追及(どこまでもさぐって追いつめること)」と区別する。「追」は，形の似た「迫(ハク)」と区別する。「究」の訓は「きわ-める」。「究明」「究極」などの熟語がある。 ⑨「創る」は，今までなかったものを初めてつくるの意味。「文化」は新たにつくるものだから「創る」と書く。音は「ソウ」。「創造」「独創」などの熟語がある。 ⑩「興亡」は，興りさかえることと滅びること。同音異義語の「攻防」と区別する。「興」には「キョウ」の音もある。訓は「おこ-る・おこ-す」。「亡」には「モウ」の音もある。訓は「な-い」。「興奮」「即興」「亡命」「亡者(モウジャ)」などの熟語がある。

★ワンポイントアドバイス★

小説は，場面の様子や会話から人物の心情や心情の理由をとらえる。また，表現の意味を正確に読み取っていく。論説文は，筆者の説明を文脈をたどって正確に読み取り，筆者の考えや，考えの根拠となる具体例などを捉える。

MEMO

大切なことはメモしておこうネ！

2020年度

★★★★★★★★★★★★★★★★★★★★★★★★

入　試　問　題

2020年度

日出学園高等学校入試問題

【数　学】（50分）〈満点：100点〉

【注意】 1. 比は最も簡単な整数で表しなさい。
2. 解答が無理数になるときは$\sqrt{\ }$のままで答えなさい。
3. 円周率はπを用いなさい。
4. 問題文中の図は必ずしも正確ではありません。

1 次の問いに答えなさい。

（1）$3\times(-2^2)-3\times(-2)^2+6\times2^2$　を計算しなさい。

（2）$\frac{1}{4}xy^2\div\frac{5}{4}x^3y\times(-5xy)^2$　を計算しなさい。

（3）$3\sqrt{8}-\frac{6}{\sqrt{2}}+\sqrt{50}$　を計算しなさい。

（4）等式　$\frac{V}{2}=\frac{3a-b}{4}$　をaについて解きなさい。

（5）2次方程式　$3x^2-5x+1=0$　を解きなさい。

（6）$5(x-2)^2-3x+6$　を因数分解しなさい。

（7）大小2つのさいころを同時に振って，少なくとも片方の目が6になる確率を求めなさい。

（8）$2<\sqrt{\frac{x}{3}}<\frac{7}{3}$にあてはまる整数$x$の値をすべて求めなさい。

（9）　右の図は，ある高校の生徒40人の通学時間をヒストグラムでまとめたものですが，通学時間が20分以上30分未満と40分以上50分未満の部分はまだ描かれていません。通学時間が20分以上30分未満である生徒の人数は，40分以上50分未満である生徒の人数より3人多いことが分かっています。また，通学時間が60分以上の生徒はいません。このとき，次の問いに答えなさい。

①通学時間が20分以上30分未満である生徒の人数を求めなさい。

②この資料の最頻値を求めなさい。

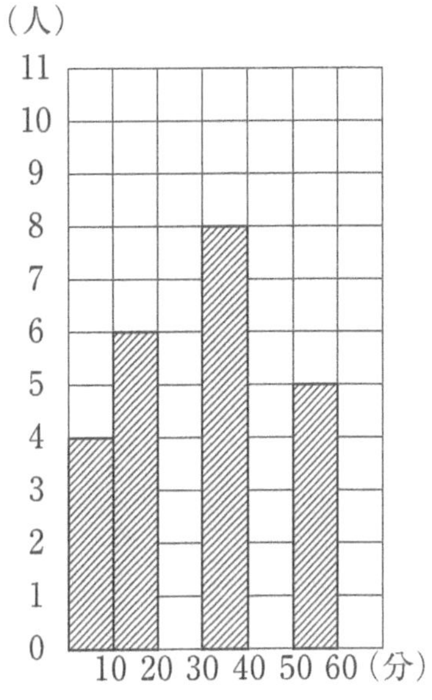

(10)　ある高校は，全校生徒数の$\frac{1}{4}$が１年生の生徒です。また，１年生と２年生を合わせた生徒数は，３年生の生徒数の２倍です。２年生の生徒数が200人のとき，全校生徒の人数を求めなさい。

2　次の問いに答えなさい。

(1)　右の図において，点Ｏは円の中心であり，３点Ｂ，Ｏ，Ｄは一直線上にあります。このとき，∠ACDの大きさを求めなさい。

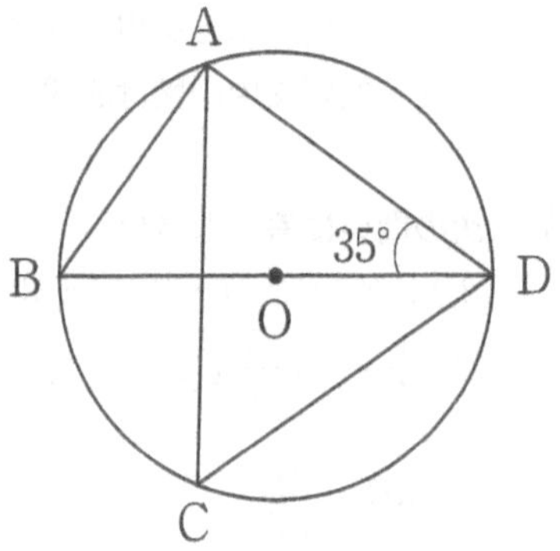

(2)　右の図において，AD：AB＝AE：AC＝１：３，BG：GC＝３：２です。このとき，△AFEの面積は△ABCの面積の何倍になるかを求めなさい。

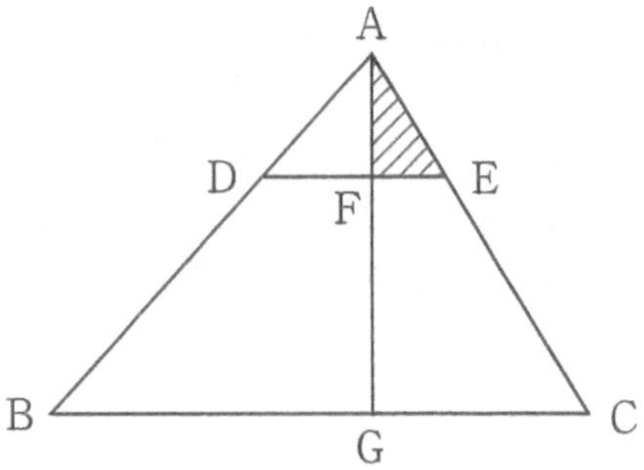

(3)　右の図は，１つの正方形と４つの合同な二等辺三角形からなる立体の展開図です。この立体の体積を求めなさい。

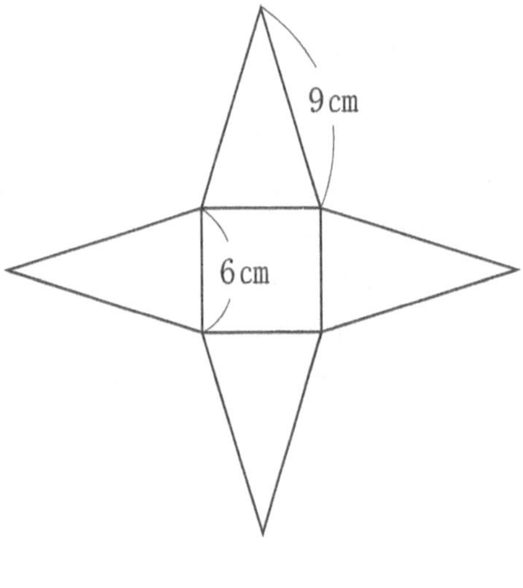

(4)　右の図のような三角形の周りを，半径１cmの円Oが転がりながら滑らずに１周します。このとき，円Oが通過してできる部分の図形の面積を求めなさい。

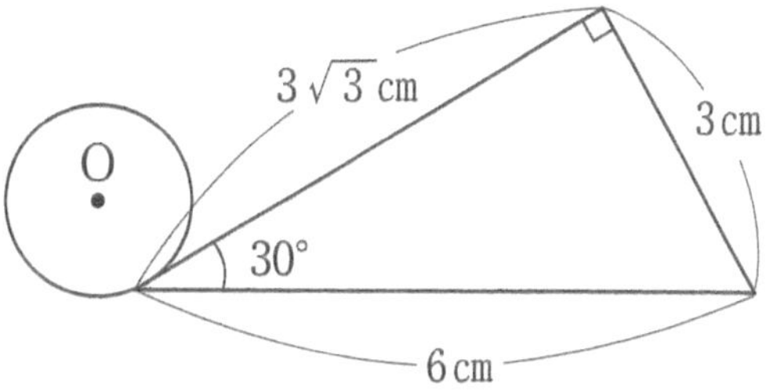

3　右の図のように，中心がO，半径が５cmの円の周上に３点A，B，Cをとり，これらを結んで△ABCをつくります。∠ABCの二等分線と辺ACの交点をD，円Oとの交点をEとします。AB＝６cmのとき，次の問いに答えなさい。ただし，３点B，O，Cは一直線上にあります。

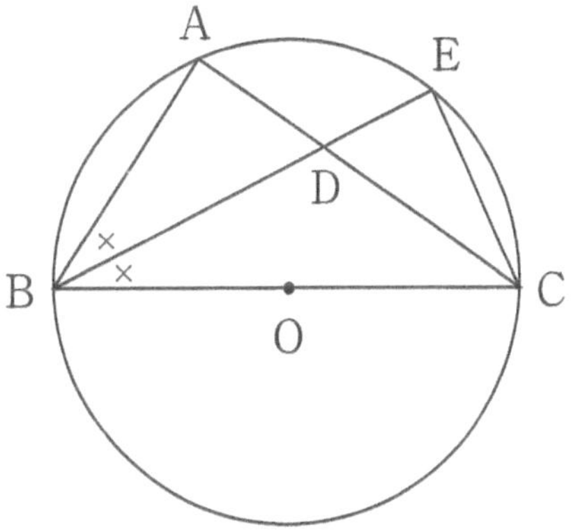

(1)　AD，BDの長さをそれぞれ求めなさい。

(2)　△CEDの面積を求めなさい。

4　大小２個のサイコロを同時に投げ，大きいサイコロの出た目の数をa，小さいサイコロの出た目の数をbとし，点P(a, b)をとります。ただし，サイコロはどの目が出ることも同様に確からしいものとします。点A(－２，１)，点B(４，４)のとき，次の問いに答えなさい。ただし，座標の１目もりは１cmとします。

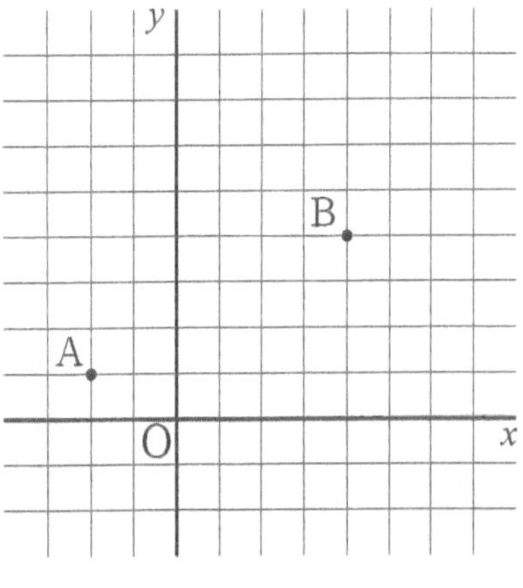

(1)　大きいサイコロの出た目の数が４，小さいサイコロの出た目の数が２のとき，△PABの面積を求めなさい。

(2)　３点P，A，Bを頂点とする三角形ができる確率を求めなさい。

(3)　△PABの面積が６cm^{2}以上となる確率を求めなさい。

5 以下の会話を読んで，次の問いに答えなさい。

だいき：先生…今週の宿題難しすぎです…。

先　生：「$5x+14y=7$ を満たす整数解 $(x,\ y)$ のうち，x が小さいほうから３番目の自然数となるものを求めよ。」という問題だね。よしのりくんはどうだい？

よしのり：全然わからないです…。整数解ってなんですか…。

先　生：x と y がどちらも整数である解 $(x,\ y)$ のことだよ。

よしのり：うーん…？　ますます分からない…。

先　生：数学は難しいと思ったら，具体的な数で考えてみるとうまくいくことがあるよ。

だいき：じゃあ，$5x+14y=7$ の式で x が０のときを考えてみよう。yの値は…$\frac{1}{2}$か。

よしのり：x は整数だけど y は整数ではないから，$(x,\ y)=\left(0,\ \frac{1}{2}\right)$ は整数解ではないということですか？

先　生：その通り！素晴らしいね。今度は，$x=7$ を当てはめてみようか。

だいき：$x=7$ のとき，y の値は…[ア]ですね！これが整数解ですか！？

先　生：そう！　$x=7$ のときが x が最小の自然数となる整数解です。次は $x=14$ のときを考えてみましょう。

よしのり：正解解は見つかったのに，まだ考えるんですか？

先　生：そう。整数解はたくさんあるんだ。その中で，x が小さいほうから３番目の自然数になるときを探すのが，今回の問題だね。

だいき：次は $x=14$ のときでしたっけ。y は[イ]ですね。これは整数解じゃないな。

よしのり：こんなの延々にやってたらキリがないよ…。

だいき：もしかしたら，なにか規則性があるんですか？

先　生：そう。見つけらるかな？

よしのり：そんなことより，なんで先生は７とか14とかを挙げたんですか？答えを知ってるからですか？

先　生：いいところに目を付けたね。その話は次の授業でしようか。

(1)　[ア]に当てはまる数値を答えなさい。

(2)　[イ]に当てはまる数値を答えなさい。

(3)　$5x+14y=7$ を満たす整数解 $(x,\ y)$ のうち，x が小さいほうから３番目の自然数となるものを求めなさい。

6 右の図で，曲線lは関数$y=-\frac{1}{2}x^2$のグラフ，直線mは関数$y=\frac{1}{2}x+3$のグラフを表しています。直線mとx軸との交点をAとし，直線m上の点Bのx座標を10とします。点Pは点Aを出発し，直線m上を点Bまで動くものとします。また，曲線l上にありx座標が点Pのx座標と等しい点をQとします。このとき，次の問いに答えなさい。

(1) 点A，点Bの座標をそれぞれ求めなさい。

(2) △APQがAP = AQの二等辺三角形になるとき，点Pの座標をすべてを求めなさい。

(3) △ABQの面積が27になるとき，点Qの座標をすべて求めなさい。

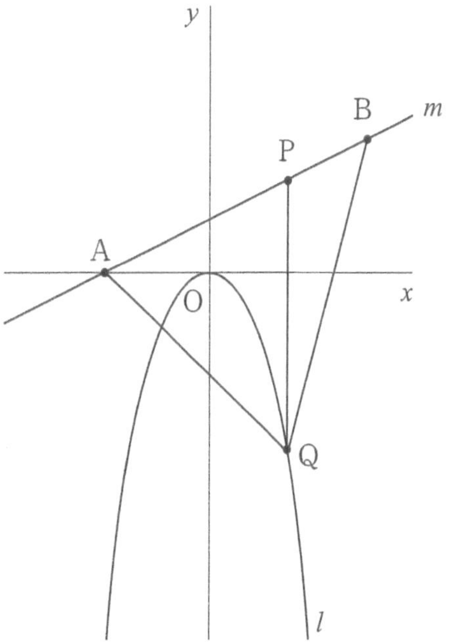

【英　語】（60分）〈満点：100点〉

【注意】 試験時間残り15分前からリスニング試験が始まります。

1 次の各文の空所を補う語(句)として最も適切なものをそれぞれ1つずつ選び，記号で答えなさい。

1. I went out without (　　) a word.
   ア saying　　イ says
   ウ say　　エ said
2. I was (　　) by a foreigner on the platform of the station.
   ア talked　　イ talked with
   ウ spoken　　エ spoken to
3. He wrote a long letter to a friend of (　　).
   ア himself　　イ him
   ウ he　　エ his
4. This is the most interesting book (　　) I have ever read.
   ア who　　イ whose
   ウ whom　　エ that
5. Please give me a (　　) information.
   ア lot　　イ little
   ウ few　　エ some

2 次の各文には誤りがそれぞれ1か所ずつあります。例にならってその部分を抜き出し訂正しなさい。

（例） He is（ア） one of（イ） the most popular（ウ） singer（エ） in Japan.

	記号	正
（例）	エ	singers

1. Please don't（ア） forget posting（イ） this letter on（ウ） your way to school（エ） tomorrow.
2. It is（ア） very careless for（イ） you to make such a（ウ） foolish mistake（エ）.
3. Let's go shopping in（ア） Shibuya after you will finish（イ） doing（ウ） your homework（エ）.
4. Read as many books（ア） as possible（イ） while（ウ） your stay（エ） in Japan.
5. Each students（ア） in my class has（イ） a lot（ウ） of dictionaries（エ）.

3 次の各組の文がそれぞれほぼ同じ意味を表すように，空所を補うものとして最も適当な英語１語を入れなさい。

1. I know the writer of this book.
   I know who (　　　) this book.

2. I like dogs very much.
   I am very (　　　) of dogs.

3. He became glad to get the first prize.
   The first prize made (　　　) glad.

4. He is not old enough, so he can't ride a motorcycle.
   He is too (　　　) to ride a motorcycle.

5. It is fifteen years since I knew him.
   Fifteen years have (　　　) since I knew him.

4 次の各文が与えられた日本文の意味を表す英文になるように，(　　)内の語(句)を並べかえた時，３番目・５番目に来る語を記号で答えなさい。ただし，文頭にあたる語も小文字で記してあります。

1. もう数分歩けば菅野駅に出ますよ。
   (**ア** us / **イ** to / **ウ** another few minutes' / **エ** take / **オ** will / **カ** walk) Sugano Station.
2. このコンピューターを直すのにいくらかかりましたか。
   How much (**ア** to / **イ** fix / **ウ** cost / **エ** it / **オ** did / **カ** you) this computer?
3. 卒業式はいつ行うと先生は言いましたか。
   (**ア** would be / **イ** the teacher / **ウ** the graduation ceremony / **エ** did / **オ** when / **カ** say)?
4. ケンが私にこの写真をくれました。
   (**ア** Ken / **イ** was / **ウ** this picture / **エ** to / **オ** given / **カ** by / **キ** me).
5. クラスの生徒たちはあなたほど速く走れない。
   (**ア** in your class / **イ** faster / **ウ** other / **エ** can / **オ** student / **カ** run / **キ** no) than you.

5 次の表は「ヒノデ・シティ」(**Hinode City**)の観光名所のレビューサイトである。表の内容に合うよう，それに続く英文の空所に入るもの，または英語の質問に記号で答えなさい。
なお，＊のある語は《注》を参照すること。

Hinode Zoo

★★★ by Hiyo Kappa (2 weeks ago)

I went to see the baby elephant. It was so cute! But it was crowded because I visited on Sunday. It is better for you to go on a weekday if you can. Also, not many options for food inside the zoo.

Super Tower

★★★★ by Ichi (3 weeks ago)

My girlfriend and I went on a date here. This is the highest building in the city and the views are wonderful. The bottom of the tower is a shopping mall with lots of stores and a wide selection of restaurants. After going up the tower, we saw a movie at the theater there. Then, we had dinner downstairs. You can easily spend a whole day here.

City Museum of Art and Culture

★★★★ by Suga (4 days ago)

The Japanese art exhibition was amazing. There was a lot to see and it was all so beautiful. The museum is inside a historical building by a beautiful park.

★ by Ichi_Mama (1 week ago)

I usually enjoy museums but $15 to see one exhibition is too expensive. And the price did not include an audio guide, which cost another $5. I recommend seeing the free art in the park instead.

★★★ by Yawata (3 weeks ago)

I went to see a photography exhibition and bought a poster of my favorite photo at the gift shop. Later, I went for a walk in the park outside.

1. You would most likely visit City Museum when you (1).
   - ア want to enjoy pictures of nature
   - イ are looking to learn about culture
   - ウ don't have a lot of money
   - エ need to do some shopping
2. You would most likely visit Super Tower when you (2).
   - ア are trying to get a lot of exercise
   - イ need a hotel room for a day
   - ウ want to do many different things
   - エ are looking to avoid crowds of people
3. The reviews of City Museum are all about (3).
   - ア the museum building
   - イ the park
   - ウ the gift shop
   - エ the price

4. Based on the reviews, which of the following are facts, not *personal opinions?
Choose two from the followings.
ア The baby elephant at Hinode Zoo is cute.
イ City Museum has a gift shop inside.
ウ The food choices at Hinode Zoo are not very good.
エ Super Tower has a movie theater and many stores.
オ City Museum costs too much for most people.
カ Super Tower has the best views of the city.
《注》 personal 個人的な

6 **次の会話文の空所(１)～(５)に入れるのに最も適当な英文を，ア～クのうちからそれぞれ１つずつ選び，記号で答えなさい。ただし，記号は１度しか使えません。**
なお，＊のある語は《注》を参照すること。

Ms Suzuki: Today let's have a *debate between two groups. The title is "Video Games — Are They Good or Bad for Children?" Let's start! Group A, please.

Kaori : We think video games are good for children. Here's one reason. Children love video games. When they play video games, they have a lot of fun. When people have fun, they are happy — and when people are happy, they are nice to other people. This makes all of society better. So video games are good for society.

Ken : Here's another reason. Sometimes, it is hard for children to start talking to a new friend. But if they play video games together, they can start talking about the video games. (1) So video games help children to make friends.

Ms Suzuki: OK. Group B, what do you think about Group A's reasons?

Taro : Group A's first reason isn't all true. When children play video games, they may have fun, but they are not really nice to other people. (2)

Rumiko : Group A's second reason has a problem. Many children play video games *by themselves for hours and hours, so they never have time to make friends.

Ms Suzuki: OK. Group B, you think video games are bad for children. Give us your reasons.

Taro : (3) Most games are about fighting and war. When children play *violent games all day, they become angry. They are not nice to other people. Someday, they may fight in a real war.

Rumiko : When children play video games, they don't study. By studying, children can learn many useful things for their future. (4) Nothing!

Ms Suzuki: OK. Group A, what do you think about Group B's reasons?

Kaori : Every child feels angry sometimes. By playing video games with fighting, children can express their anger without really hurting anyone.

Ken : Some video games are not violent. There are many kinds of video games, and some are about culture or history. (5)

《注》 debate 討論　　by themselves (彼らが) 1人だけで　　violent 暴力的な

ア It's good for children to learn about fighting or war by playing video games.

イ From those kinds of games, children can learn many useful things for their future.

ウ Then, after that, they can talk about many things.

エ Later, the video games will be popular among children.

オ To have a debate between two groups is the best way for children to learn many useful things.

カ What can children learn for their future by playing video games?

キ We think video games are bad for children because they are violent.

ク For example, when my brother is playing video games, he doesn't even talk to my mother and me.

7 次の英文を読み，あとの問いに答えなさい。

There are some words that you don't know in any text. When you must not use a dictionary, you will have to do your best to think about the meaning. It is important not to be (A): when there are ten or fifteen words that you do not know, you will be able to understand most of them if you relax and think carefully. The important thing is to look at the word, and the sentences that come before and after. (1)This will usually help you to get an idea of the meaning. And look to see if the word is repeated later in the text; (2)the more often it is used, the easier it is to understand.

If your English is not very good, you may not know the word "(3) stoat." When it is alone, it is not easy for you to understand it, but (4) see what happens when it is in the following sentence: We went to the mountain. There were many wild animals in the mountain. When we enjoyed watching them, my father found a house. We visited there together. When we talked with a man in that house, we heard a noise like a rabbit. The man shouted, "A stoat killed my rabbit. It tries to eat my rabbit." It is not very difficult to think that a stoat is some kind of aggressive animal.

You can understand some words from looking at their form. For example, you have never seen "(5)unforgettable" before, but the different parts of the word — un, forget(t), able — should each tell you something and help you to think about the meaning.

You must not want to be able to understand all the new words in a text. There will be some that you can only get a few ideas of, and (B) will be impossible. You must not spend much time in worrying about these: the most important thing is to understand the text, and if you don't know one or two words, you can understand the text.

1. 空所(A)(B)に適する語をそれぞれ1つずつ選び，記号で答えなさい。

(A)	ア surprised	イ surprising	ウ thought	エ thinking
(B)	ア other	イ one	ウ another	エ others

2. 下線部(1)が指す内容を具体的に日本語で答えなさい。
3. 下線部(2)の表す意味として適当なものを1つ選び，記号で答えなさい。

ア　もっと辞書を使えば，たやすく理解できる。

イ　もっと同じ文を繰り返し使えば，たやすく理解できる。

ウ　もっと自分で同じ単語を使えば，理解しやすくなる。

エ　もっと同じ単語が使われれば，理解しやすくなる。

4.　下線部(3)(5)の単語の意味にあたると思われるものをそれぞれ1つずつ選び，記号で答えなさい。

(3)　ア　イタチ　　イ　わな　　ウ　猟師　　エ　猟銃

(5)　ア　忘れる　　イ　許せる　　ウ　忘れられない　　エ　許せない

5.　下線部(4)について，なぜ見なければならないのか，その理由を日本語で説明しなさい。

6.　本文の内容と一致するものを1つ選び，記号で答えなさい。

ア　When you must not use a dictionary, you will have to give up thinking about the meaning.

イ　His rabbit was killed before they talked with him in that house.

ウ　There are few words you can understand from looking at their form.

エ　Even if you can't understand all the words in a text, you can understand the text.

8　［リスニング問題］

放送を聴いて【A】～【C】の各問いに答えなさい。英文はそれぞれ2回流れます。

【A】　次に放送される2人の人物による会話を聴いて，それに続く質問の答えとして最も適当なものをア～エからそれぞれ1つずつ選び，記号で答えなさい。

1.　ア　イ　ウ　エ

2.　ア　イ　ウ　エ

3.　ア　To the beach.　　イ　To a lake.

　　ウ　To a forest.　　エ　To a river.

4.　ア　15 minutes.　　イ　30 minutes.

　　ウ　45 minutes.　　エ　1 hour.

5．ア Because she didn't clean her room.
イ Because she didn't do well on her test.
ウ Because she didn't wash the dishes.
エ Because she didn't say she was sorry.

6．ア A clothes store.　　イ A bookstore.
ウ A shoe store.　　エ A bag shop.

【B】 次に放送される2人の人物による会話を聴いて，1～3の質問の答えとして最も適当なものをア～エからそれぞれ1つずつ選び，記号で答えなさい。

1. **What is one thing the man and the girl agree on?**
ア They both feel that dogs and cats are friendly.
イ They both feel that dogs and cats go for long walks.
ウ They both feel that dogs and cats will be easy to care for.
エ They both feel that dogs and cats will want to play outside.

2. **What can a dog do?**
ア A dog can keep the girl warm at night.
イ A dog can let the girl touch it all day.
ウ A dog can protect the house.
エ A dog can stay in the house all the time.

3. **What is their only choice?**
ア To ask for a cat.
イ To ask for a dog.
ウ To ask for both a cat and a dog.
エ To ask for no pets.

【C】 次の放送は，TomとMaryによるMr Smithの誕生日に関する会話です。放送を聴き，次の英文の空所(1)～(4)にそれぞれ最も適当な**英語1語**を入れなさい。ただし，放送で読まれた英文中の単語を用いること。

1. Mr Smith's birthday is on January (1)(　　　　).
2. Mary told Tom to buy Mr Smith his (2)(　　　　) thing.
3. Tom plays the (3)(　　　　) and Mr Smith plays the (4)(　　　　).

※リスニングテストの放送台本は非公表です。

時代にも存在していたから。

問八　空欄［A］に適する語をカタカナで答えなさい。

問九　空欄［B］・［C］に適する語を答えなさい。

問十　電子媒体と紙媒体の関係は今後どうなっていくと考えられるか。本文・付属の資料を踏まえ、理由も含めて四十字以上五十字以内で書きなさい。

意識する必要がない点。

ホ　データ化することで並び替えだけでなく、容易に様々な加工を施すことが可能である点。

問四　傍線４「ことは簡単ではない」とあるが、それはなぜか。最も適当なものを次の中から一つ選び、記号で答えなさい。

イ　紙の本をそのまま写すだけでは単なる複製に過ぎず、電子書籍だからこその付加価値があることで、新たな文化として成立しうるから。

ロ　書籍のデジタル化に伴う著作権問題が頻繁に起こっている以上、電子書籍として残したいという気持ちだけでは復刊に至らないから。

ハ　「私」のように、紙誌面をそのまま再現する方が親しみやすく、素朴であると感じる読者たちが一定数存在することを無視できないから。

ニ　考える読書をする人もいると同時に、消暇的な読書を好む人もいるように、紙の本に対する各自のイメージにかなりの相違があるから。

ホ　日本の文学を海外に送り込むときに、背景となる文化を紹介する手間がかかりすぎ、ガイド本のような存在になってしまいがちだから。

問五　傍線５「根本的な議論にまで到達することはむずかしそうだ」とあるが、それはなぜか。その理由を述べた次の文の空欄に当てはまる語を、漢字二字で答えなさい。

本来話し合われるべき議題に到達する前に、［　　］をめぐる議論が複雑化しているから。

問六　傍線６「それを超える出版」にあたる例として、適当でないものを次の中から二つ選び、記号で答えなさい。

イ　その本を読むのに最適なＢＧＭが自動で選ばれ、本の展開に合わせて曲を次々と変えてくれる。

ロ　作品内に登場する楽曲や擬音語が再生されることで、より作品への理解を深めることができる。

ハ　めくるスピードや指紋認証システムを利用して、利用者の健康状態を管理し、報告してくれる。

ニ　幼い子供や目の不自由な人のために、自動的に内容を読み上げてくれる機能が搭載されている。

ホ　文章に書かれている地名をタッチすると、地図が表示されてどこにあるのか知ることができる。

問七　傍線７「世界図書館の構想」はなぜ生まれるのか。最も適当なものを次の中から一つ選び、記号で答えなさい。

イ　西欧文化の根底にある遺伝子には、権力を掌握したいという欲望が組み込まれているから。

ロ　知の宝庫である書籍を独占することにより、さまざまな恩恵にあずかれると気づいたから。

ハ　知恵や経験をデジタルデータ化し活用すると、地域支配をより進めやすくなると知ったから。

ニ　西欧には書籍を量の多少にかかわらず、精力的かつ網羅的に集めてきた歴史があるから。

ホ　知識を体系化し、管理下におきたいという願望を持つ者がどの

〈資料〉

吉野朔実「電子書籍時代」

問一 傍線1「相当な努力を要することだろう」とあるが、それはなぜか。最も適当なものを次の中から一つ選び、記号で答えなさい。

イ 絶版となっている本を端から集め、そろえるのは不可能に等しいから。

ロ 各国の著作権が複雑になっており、海外の書籍を取り扱うことは難しいから。

ハ 活字離れが進んでいる日本では、本や雑誌を読む人があまりにも少ないから。

ニ 紙媒体を主とする出版社は、出版にかかるコストを度外視できないから。

ホ 多数の在庫を保管しておく土地を確保するのは、狭い日本では厳しいから。

問二 傍線2「電子読書の効用」とあるが、筆者はどのような点に効用を感じているか。最も適当なものを次の中から一つ選び、記号で答えなさい。

イ 上顧客であると判断されると、自動的に新刊案内が届くようになり、本の買い逃しがない点。

ロ 目当ての本を安価でダウンロードすることが可能になり、より多くの書籍が購入できる点。

ハ かつては入手が困難であった洋書がたやすく手に入るようになって、読書の幅が広がる点。

ニ 検索ワードを一つ指定するだけで複数の本が同時に提示され、調べ物がより便利になる点。

ホ 手軽に原書を読むことができるうえ、調べる過程でさらなる知的好奇心が引き起こされる点。

問三 傍線3「新しい媒体としての魅力」とあるが、筆者はどのような点に魅力を感じているか。最も適当なものを次の中から一つ選び、記号で答えなさい。

イ 海外の報道写真がリアルタイムに更新され、今何が起きているかを知ることができる点。

ロ 文字を表示するのには適さないが、写真は美麗な画面上でより迫力ある姿で映される点。

ハ 美しさに加え、紙の本よりも、値段的にもサイズ的にも気軽に購入することができる点。

ニ 紙面をそのまま再現することに長けているため、紙との違いを行している時代に7世界図書館の構想が出現するのは、じつは時間の問題だったといえないだろうか。そして、政治・経済の現実から見れば、その種の作業が国家的・公共的事業として実現することはあり得ないのも、また確かなことだったのである。

いま電子書籍の時代を迎え、出版業界は一様に不安をかかえている。著作者も明確な結論を出せる段階にないといえるが、一つ確実なことは、現在の紙の本の水準をそのまま電子書籍に移行しただけでは単なる電子的複製というにとどまり、一見多様に見える論議も内向きの権益保護のためでしかなく、新しい書物文化創造にはつながるまいということだ。

いいかえれば、自ら外へ飛び出して創造の場を求め、広く世界の読者を相手にしていくという発想が絶無なのである。書籍の場合は日本語の制約を意識しすぎて、狭い国内マーケットしか念頭にない。このような状況を改善しようと、たとえば国際交流基金は、十数年来、日本の出版物を紹介する海外向けニューズレター〝Japanese Book News〟を刊行し続けているが、私か寄稿した初期には、日本の著者名や作品名に触れる際、「日本人のあいだで俳人として尊敬されている正岡子規は……」とか「日本の東北地方である岩手県出身の詩人で『雨ニモマケズ』という代表作のある宮沢賢治は……」という具合に、徹頭徹尾初歩的ガイドとしての配慮が必要で、書評どころではなかった。ことほどさように、翻訳出版に関しては日本は情けないほどの入超国なのだ。出版物の水準は高く多様性にも富んでいると思うが、コミック以外は海外に販路を持たず、自家消費を繰り返している。

私は電子書籍化の動きすべてに同意するのではないが、反発ばかりでは能がないと思っている。日本の出版界の先細りは、知識情報の獲得手段が書籍だけではなくなっていること、物流も時代に適合せず、さらに少子高齢化など構造的な変化による市場の縮小に一因があることも、すでに論じられている通りである。その解決法の一つが海外市場への進出であることは自明で、この機会に真剣に検討し直すべき課題ではないだろうか。

電子化を奇貨として、日本の書籍を何らかの程度に国際商品へと衣替えしようという出版人や著作者は現れないものか。考えてみれば、まさに電子書籍こそ日本文化を発信し、日本の書籍の魅力や優秀性を売り込むための願ってもない武器であるはずだ。従来、日本書籍の国際的なマーケットといえば、フジヤマ、ゲイシャのイメージに限られていたが、いまや文学や芸術、コミックなどの分野において、十分に力量もあり商品価値のあるものも現れている。紙の本では原価計算や物流上の制約が壁となっていたが、電子出版を前提すれば、不可能ということではあるまい。世界につながらない電子化なんて、逆説としても通用しない。これからの本が「どう B 」ではなく、「どう C 」という意志がなければ、本の世界は何も変わらないだろう。

の出版界を全否定するような意見までが飛び交い、錯綜をきわめている。このような状態では、書物の未来がどうなるのか、電子書籍が支配的となった暁、現在よりも創造的な内容の出版物が増え、懸案の活字離れ解消にまで至るのかというような、5根本的な議論にまで到達することはむずかしそうだ。

　電子書籍の影響力ということで忘れがちとなるのは、紙の本に対する各人のイメージに、かなりの相違があるということだ。考える読書を重視する人があるかと思えば、消暇的な読書しか興味のない人もいる。近代洋画壇の先駆岸田劉生が、おそらく日常の緊張感から逃れるためか、年中講談本に親しんでいたことはよく知られている。このほか世代によっても、本のイメージが大きく異なることを忘れてはなるまい。あえて私の場合をいえば、消費的な本ばかりでなく、今日の問題をわかりやすく、深く掘り下げた学術書、文学や思想に関する体系的な叢書《そうしょ》などが出版されないと、電子出版といえども期待できないような気がする。本を愛する者の一人として、何が何でも電子本ということではなく、紙の本に匹敵するか、6それを超える出版を実現して欲しいと思うのは私だけではないだろう。

　もう一つ気になることは、アメリカ資本の攻勢に対し、おしなべて日本側の対応が鈍く、受け身に終始しているように思えることだ。出版社、印刷所、書店、図書館、著作者などの利害が複雑にからみ合っている事情はわかるが、それにしても巨大規模の知的財産のデジタル化が、近年急速に加速していることについての認識が甘かったのではあるまいか。

　元来、日本は図書館や蔵書機関の書誌データ、あるいは総合的な出版目録などを作成し、効率的に運用することに不熱心であった。コンピューター時代に入ってから、先進各国にひけをとらないシステムも生まれているとはいえ、社会的にはこの種の事業への理解に乏しく、および腰であることは否定できない。これに反してグーグルやヤフーの書誌検索システムや著作権獲得の動きなどは、おどろくべき計画性と執念に裏打ちされているように見える。「黒船到来」というよりも、元来西欧文化史の根底に遺伝子のように見え隠れする「全世界図書館への情熱」と関係があるのではないか、とさえ思ってしまう。

　いまさら古代エジプトのアレクサンドリア図書館が、世界中の文献収集を目的として七十万巻の書籍を所蔵していたという話や、十六世紀のコンラート・ゲスナーが若くして人類の全知識を体系化しようと志し、当時までに刊行されたギリシア語、ラテン語、ヘブライ語の全出版物一万五千点の世界書誌を完成、書誌学の父と呼ばれた例などをあげようとは思わない。とりあえず、西欧には知識の媒体である書籍を、量にはたじろぐことなく、精力的、網羅的に集める発想が存在し、そのことが、日本および東アジアに先駆けて近代的な図書館や教育機関などの発達を促す一因となったということを指摘するだけにとどめよう。ボルヘスの短編『バベルの図書館』には、無限大の、一個の天体に匹敵する図書館が描かれるが、その幾何学的ともいえる正確な描写にも、西欧の知識人の根底にある宇宙図書館への限りない関心と情熱が存在するような気がしてならない。

　それがアメリカの一企業によって展開されている、電子的手段による営利的な本の取り込み作業と、何の関係があるのかという反論も出てこようが、好むと好まざるとにかかわらず、情報の A 化が進

二　次の文章は紀田順一郎の「電子書籍の彼方へ」です。次の文章を読んで、後の問いに答えなさい。なお、設問の関係上、一部表現を変えてあります。

iPadを手にして一週間もしないうちに、電子書籍や新聞に馴染《なじ》んでいる自分を見出した。読書生活のすべてを電子書籍に託そうとは思わないが、一般的な読書を楽しむことぐらいはできそうだ。私の著述家としての必要性から最も欲しいのは、数冊の本を同時に参照できる機能だが、これはパソコンを併用するなりして解決するほかはないだろう。

意外だったのは、古典や名著が予想以上に読めることだった。「青空文庫」で鷗外の『キタ・セクスアリス』や漱石の『明暗』、太宰治の『斜陽』、中島敦の『李陵《りりょう》』が読めることは知っていたが、いつの間にか夢野久作の『ドグラ・マグラ』や小栗虫太郎の『黒死館殺人事件』の範囲にまで及んでいるとは知らなかった。当然ながら、海外の書籍（洋書）の中に含まれている古典的名作は、むかし『世界の文学』など全集本で親しまれたような作家なら、iBooksやKindleを通じて、ほとんどすべてが無料でダウンロードできる。英文学ならシェイクスピア、デフォー、フィールディング、オースティン、サミュエル・ジョンソンなどはいうに及ばず、怪奇幻想小説やファンタジー系の名作など、マニアックな分野までカバーしている。この網羅性を、今後日本の出版社が追随するには、1相当な努力を要することだろう。

学生時代、洋書の入手難に悩まされたことを思い出しつつ、夢中でダウンロードしまくったところ、Kindleから上顧客と判断されたのか、新刊案内のメールが届くようになったので、話題のマイケル・サンデル著『これからの「正義」の話をしよう』の原書を購入してみたが、検索の過程でいかに"justice"という語彙を含む本がたくさん出ているかを知り、日米の比較文化史的な考察に誘われたりした。2電子読書の効用といえようか。

新聞・雑誌については、国内勢に関する限り試験的段階だが、私には紙誌面をそのまま再現する方式が素朴なりに親しみやすい。これは新聞本来のレイアウトにより、アナログ的に記事の軽重が判断でき、新聞社の主張や個性をも感じ取ることができるからだろう。無理に全記事をデータ化し、整然と並べ替えてしまうと、無個性で断片的な情報となってしまう。

使ってみないとわからないことを実感したのは写真だった。それも「USA　TODAY」や「ガーディアン」のような海外ジャーナリズムのリアルな報道写真である。iPad上で見る限りは発色の美しさも手伝って、リアルに世界の鼓動を伝えてくれる。写真ジャーナリズムの分野は活字よりも有望かもしれない。写真家のアルバムも、大判で高価な紙の本に比して敷居が低く感じられる。3新しい媒体としての魅力がある。

概ねこのようなデジタル読書の世界だが、感心ばかりしてはいられない。私も著述家である以上、紙の本の形で刊行した作品を電子書籍として残したいという思いに駆られたとしても、ふしぎではないだろう。しかし、単なる電子復刊でなく、電子書籍化に意義のあるものとなると、4ことは簡単ではない。

一体に電子書籍をめぐる議論は、出版産業全体への危機感にはじまり、デジタル化に伴う著作権問題、編集者不要論から、ついには既存

ホ　おとなになって社会に出て、現実の出来事に触れてそれらに本当に興味や関心を持つと、生きた世界史や地理の知識、教養が大きく関係していることが体感されるから。

問六　傍線6「脳の密度の薄い若者」とはどのような若者か。最も適当なものを次の中から一つ選び、記号で答えなさい。

イ　目先のことしか考えられないせいで、大切な機会を逸してしまう若者。
ロ　知識が少ないため、表面的にしか物事を捉えることができない若者。
ハ　経験不足で、何が重要かを見極める判断力を持つに至っていない若者。
ニ　事象を複層的に捉え、その本質を見抜く力を身につけていない若者。
ホ　教養を身につけることの価値が理解できず、知識だけを得ようとする若者。

問七　傍線7「語りの技術者」とはどのような人物か。適当なものを次の中から一つ選び、記号で答えなさい。

イ　聞き手が興味を持てる話が出来る人物。
ロ　聞き手を惹《ひ》きつける話術を持つ人物。
ハ　聞き手を楽しませる話し方ができる人物。
ニ　聞き手が関心を持つ話題を提供できる人物。
ホ　聞き手の反応によって話を変えられる人物。

問八　傍線8「あの時間は人生のなかでろくでもない損失の時間であったのか、あるいは貴重な思いもよらない思索的な時間であったのか」と考えるのはなぜか。最も適当なものを次の中から一つ選び、記号で答えなさい。

イ　話がつまらないものばかりで、後の人生に活用できる大切な学びの機会を失う時間であったとも思えるが、一方では自分が好きなことにじっくり使える時間であったとも思えるから。
ロ　本来は後の人生につながる学びの時間を他のことに使って失ってしまったと感じているが、一方では自分の席に座ってさえいればよく、思う存分考え事ができて有意義でもあったから。
ハ　後の人生で活用できる生きた世界史や地理の話を聞けなかったことはもったいなかったが、一方では好きなことができる時間であり、力のつく高尚な本を読んだりすることができたから。
ニ　教師の目を盗んで自分の好きなことをするような不道徳な行いを続けたという点では人としての損失は大きかったが、自分に必要な他教科の学びに時間を使えたことは後の人生に大きな意味があったから。
ホ　教師を欺くことに成功した経験の積み重ねは後の人生において対人関係構築に悪影響を与えたと思われるが、反面それは人といかにうまく付き合うかということを考え学ぶ機会でもあったから。

問九　傍線9「家に何人住んでいるのかわからない」とあるが、わからなかったのはなぜか。四十字以上五十字以内で説明しなさい。

問十　空欄［A］に適する語を本文から抜き出しなさい。

問十一　二重傍線①〜⑩について、カタカナは漢字で、漢字はその読みをひらがなで書きなさい。

ハ　授業中に行う、その授業に関係のない作業のバリエーションの豊富さ。

ニ　各生徒が取り組んでいる内容があまりにもその授業からかけ離れていること。

ホ　表面的には授業を受けている姿勢を示そうとする生徒の偽善的な行動。

問三　傍線**3**「やすらぎの時間」とあるが、そのように言われたのはなぜか。適当なものを次の中から二つ選び、記号で答えなさい。

イ　授業中にしてはいけないことをしても許されるから。

ロ　生徒も教師も互いに無関心で、干渉してこないから。

ハ　試験では油断できないが、教科書限定の出題だから。

ニ　習慣的にさぼっても、テスト前に集中すれば問題ないから。

ホ　この授業では精神的に拘束されることを強いられないから。

問四　傍線**4**「ある意味ではフェア。別のいいかたをすれば『機械マニュアルみたいな』やりかた」とはどういうことか。最も適当なものを次の中から一つ選び、記号で答えなさい。

イ　基本問題しか出ないので、努力をすれば出来るという点では公平だが、探究心を持って学んだとしても、誰にでも一定の効果が得られる問題しか出題しないということ。

ロ　教科書に書いてある一定の内容しか出ないということは、等しくテスト対策可能という点では公平だが、生徒の特性を均一化する結果になる出題しかないということ。

ハ　全ての生徒が持っているのが前提となっている教科書からしか出題されないという点では公平だが、生徒の力をより伸ばすような工夫が出題には全くないということ。

ニ　生徒全員が教科書のみに基づく授業を受けていて、それに対する内容しか出題しないという点では公平だが、生徒自らが実力を高めようという思いには至らせない出題がされるということ。

ホ　授業をしっかり受けようが受けまいが、教科書からしか出ない点では公平だが、初学者が学習した時に、誰でも同じ成果を得られるような出題しかされないということ。

問五　傍線**5**「あの教師が、もっとメリハリのある声と活気のある人間力で、その時代、その土地の話を、興味深いエピソードを随所にからめ、脱線しながら自分の語りたい世界史や地理を教えてくれていたら、と思う」とあるが、そのように思うのはなぜか。最も適当なものを次の中から一つ選び、記号で答えなさい。

イ　おとなになって社会に出てみると、高校における学習で赤点を取らない対策のための学習しかしてこなかったのでは、あまりにも得ることが少なかったことを痛感させられるから。

ロ　社会に出ると、様々な経歴のもとに多様な考え方をする人と付き合っていく必要があり、試験対策としてしか世界史や地理を、自分が学ばなかったことがあらためて悔やまれるから。

ハ　実際に社会に出ると、今日の出来事にはずっと前からつながりがあったり、目前の事物に思いもよらない所のものが関わっていることに気づき、関心を持って学ぶべきだったと思ったから。

ニ　おとなになってみると、今後の人生をより良く社会で生きて行くためには、歴史的な知識や地理的知識が実は非常に重要であったと実感するようなことが度々あるから。

やがてごく普通に定年を迎え、おそらく辞めるほうも、送りだす同僚教師らも、さして⑤**カンガイ**もなく、だらだらとごく普通に⑥**アイサツ**を交わして職場を去っていったのだろうと思う。

いかに長生きの人であってももう生きているとは思えない。8あの時間は人生のなかでろくでもない損失の時間であったのか、あるいは貴重な思いもよらない思索的な時間であったのか。判断できないままに長い年月だけたってしまった。

ぼくは地方都市にある⑦**シンセツ**高校の二年だった。自宅の最寄り駅から三つほど先の駅を降りてトータルで三十分ほどかけてその高校に通っていた。

家は海べりにある百坪ほどの土地の半分ぐらいをつかって建てられていたからけっこう広かったが、その当時、いったい何人住んでいたのか正確にはわからない。時々によって人数がだいぶちがっていたのだ。9家に何人住んでいるのかわからない、というのがぼくの家の不思議な⑧**トクチョウ**だった。もはや戦後ではない、と言われて久しい頃だったが、家とか家族を失った親戚が短期間居候《いそうろう》をしていた、というところだったのだろう。

「母屋《おもや》」のほかに庭に四畳半が二つ並んだやはり安普請《やすぶしん》の家が建てられ、そこに親戚の人が何人か住んでいた。

残った土地には何本かの樹木があった。その土地に前からあったもので一番背の高いのが「せんだん」だった。枝が沢山あちこちに張っているので登りやすく、ぼくはその木登りの名人だった。

父親がいたのは小学校五年までだった。ぼくが小学六年に上がる前の早春に父は死んだ。公認会計士をしていた。当時から弁護士と同じぐらい国家試験が難しく「父親は立派な人なのだ」と母によく聞かされていた。けれどその土地に越し、尾羽うち枯らすように急激に⑨**オトロ**えて死んだのには何かの事情が絡んでいたように思う。なんらかの事件があって仕事が⑩**破綻**していたのかもしれない。

小学生のぼくにはそのなんらかの「家庭内異変」は感じていても、具体的にそれがどういうことなのかよく分からなかった。

たとえ兄とか叔母などが説明してくれても当時のぼくには理解できなかっただろう。

父にはえらく［A］振りのいい時期があった——ということをそれから数十年たってから姉に聞いて知った。

問一　傍線1「時代として」とあるが、どのような意味か。最も適当なものを次の中から一つ選び、記号で答えなさい。

イ　善悪の判断にメリハリを要求していた時代であったという意味。

ロ　おとなの威光がまだまだ強い時代であったという意味。

ハ　教師への遠慮というものが機能した時代であったという意味。

ニ　個人が自身の権利を主張しない時代であったという意味。

ホ　穏やかな空気に包まれている時代であったという意味。

問二　傍線2「あきれるほど」とあるが、何に対してか。最も適当なものを次の中から一つ選び、記号で答えなさい。

イ　授業中なのにあまりにも多くの者が授業に関係のない行為をしていたこと。

ロ　授業外のことをこそこそ隠れてするなら、しなければ良いのにと思わせること。

【国　語】〈五〇分〉〈満点：一〇〇点〉

一　次の文章は椎名誠の『家族のあしあと』の一節です。本文を読み、後の問いに答えなさい。なお、設問の関係上、一部表現を変えてあります。

高校生の頃、教壇に立って、教科書を広げ、そこから一歩も動かず、その日予定していたパートをお経のように朗読するだけで、時間がくると教科書をとじて教室を出ていく教師がいた。

かなり年齢がいっていた。小柄で、あまり力のない声で同じトーンで喋《しゃべ》り続けた。

「世界史」と「地理」をおしえていた。

この教師の時間になると、その朗読時間といっていいような授業に本気で身をいれて聞いているような生徒が何人いたか。多くは自分の好きなことをしていたように思う。

まったくもって①ヘイバンにずっと喋り続けているので「眠るな」というほうが無理な話なのだが、1時代としてまだ生徒はキマジメなほうで、机に突っ伏して寝てしまうほど②ダイタンなものはいなかった。多くは体だけ前にむけて、別の教科書を広げていたり何かの本を読んだりと2あきれるほど自分の好きなことをしていた。

当時の授業時間は四十五分だったか五十分だったか、そのへんの正確な記憶はないが、生徒たちはほとんど「自由時間」とか3「やすらぎの時間」などといいあっていた。おそらくその教師は教壇に立ってずっと何十年も毎年毎日同じようなことをしていたのだろう。

これまでのわが人生では、ずいぶんいろんな教師の授業をうけてきたが、ああいう「心からやる気のない」、いやもしかすると「心から真面目」な教師の授業はほかに例がなかった。

しかしこの教師の油断のならないところはテストのときに案外③ダキョウのない難しい問題を平気で出してくることだった。暗記していないと絶対わからないものばかりであり、ずっと習慣的にさぼってきた者はそのテストの前にはヤマをはって真剣に三日漬けぐらいの勉強をしておかないと④ヨウシャなく赤点の餌食《えじき》になった。

ぼくも、世界史や地理ごときで追試など強いられるのは嫌だったから試験前は教科書を熟読した。その教師のいいところは教科書に書いてあるものしか出題しない、ということだった。4ある意味ではフェア。別のいいかたをすれば「機械マニュアルみたいな」やりかただった。

その後、社会に出ていろいろ生きた世界史にからむ事件やニュースに触れるたびに、あのときもっとその時代、その土地のことを勉強しておくべきだったな、と思うことが何度かあった。そんな意味からいえば、5あの教師が、もっとメリハリのある声と活気のある人間力で、その時代、その土地の話を、興味深いエピソードを随所にからめ、脱線しながら自分の語りたい世界史や地理を教えてくれていたら、と思うのだ。

その教師のせいにしてしまうのは申し訳ないが、勉強とは、まだいたって6脳の密度の薄い若者に、いかにして興味をもたせるか、ということがまず最初にあって、教師には講談師のように、その時代の嘘まじりでもいいから生きた話をして、いかに興味をひきつけていくか、という7〝語りの技術者〟の側面も必要なのではないか、と思うのだ。

その教師は、生涯あのようにダラダラと、毎年同じ話を繰り返し、

2020年度

解　答　と　解　説

《2020年度の配点は解答欄に掲載してあります。》

＜数学解答＞

1　(1)　0　　(2)　$5y^3$　　(3)　$8\sqrt{2}$　　(4)　$a=\dfrac{b+2\mathrm{V}}{3}$　　(5)　$x=\dfrac{5\pm\sqrt{13}}{6}$

(6)　$(x-2)(5x-13)$　　(7)　$\dfrac{11}{36}$　　(8)　$x=13,\ 14,\ 15,\ 16$

(9)　①　10人　　②　25分　　(10)　480人

2　(1)　55度　　(2)　$\dfrac{2}{45}$倍　　(3)　$36\sqrt{7}\,\mathrm{cm}^3$　　(4)　$4\pi+6\sqrt{3}+18(\mathrm{cm}^2)$

3　(1)　AD　3cm，BD　$3\sqrt{5}$ cm　　(2)　$5\mathrm{cm}^2$

4　(1)　$6\mathrm{cm}^2$　　(2)　$\dfrac{11}{12}$　　(3)　$\dfrac{5}{12}$

5　(1)　-2　　(2)　$-\dfrac{9}{2}$　　(3)　$(x,\ y)=(35,\ -12)$

6　(1)　A$(-6,\ 0)$，B$(10,\ 8)$　　(2)　$(-2,\ 2)$，$\left(3,\ \dfrac{9}{2}\right)$

(3)　$\left(-\dfrac{3}{2},\ -\dfrac{9}{8}\right)$，$\left(\dfrac{1}{2},\ -\dfrac{1}{8}\right)$

○推定配点○

各4点×25(1(9)，3(1)，6(1)は各2点×2　1(8)，6(2)・(3)各完答)　　計100点

＜数学解説＞

基本　**1**　(数・式の計算，平方根の計算，式の変形，2次方程式，因数分解，確率，不等式，統計，方程式の応用問題)

(1)　$3\times(-2^2)-3\times(-2)^2+6\times2^2=3\times(-4)-3\times4+6\times4=-12-12+24=0$

(2)　$\dfrac{1}{4}xy^2\div\dfrac{5}{4}x^3y\times(-5xy)^2=\dfrac{xy^2}{4}\times\dfrac{4}{5x^3y}\times25x^2y^2=5y^3$

(3)　$3\sqrt{8}-\dfrac{6}{\sqrt{2}}+\sqrt{50}=3\times2\sqrt{2}-\dfrac{6\sqrt{2}}{2}+5\sqrt{2}=6\sqrt{2}-3\sqrt{2}+5\sqrt{2}=8\sqrt{2}$

(4)　$\dfrac{\mathrm{V}}{2}=\dfrac{3a-b}{4}$　両辺を4倍して，$2\mathrm{V}=3a-b$　$3a=b+2\mathrm{V}$　$a=\dfrac{b+2\mathrm{V}}{3}$

(5)　$3x^2-5x+1=0$　2次方程式の解の公式から，$x=\dfrac{5\pm\sqrt{(-5)^2-4\times3\times1}}{2\times3}=\dfrac{5\pm\sqrt{13}}{6}$

(6)　$5(x-2)^2-3x+6=(5x-10)(x-2)-3(x-2)=(5x-10-3)(x-2)=(5x-13)(x-2)$

(7)　大小2つのさいころの目の出方は全部で，$6\times6=36$(通り)　そのうち，少なくとも片方の目が6になる場合は，(1，6)，(2，6)，(3，6)，(4，6)，(5，6)，(6，1)，(6，2)，(6，3)，(6，4)，(6，5)，(6，6)の11通り　よって，求める確率は，$\dfrac{11}{36}$

(8)　$2<\sqrt{\dfrac{x}{3}}<\dfrac{7}{3}$から，$4<\dfrac{x}{3}<\dfrac{49}{9}$　$12<x<\dfrac{49}{3}\left(=16\dfrac{1}{3}\right)$　よって，求めるxの値は，$x=13$，14，15，16

(9)　①　通学時間が20分以上30分未満である生徒の人数をx人とすると，40分以上50分未満の生徒の人数は$x-3$(人)　生徒の人数から，$4+6+x+8+(x-3)+5=40$　$2x+20=40$　$2x=20$　$x=10$(人)

②　①から，20分以上30分未満の生徒の人数が一番多いので，最頻値は，$\frac{20+30}{2}=25$(分)

(10)　全校生徒の人数をx人とすると，1年生の人数は$\frac{1}{4}x$　3年生の人数から方程式をたてると，$x-\frac{1}{4}x-200=\left(\frac{1}{4}x+200\right)\times\frac{1}{2}=\frac{1}{8}x+100$　$\frac{3}{4}x-\frac{1}{8}x=300$　$\frac{5}{8}x=300$　$x=300\times\frac{8}{5}=480$(人)

2 (平面図形・空間図形の計量問題―円の性質，角度，三角形の相似，体積，面積)

(1)　BDは円Oの直径なので，$\angle BAD=90^\circ$　円周角の定理から，$\angle ACD=\angle ABD=180^\circ-90^\circ-35^\circ=55^\circ$

(2)　2組の辺の比とその間の角が等しいので，$\triangle ADE\backsim\triangle ABC$　AD：AB＝1：3より，面積比は，$\triangle ADE:\triangle ABC=1^2:3^2=1:9$　$DE:FE=BC:GC=(3+2):2=5:2$　よって，$\triangle AFE=\frac{2}{5}\triangle ADE=\frac{2}{5}\times\frac{1}{9}\triangle ABC=\frac{2}{45}\triangle ABC$　したがって，△AFEの面積は△ABCの面積の$\frac{2}{45}$倍

(3)　この展開図を組み立てると，四角錐ができる。四角錐の頂点から底面に下した垂線の長さは，$\sqrt{9^2-(3\sqrt{2})^2}=\sqrt{81-18}=\sqrt{63}=3\sqrt{7}$　よって，求める体積は，$\frac{1}{3}\times6^2\times3\sqrt{7}=36\sqrt{7}$(cm^3)

(4)　角にできる3つの扇形を合わせると半径2cmの円になるから，求める面積は，$\pi\times2^2+2\times(3\sqrt{3}+3+6)=4\pi+6\sqrt{3}+18$(cm^2)

3 (平面図形の計量問題―円の性質，三平方の定理，角の二等分線の定理，三角形の相似，面積)

(1)　BCは直径だから，$\angle BAC=90^\circ$　$BC=5\times2=10$　△ABCにおいて三平方の定理を用いると，$AC=\sqrt{10^2-6^2}=\sqrt{64}=8$　角の二等分線の定理から，$AD:DC=AB:CB=6:10=3:5$　$AD=\frac{3}{3+5}AC=\frac{3}{8}\times8=3$(cm)　△ABDにおいて三平方の定理を用いると，$BD=\sqrt{6^2+3^2}=\sqrt{45}=3\sqrt{5}$(cm)

重要 (2)　$DC=AC-AD=8-3=5$　2角がそれぞれ等しいので，$\triangle ABD\backsim\triangle ECD$　よって，$AD:DB=ED:DC$　$3:3\sqrt{5}=ED:5$　$ED=\frac{3\times5}{3\sqrt{5}}=\frac{5}{\sqrt{5}}=\sqrt{5}$　$AB:BD=EC:CD$　$6:3\sqrt{5}=EC:5$　$EC=\frac{6\times5}{3\sqrt{5}}=\frac{10}{\sqrt{5}}=2\sqrt{5}$　したがって，$\triangle CED=\frac{1}{2}\times ED\times EC=\frac{1}{2}\times\sqrt{5}\times2\sqrt{5}=5$(cm^2)

4 (図形と関数・グラフ・確率の融合問題)

基本 (1)　P(4, 2)　$BP=4-2=2$　$\triangle PAB=\frac{1}{2}\times2\times\{4-(-2)\}=6$(cm^2)

(2)　直線ABの式を$y=px+q$として点A，Bの座標を代入すると，$1=-2p+q$…①　$4=4p+q$…②　②－①から，$3=6p$　$p=\frac{1}{2}$　これを①に代入して，$1=-2\times\frac{1}{2}+q$　$q=2$　よって，直線ABの式は，$y=\frac{1}{2}x+2$　点Pが直線AB上にあるとき，三角形はできない。大小2個のサイコロの目の出方は全部で$6\times6=36$(通り)　そのうち，点Pが直線AB上にある場合は，(2, 3)，(4, 4)，(6, 5)の3通り　よって，三角形ができる確率は，$\frac{36-3}{36}=\frac{33}{36}=\frac{11}{12}$

重要 (3)　Pが(4, 2)，(4, 6)にあるとき△PABの面積は6になる。直線ABに平行で(4, 2)を通る直線の

式は，$y=\frac{1}{2}x$　直線ABに平行で$(4,\ 6)$を通る直線の式は，$y=\frac{1}{2}x+4$　△PABの面積が6cm^{2}以上になるのは，点Pがこの2直線上にあるか，この直線から直線ABとは反対側にあるときだから，(2, 1)，(3, 1)，(4, 1)，(4, 2)，(5, 1)，(5, 2)，(6, 1)，(6, 2)，(6, 3)，(1, 5)，(1, 6)，(2, 5)，(2, 6)，(3, 6)，(4, 6)の15通り　よって，求める確率は，$\frac{15}{36}=\frac{5}{12}$

5 (数の性質)

基本 (1)　$5x+14y=7$に$x=7$を代入して，$5\times7+14y=7$　$14y=7-35=-28$　$y=-2$　よって，アに当てはまる数値は，-2

基本 (2)　$5x+14y=7$に$x=14$を代入して，$5\times14+14y=7$　$14y=7-70=-63$　$y=-\frac{63}{14}=-\frac{9}{2}$　よって，イに当てはます数値は，$-\frac{9}{2}$

(3)　$5x=7-14y=7(1-2y)$から，xは7の倍数になる。$x=21$のとき，$5\times21+14y=7$，$14y=-98$，$y=-7$　$x=28$のとき，$5\times28+14y=7$，$14y=-133$　$y=-\frac{133}{14}=-9.5$　$x=35$のとき，$5\times35+14y=7$　$14y=-168$　$y=-12$　よって，xが小さいほうから3番目の自然数となる整数解は，$(x,\ y)=(35,\ -12)$

6 (図形と関数・グラフの融合問題)

基本 (1)　$y=\frac{1}{2}x+3\cdots①$　①に$y=0$を代入して，$0=\frac{1}{2}x+3$　$\frac{1}{2}x=-3$　$x=-6$　よって，A$(-6,\ 0)$　①に$x=10$を代入して，$y=\frac{1}{2}\times10+3=8$　よって，B$(10,\ 8)$

(2)　△APQは二等辺三角形になるので，PQの中点はx軸上にある。点Pのx座標をpとすると，P$\left(p,\ \frac{1}{2}p+3\right)$，Q$\left(p,\ -\frac{1}{2}p^2\right)$　$\frac{1}{2}p+3=-\left(-\frac{1}{2}p^2\right)=\frac{1}{2}p^2$　両辺を2倍して，$p+6=p^2$　$p^2-p-6=0$　$(p+2)(p-3)=0$　$p=-2,\ 3$　$\frac{1}{2}\times(-2)+3=2$，$\frac{1}{2}\times3+3=\frac{9}{2}$　よって，求める点Pの座標は，$(-2,\ 2)$，$\left(3,\ \frac{9}{2}\right)$

重要 (3)　$\mathrm{PQ}=\frac{1}{2}p+3-\left(-\frac{1}{2}p^2\right)=\frac{1}{2}p^2+\frac{1}{2}p+3$　△ABQの面積から，$\frac{1}{2}\times\left(\frac{1}{2}p^2+\frac{1}{2}p+3\right)\times\{10-(-6)\}=27$　$8\left(\frac{1}{2}p^2+\frac{1}{2}p+3\right)=27$　$4p^2+4p+24-27=0$　$4p^2+4p-3=0$　$(2p+3)(2p-1)=0$　$p=-\frac{3}{2},\ \frac{1}{2}$　$-\frac{1}{2}\times\left(-\frac{3}{2}\right)^2=-\frac{9}{8}$，$-\frac{1}{2}\times\left(\frac{1}{2}\right)^2=-\frac{1}{8}$　よって，求める点Qの座標は，$\left(-\frac{3}{2},\ -\frac{9}{8}\right)$，$\left(\frac{1}{2},\ -\frac{1}{8}\right)$

★ワンポイントアドバイス★

4(3)は，△PABが6cm^{2}になるように，問題上のグラフにABに平行な2直線を正確に描いて，当てはまる座標を数えていこう。

＜英語解答＞

1　1 ア　2 エ　3 エ　4 エ　5 イ

2　1 イ，to post　2 イ，of　3 イ，finish　4 ウ，during　5 ア，student

3　1 wrote　2 fond　3 him　4 young　5 エ　passed

4　1 3番目 オ　5番目 ア　2 3番目 ウ　5番目 ア
3 3番目 イ　5番目 ウ　4 3番目 オ　5番目 キ
5 3番目 オ　5番目 エ

5　1 イ　2 ウ　3 イ　4 イ，エ

6　1 ウ　2 ク　3 キ　4 カ　5 イ

7　1 (A) ア　(B) エ　2 単語と単語が含まれる文のその前後を見ること。
3 エ　4 (3) ア　(5) ウ
5 単語単独である限り，その意味を推測する方法はないから。　6 エ

8　リスニング問題解答省略

○推定配点○
各2点×50(8【C】(3)・(4)は完答)　計100点

＜英語解説＞

基本 1 (空欄補充：動名詞，受動態，関係代名詞，名詞)

1 without ~ing「~せずに」
2 speak to ~「~に話しかける」
3 his は「彼のもの」という意味の所有代名詞である。
4 先行詞に最上級が含まれるため，関係代名詞は that を用いる。
5 数えられない名詞には a little を用いる。

重要 2 (正誤問題：動名詞，不定詞，接続詞，前置詞)

1 forget to ~「~するのを忘れる」 forget ~ing「~したのを忘れる」
2 人の性質を表す形容詞の場合には，前置詞 of を用いる。
3 時を表す接続詞の場合は，未来の内容でも現在形を用いる。
4 while は接続詞なので，後ろは文がくる。during は前置詞なので，後ろは名詞がくる。
5 each の後は，名詞の単数形がくる。

3 (書き換え・語句補充：関係代名詞，前置詞，不定詞，現在完了)

1 関係代名詞 who の後には動詞がくる。
2 like = be fond of「~が好きだ」
3 make ＋A＋B「AをBにする」
4 too ~ to …「あまりに~すぎて…できない」
5 〈… have passed since ~〉「~から…経った」

やや難 4 (語句整序問題：文型，間接疑問文，受動態，比較)

1 Another few minutes' walk will take us to (Sugano Station.) 〈take ＋人＋ to ~〉「人を~につれていく」
2 (How much) did it cost you to fix (this computer?) 〈it costs 人＋費用 to ~〉「~するのに(人)に(費用)かかる」
3 When did the teacher say the graduation ceremony would be(?) 疑問詞 when が先頭に

出る点に注意する。

4　This picture was given to me by Ken(?)　受動態の語順は〈be動詞＋過去分詞〉となる。

5　No other student in your class can run faster (than you.)　〈No other ＋単数名詞〉の語順にする。

5　(資料問題)

日出動物園

★★★　Hiyo Kappa(2週間前)
赤ちゃん象を見に行きました。とてもかわいかったです！でも日曜日に行ったので，混んでいました。もし可能なら，ウィークデーに行った方がいいです。また，動物園の中にはそんなに多くの食べ物はありません。

スーパータワー

★★★★　Ichi(3週間前)
ガールフレンドと私はここにデートで行きました。ここは町で最も高い建物で，景色は素晴らしいです。タワーの下は，たくさんの店と，レストランがあるショッピングモールです。タワーにのぼった後，そこで映画を見ました。そして，下の階で夕食を食べました。ここで1日中過ごすことができます。

市立芸術文化博物館

★★★★　Suga(4日前)
日本の芸術の展示はすばらしいです。見るべきたくさんのものがあり，すべてとても美しかったです。博物館は，美しい公園のそばの歴史的な建物の中にあります。

★　Ichi_Mama(1週間前)
たいてい，博物館を楽しみますが，入場料＄15は高すぎます。また，費用には音声ガイドが含まれていません。別に＄5かかります。その代わりに，公園の無料の美術品を見ることをおすすめします。

★★★　Yawata(3週間前)
私は写真の展示を見に行き，土産屋で好きな写真のポスターを買いました。その後，外の公園を散歩しました。

1　博物館は，芸術や文化を学ぶのに適している。

2　スーパータワーでは，買い物や食事，映画など様々なことを楽しむことができる。

3　博物館のレビューはすべて公園についてのものである。

4　個人的な感想ではなく，事実が書かれているものを選ぶ。

6　(会話文)

(大意)　鈴木先生：今日は，2つのグループ間で議論しましょう。タイトルは「ビデオゲーム―子供にとって良いか悪いか」です。はじめましょう！グループA，お願いします。

カオリ　：ビデオゲームは子供に適していると考えています。 1つの理由があります。子供はビデオゲームが大好きです。彼らがビデオゲームをするとき，彼らは多くの楽しみがあります。楽しんでいるとき，彼らは幸せです―幸せであるとき，彼らは他の人々に親切です。これは社会全体をより良くします。したがって，ビデオゲームは社会に適しています。

ケン　　：別の理由があります。時々，子供が新しい友人と話し始めるのは難しいです。しかし，彼らが一緒にビデオゲームをするならば，彼らはビデオゲームについて話し始めることができます。(1)その後，彼らは多くのことについて話すことができます。したがって，ビデオゲームは子供たちが友達を作るのに役立ちます。

鈴木先生：わかりました。グループB，グループAの理由についてどう思いますか？

タロウ　：グループAの最初の理由はすべてが真実というわけではありません。子どもたちがビデオゲームをプレイするとき，彼らは楽しんでいるかもしれませんが，他の人にはあまり親切ではありません。(2)たとえば，私の兄弟がゲームをしているとき，彼は私の母や私とも話をしません。

ルミコ　：グループAの2番目の理由には問題があります。多くの子供たちは何時間も自分でビデオゲームをしているので，友達を作る時間はありません。

鈴木先生：わかりました。グループB，あなたたちはビデオゲームは子供にとって悪いと思います。理由を教えてください。

タロウ　：(3)ビデオゲームは暴力的であるため，子供にとっては悪いと考えています。ほとんどのゲームは，戦闘と戦争に関するものです。子供たちが一日中暴力的なゲームをするとき，彼らは怒ります。彼らは他の人には良くありません。いつか，彼らは本当の戦争で戦うかもしれません。

ルミコ　：子供たちがビデオゲームをするとき，彼らは勉強しません。勉強することで，子どもたちは自分の将来に役立つ多くのことを学ぶことができます。(4)子供たちはビデオゲームをプレイすることで，将来のために何を学ぶことができますか？　何もありません！

鈴木先生：わかりました。グループA，グループBの理由についてどう思いますか？

カオリ　：すべての子供は時々怒っています。戦いながらビデオゲームをすることで，子どもたちは実際に誰も傷つけることなく怒りを表現できます。

ケン　　：一部のビデオゲームは暴力的ではありません。ビデオゲームには多くの種類があり，文化や歴史に関するものもあります。(5)これらの種類のゲームから，子どもたちは将来のために多くの有用なことを学ぶことができます。

(1)　ビデオゲームをきっかけにして，話し始め，多くのことを話すことができる。
(2)　他の人に親切にしていない具体例が挙げられている。
(3)　ほとんどのゲームが，戦闘や戦争に関するものであることから判断する。
(4)　勉強することで多くを学べるが，ゲームをすることでは何も学べないと言っている。
(5)　暴力的ではないゲームからは，将来役に立つことを学べる。

重要 **7**　**(長文読解・説明文：語句補充，指示語，語句解釈，要旨把握，内容吟味)**

(大意)　本文にわからない単語がある。辞書を使用してはならない場合，意味を考えるために最善を尽くす必要がある。驚かないことが重要だ。知らない単語が10から15個ある場合，リラックスして注意深く考えると，それらのほとんどを理解することができる。重要なことは，その前後の文を見てみることだ。(1)これは通常，意味を理解するのに役立つ。そして，単語がテキストの後半で繰り返されるかどうかを確認する。(2)頻繁に使用されるほど，理解しやすくなる。

あなたの英語があまり得意でないなら，「(3)stoat」という言葉を知らないかもしれない。単独の場合，それを理解するのは簡単ではないが，次の文にある場合に(4)何が起こるかを確認してほしい：山に行った。山にはたくさんの野生動物がいた。見て楽しんでいると，父が家を見つけた。一緒に訪れた。その家で男と話をすると，うさぎの音がした。男は「イタチが私のウサギを殺した。私のウサギを食べようとする」と叫んだ。イタチはある種の攻撃的な動物だと考えるのはそれほど難しくない。

形を見ることで，いくつかの単語を理解できる。たとえば「(5)unforgettable」という言葉は一度も見たことがないが，単語のさまざまな部分 − un，forget(t)，able − はそれぞれ何かを伝え，意味を考えるのに役立つ。

本文内のすべての新しい単語を理解できるようにしたいと望まないことだ。いくつかの考えしか得られないものもあれば，不可能なものもある。これらについて心配するのに多くの時間を費やしてはならない。最も重要なことは，本文を理解することだ。1つか2つの単語がわからなくても，本文を理解できる。

1 (A) リラックスして注意深くするということは，驚いてはいけないのである。
(B) some ~ others …「～もあれば…もある」

2 this は前文の内容を指している。

3 〈the 比較級～，the 比較級…〉「～すればするほど…する」

4 (3) 攻撃的な動物を表すものを選ぶ。
(5) un，forget，able のそれぞれの意味を組み合わせればよい。

5 単語単独では意味がわからないが，文の中で考えると意味が推測できるのである。

6 ア 「辞書を使用してはならない場合，意味について考えることをあきらめる必要がある」 第1段落第2文参照。意味を考えるのに最善を尽くさなければならないので，不適切。 イ 「ウサギは，彼らがその家で男性と話す前に殺された」 第2段落第7文参照。男性と話しているときに殺されたので不適切。 ウ 「形を見て理解できる単語はほとんどない」 第3段落第1文参照。形を見て判断できる単語があるので，不適切。 エ 「本文内のすべての単語を理解できない場合でも，テキストを理解できる」 第4段落最終文参照。もし1，2個の単語がわからなくても，本文は理解できるので適切。

[8] リスニング問題解説省略。

★ワンポイントアドバイス★

文法問題や読解問題など幅広い出題となっている。過去問や問題集を用いて，様々な形式の問題に数多く触れるようにしたい。

＜国語解答＞

[一] 問一 ハ　問二 イ　問三 イ・ホ　問四 ハ　問五 ハ　問六 ニ
問七 ロ　問八 ロ　問九 (例)「ぼく」の家では，家や家族を失った親戚が入れ替わり立ち替わり短期間の居候をしている状況であったから。　問十 羽
問十一 ① 平板　② 大胆　③ 妥協　④ 容赦　⑤ 感慨　⑥ 挨拶
⑦ 新設　⑧ 特徴　⑨ 衰　⑩ はたん

[二] 問一 ニ　問二 ホ　問三 ハ　問四 イ　問五 利権　問六 イ・ハ
問七 ロ　問八 グローバル　問九 B なる　C する　問十 (例) 電子媒体と紙媒体は求められているものが異なるため，それぞれの活用法が見い出され，共存していく。

○推定配点○

[一] 問一～問八 各3点×8(問三完答)　問九 10点　問十 5点　問十一 各2点×10
[二] 問一～問四・問六・問七・問九 各3点×7(問九完答)　問五・問八 各5点×2
問十 10点　計100点

＜国語解説＞

一 （随筆―情景・心情，内容吟味，文脈把握，脱語補充，漢字の読み書き）

問一　「キマジメ」は「生真面目」で，非常にまじめで，くだけたところがないこと。教師に対する遠慮があって，「机に突っ伏して寝てしまうほど大胆なものはいなかった」のである。そのような教師に対する遠慮や敬意というものが機能した(＝働いていた)時代だったのである。

問二　「あきれる」は，物事のひどい様子に驚いてあっけにとられるの意味。授業中であるにもかかわらず，「別の教科書を広げていたりなにかの本を読んだり」という，授業に関係のない行為をしている生徒の態度にあきれているのである。ロは紛らわしいが，筆者は批判的な目で見ているのではない。

問三　「やすらぎ」は，安らかな気持ちになること。教師が注意しないというのは，授業に関係のない行為をしていても許されていたということである。さらに「自由時間」とあるように，生徒は精神的に拘束されることを強いられなかったのである。それで，生徒は安らかな気持ちになったのである。

問四　「フェア」は，公平ということ。「機械マニュアル」は，型にはまった内容を決められた手順で行うこと。「教科書に書いてあるものしか出題しない」のは，教科書は全員が持っているので，生徒の条件を同じにするということでは公平だが，型にはまった決まりきったような学力しか測ることができない。生徒の力を伸ばすような工夫がないことを「機械マニュアル」と表現していることをつかむ。

問五　「そんな意味からいえば」は，直前の「社会に出ていろいろ生きた世界史にからむ事件やニュースに触れるたびに，あのときもっとその時代，その土地のことを勉強しておくべきだったな」という意味からいえば，ということ。「その時代」とは世界史に関連する事柄，「その土地」とは，地理に関連する事柄を指している。高校で学習した歴史や地理が今日の出来事につながりがあったり，関わっていることに気づき，関心を持って学ぶべきだったと思ったから，高校時代の教師が生徒が関心を持てるような教え方をしてくれていたら，と思ったのである。

問六　「脳の密度が薄い」とは，脳の内容が充実していないということ。勉強の過程にあって，脳が十分に機能を発揮できていないということである。「事象を複層的に捉え，その本質を見抜く」という脳の働きについて触れているのはニ。

やや難　問七　「いかに興味をひきつけていくか，という〝語りの技術者〟」とある。「技術」には，ある物事をうまく行うわざの意味もある。つまり〝語りの技術〟とは「話術」のことである。〝語りの技術者〟とは，興味を持たせて聞き手を惹きつける(＝魅力があって，心を強く引く)話術を持つ人物である。

問八　問五で捉えたように，筆者は高校時代の教師が生徒が関心を持てるような教え方をしてくれていたら，「後の人生につながる学びの時間」になったと思っている。だから，問二・問三でとらえたような，授業に関係のない行為をしていた授業時間の過ごし方を「ろくでもない損失の時間」として後悔している。しかし，一方では「自由な時間」「やすらぎの時間」として，授業の制約から逃れて「貴重な思いもよらない思索的な時間」として「思う存分考えごとができて有意義でもあった」と考えている。

重要　問九　「時々によって人数がだいぶちがっていた」から，「家に何人住んでいるのかわからない」状態になっていたのである。そんな状態になった理由を，続く文で「家とか家族を失った親戚が短期間居候をしていた，というところだったのだろう」と推測している。時々によってちがっていたのは，解答例にあるように「入れ替わり立ち替わり短期間の居候をしていた」ことによると考えられる。「入れ替わり立ち替わり」という内容は文章中には描かれていないので，言葉を補って解答をまとめる。

基本 問十 「羽振りがいい」は，世間における地位・勢力・人望があるという意味。父親の仕事がうまくいっていたことを表現している。それとは対照的な父親の様子は「尾羽うち枯らす(＝おちぶれて，昔の面影がなくなる)」と表現されている。

問十一 ① 「平板」は「平たい板」の意味から，内容に変化がなく，面白みがないこと。「バン」を「番」と書かないように注意しよう。 ② 「大胆」は，度胸があって恐れを知らないこと。「胆」には，度胸の意味がある。同音で形の似た「担」と区別する。 ③ 「妥協」は，対立した意見をまとめるため，両方がゆずりあうこと。ここは，生徒に対してゆずるということになる。「妥」を使う熟語は「妥協」「妥当」「妥結」くらいなので覚えておこう。 ④ 「容赦」は，ゆるすこと。「容赦なく」は，遠慮なくの意味。「赦」を使う熟語で一般的なのは「容赦」「恩赦」くらいなので覚えてしまおう。 ⑤ 「感慨」は，しみじみと深く心に感じること。「慨」は，同音で形の似た「概」と区別する。「慨」は，なげくの意味で「憤慨」「慨嘆」などの熟語がある。「概」は，あらましの意味で「概要」「一概」などの熟語がある。 ⑥ 「挨拶」の漢字は「挨拶」ぐらいでしか使わないので覚えてしまおう。 ⑦ 「新設」は，新しく設けられたということ。「設」は，同音で形の似た「説」と区別する。 ⑧ 「特徴」は，他と比べて，特に目立つ点。同音語の「特長」は，他と比べて，特に優れている点の意味なので，ここの文脈には合わない。 ⑨ 「衰」は，形の似た「哀(アイ・あわ－れ・あわれ－む)」と区別する。「衰」の音は「スイ」。「衰弱」「盛衰」などの熟語がある。 ⑩ 「破綻」は，物事がうまくいかなくなること。「綻」の漢字を使う熟語は「破綻」くらいなので覚えてしまおう。

二 (論説文―要旨，内容吟味，文脈把握，脱語補充)

基本 問一 ここでは，データによる電子書籍と紙媒体による書籍とが比較されている。出版社は紙媒体による書籍を扱うので古典的名作からマニアックな分野までカバーするには，出版にかかる時間やお金などのコストが大変なものになる。そのコストを度外視にはできないので，相当な努力を要するというのである。

問二 段落の初めに「学生時代，洋書の入手難に悩まされたこと」を述べている。データによる電子読書では手軽に原書を購入できる(＝ダウンロードする)うえに，購入しようとする本を検索する過程で，内容に関連する「語彙を含む本がたくさん出ているかを知り，日米の比較文化史的な考察にさそわれたりし」て，知的好奇心を引き起こされているのである。

問三 報道写真を例にして，「iPad上で見る限りは発色の美しさも手伝って，リアルに世界の鼓動を伝えてくれる」と色彩の美しさを評価している。さらに，「写真家のアルバムも，大判で高価な紙の本に比して敷居が低く感じられる」と評価している。「大判」は，紙の本のサイズが大きいことを言っている。「敷居が低い」は，抵抗があることを表す「敷居が高い」の反対で，抵抗が少ないということ。「値段的にもサイズ的にも気軽に購入することができる」ということである。

問四 直前に「単なる電子復刻でなく，電子書籍化に意義のあるもの」とある。そして，続く段落に「電子書籍が支配的となった暁，現在よりも創造的な内容の出版物が増え」とあり，電子書籍への期待が述べられている。さらに，次の段落では「紙の本に匹敵するか，それを超える出版を実現して欲しい」と述べている。筆者は，単なる電子復刻でなく，「電子書籍だからこその付加価値があることで，新たな文化として成立しうる」ことを期待しているから，「ことは簡単ではない」と述べている。

問五 「電子書籍をめぐる議論」について，筆者は「出版産業全体への危機感」「著作権問題」「編集者不要論」「既存の出版界を全否定するような意見」が飛び交っていると述べている。これらは，出版によって利益を得ている出版業者をめぐる議論になっている。つまり，ある利益を自分のものにし得る権利である「利権」をめぐる議論になっているのである。

やや難 問六　問二・問三・問四と関連させて考える。紙の本を超える出版とは，紙の本にはできない電子出版の付加価値を指している。電子書籍の内容についての理解を深める価値ということである。イのBGM，ハの利用者の健康状態を管理するというサービスは，内容についての理解を深める価値とは言えない。

問七　「世界図書館の構想」について，「元来西欧文化史の根底に遺伝子のように見え隠れする『全世界図書館への情熱』と関係がある」と述べている。そして，続く段落で歴史的に「世界図書館」を実現しようとした例が紹介されている。それらに共通するのは，書籍が知識の宝庫であるという考え方である。書籍を独占し，知識を得ることで恩恵にあずかれると気づいたからこそ，『全世界図書館への情熱』がわいたのである。

問八　問七で捉えたように，「世界図書館の構想」の根底にあるのは『全世界図書館への情熱』である。つまり，ひとつの図書館に世界中の知を集めるという発想は，世界中で情報が行き来するという「グローバル化」と共通する考え方である。

やや難 問九　前の段落で，日本の出版界の先細りの解決法として「海外市場への進出」を挙げている。そして，「電子書籍こそ日本文化を発信し，日本の書籍の魅力や優秀性を売り込むための願ってもない武器である」と述べている。筆者は，海外に積極的に日本の書籍を売り込むべきであると主張している。そこで，「これからの本が『どう［ B ］』ではなく，『どう［ C ］』という意志」という対比の言い方を考えると，Cは「『どうする』という意志」という積極的な態度を表す言い方がふさわしいと判断できる。Bは，積極的とは対照的な受け身の態度を表す「どうなる」という言い方になる。

重要 問十　電子媒体は実体を持たないデータである。それに対して，紙媒体は実体を持つ「物」として存在している。本文では，電子媒体は実体を持たないデータであるからこそ，日本の出版界にとってはさまざまな可能性があることを述べている。一方，資料では，紙媒体は実体を持つ「物」として存在しているから価値があるということを表現している。そのことを，最後のコマの「あれ(＝電子書籍)は本じゃないよねデータだよね」というセリフが端的に表している。この対比を踏まえて，電子媒体と紙媒体は求められているものが異なること，それぞれの活用法があること，共存していくことなどの観点でまとめればよい。

★ワンポイントアドバイス★

随筆は，筆者の経験がどのようなものであったかを捉えて，経験を踏まえた感想・考えなどを正確に読み取ってゆく。また，場面の様子も正確に読み取る。論説文は，筆者の説明を文脈をたどって正確に読み取り，筆者の考えや，考えの根拠となる具体例などを捉える。

解答用紙集

〇月×日　△曜日　天気（合格日和）

◆ご利用のみなさまへ

＊解答用紙の公表を行っていない学校につきましては、弊社の責任において、解答用紙を制作いたしました。

＊編集上の理由により一部縮小掲載した解答用紙がございます。

＊編集上の理由により一部実物と異なる形式の解答用紙がございます。

人間の最も偉大な力とは、その一番の弱点を克服したところから生まれてくるものである。――カール・ヒルティ――

東京学参株式会社

日出学園高等学校　2024年度　　◇数学◇

※ 137％に拡大していただくと，解答欄は実物大になります。

1

(1)	(2)	(3)	(4)
(5)	(6)	(7)	(8)
	$x =$	kg	$a =$ ， $b =$
(9)	(10)	(11)	(12)
①　②　③	$n =$	$a =$ ， $b =$	

2

(1)	(2)	(3)
度	cm^3	

3

(1)	(2)	(3)
	(，)	$k =$

4

(1)	(2)
合同　　相似	

5

(1)	(2)	(3)
	$a =$ ， $b =$	

6

(1)	(2)	(3)
時間　分		時　分

日出学園高等学校　2024年度

◇英語◇

※ 132％に拡大していただくと，解答欄は実物大になります。

1

1	2	3	4	5

2

1	2	3	4	5

3

1
2
3
4
5

4

	3番目	5番目
1		
2		
3		
4		
5		

5

1	2	3	4	

6

1	2	3	4	5

7

1	2 i）（最初）		（最後）
2　ii）（ア）	（イ）	（ウ）	（エ）
3 ③	④		
4			
5			

8

（　　　　　　　　　　　　　　　　　　　　　　　　　　　　）.

9

【A】	【B】1	2

【C】(1)	(2)
(3)	(4)
【D】(1)	(2)
(3)	(4)

◇国語◇

日出学園高等学校　２０２４年度

※１４７％に拡大していただくと、解答欄は実物大になります。

一

問一　問二　問三　問四

問五　問六　問七　問八

問九　問十　問十一

二

問一　1　2　3　4

問二

問三　から　まで

問四

問五

問六

問七

問八　状態

問九

問十　場面

理由と方法

三

①　②　③　④　⑤

⑥　⑦　⑧　⑨　⑩

※ 139％に拡大していただくと，解答欄は実物大になります。

1

(1)	(2)	(3)	(4)
			$x=$ ，$y=$

(5)	(6)	(7)	(8)
		$x=$	

(9)	(10)	(11)	(12) 番号	(12) 確率
	$a=$	g		

(13)	(14)	(15)
	男子　人，女子　人	

2

(1)	(2)	(3)
cm^3	度	度

(4)	(5)
cm	cm^2

3

(1)	(2)
通り	$a=$ ，$b=$ ，$c=$

4

(1)	(2)
cm	cm^2

5

(1)	(2)	(3)
(,)	$a=$	(,)

6

(1)	(2)	(3) 内輪差	(3) 最小回転半径
m	m	m 増える	m 増える

日出学園高等学校　2023年度　　◇英語◇

※ 139%に拡大していただくと，解答欄は実物大になります。

1

1	2	3	4	5

2

1	2	3	4	5

3

1
2
3
4
5

4

	3番目	5番目
1		
2		
3		
4		
5		

5

1	2	3	4	

6

1	2	3	4	5

7

1				
2（　　　　　　）ための1つの方法。				
3	4	5	6	

8

（　　　　　　　　　　）

9

【A】	【B】1	2
【C】(1)	(2)	
(3)	(4)	
【D】1	2	
3	4	

◇国語◇

日出学園高等学校　２０２３年度

※１４７%に拡大していただくと、解答欄は実物大になります。

一

問一　問二　問三 ①　②　問四　問五

問六　問七 ①　②　③　④　問八　問九

二

問一　問二 (1)　(2)　問三　問四　問五

問六

問七

問八

問九

問十　賛成　反対

三

①　②　③　④　⑤

⑥　⑦　⑧　⑨　⑩

日出学園高等学校　2022年度

◇数学◇

※ 139%に拡大していただくと，解答欄は実物大になります。

1

(1)	(2)	(3)	(4)

(5)	(6)	(7)	(8)
		$x=$	$x=$

(9)	(10)	(11)	(12)
$a=$		クラス	

(13)	(14)	(15)	(16)
	$a=$ ，$b=$	$n=$	

2

(1)	(2)	(3)	(4)
$\angle x=$ ，$\angle y=$		：	cm

3

(1)				
①	②	③	④	⑤

(2)
cm

4

(1)	(2)
	$a=$

5

(1)	(2)
$n=$	$n=$

6

(1)	(2)	(3)
通り	cm	

日出学園高等学校　2022年度　　◇英語◇

※ 141％に拡大していただくと，解答欄は実物大になります。

1

1	2	3	4	5

2

	記号	正		記号	正
1			2		
3			4		
5					

3

1	
2	
3	
4	
5	

4

	3番目	5番目
1		
2		
3		
4		
5		

5

1	2	3	4	5

6

1	2	3	4	5

7

1		
2		
3		
4		
5	She is (　　　　　　　　　　) Olympics history.	
6		

8

(　　　　　　　　　　) is my brother.

9

【A】	【B】1	2

【C】(1)	(2)
(3)	(4)
【D】(1)	(2)
(3)	(4)

日出学園高等学校　２０２２年度

◇国語◇

※１４７％に拡大していただくと、解答欄は実物大になります。

一

問一　問二　問三

問四　i　行動。　ii

問五　問六　問七　問八

問九　問十

二

問一　問二　問三　①　②

問四　問五　問六

問七　問八　問九

問十

三

①　②　③　④　⑤

⑥　⑦　⑧　⑨　⑩

日出学園高等学校　2021年度

◇数学◇

※ 147％に拡大していただくと，解答欄は実物大になります。

1

(1)	(2)	(3)	(4)
			$x =$

(5)	(6)	(7)
	$x =$	$a =$

(8)	(9)	(10)
男子　　人，女子　　人		点

2

(1)	(2)	(3)
$x =$	cm	cm

(4)	(5)
cm^3	cm^2

3

(1)	(2)	(3)
cm	cm^2	cm

4

(1)	(2)	(3)
cm	$a =$	

5

(1)	(2)

6

ア	イ	ウ	エ	オ

カ	キ	ク

日出学園高等学校　　2021年度　　　　◇英語◇

※ 145%に拡大していただくと，解答欄は実物大になります。

1

1	2	3	4	5

2

	記号	正		記号	正
1			2		
3			4		
5					

3

1
2
3
4
5

4

	3番目	5番目
1		
2		
3		
4		
5		

5

1	2	3	4	5

6

1	2	3	4	5

7

1		
2		
3	(2)	(4)
4		
5		
6	(　　　　　)と(　　　　　)ではなく、(　　　　　)のために生きている	
7		

8

【A】1	2	3
【B】(1)	(2)	
(3)	(4)	
【C】(1)	(2)	(3)

◇国語◇

日出学園高等学校　２０２１年度

※１５４％に拡大していただくと、解答欄は実物大になります。

一

問一　問二　問三　問四

問五　問六　問七

問八　問九　問十　問十一

問十二

問十三

二

問一

問二

問三　　　　ので　　　　に関する学問

問四　①　②　問五　問六

問七　問八　問九

三

①	②	③	④	⑤
⑥	⑦	⑧	⑨	⑩

日出学園高等学校　2020年度

◇数学◇

※53％に拡大していただくと，解答欄は実物大になります。

1

(1)	(2)	(3)	(4)

(5)	(6)	(7)

(8)	(9)		(10)
$x =$	①　　人	②　　分	人

2

(1)	(2)	(3)	(4)
度	倍	cm^3	cm^2

3

(1)		(2)
AD　　cm	BD　　cm	cm^2

4

(1)	(2)	(3)
cm^2		

5

(1)	(2)	(3)
		$(x, y) =$

6

(1)		(2)
A	B	

(3)

日出学園高等学校　2020年度

◇英語◇

※142%に拡大していただくと，解答欄は実物大になります。

1

1	2	3	4	5

2

	記号	正		記号	正
1			2		
3			4		
5					

3

1
2
3
4
5

4

	3番目	5番目
1		
2		
3		
4		
5		

5

1	2	3	4	

6

1	2	3	4	5

7

1	(A)	(B)		
2				
3		4	(3)	(5)
5				
6				

8

【A】1	2	3	4	5	6
【B】1	2	3			
【C】(1)	(2)				
(3)	(4)				

◇国語◇

日出学園高等学校　２０２０年度

※１５２％に拡大していただくと、解答欄は実物大になります。

一

問一　問二　問三　問四

問五　問六　問七　問八

問九

問十

問十一

①	⑥
②	⑦
③	⑧
④	⑨
⑤	⑩

二

問一　問二　問三　問四

問五　問六　問七

問八

問九　B　C

問十

MEMO

大切なことはメモしておこうネ！

MEMO

大切なことはメモしておこうネ！

MEMO

大切なことはメモしておこうネ！

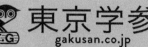

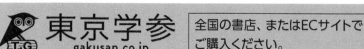

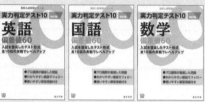

~公立高校志望の皆様に愛されるロングセラーシリーズ~

公立高校入試シリーズ

・全国の都道府県公立高校入試問題から良問を厳選
※実力錬成編には独自問題も!
・見やすい紙面、わかりやすい解説

数学

合格のために必要な点数をゲット

目標得点別・公立入試の数学 基礎編

- 効率的に対策できる! 30・50・70点の目標得点別の章立て
- web解説には豊富な例題167問!
- 実力確認用の総まとめテストつき

定価:1,210円(本体1,100円+税10%)/ISBN:978-4-8141-2558-6

応用問題の頻出パターンをつかんで80点の壁を破る!

実戦問題演習・公立入試の数学 実力錬成編

- 応用問題の頻出パターンを網羅
- 難問にはweb解説で追加解説を掲載
- 実力確認用の総まとめテストつき

定価:1,540円(本体1,400円+税10%)/ISBN:978-4-8141-2560-9

英語

「なんとなく」ではなく確実に長文読解・英作文が解ける

実戦問題演習・公立入試の英語 基礎編

- 解き方がわかる! 問題内にヒント入り
- ステップアップ式で確かな実力がつく

定価:1,100円(本体1,000円+税10%)/ISBN:978-4-8141-2123-6

公立難関・上位校合格のためのゆるがぬ実戦力を身につける

実戦問題演習・公立入試の英語 実力錬成編

- 総合読解・英作文問題へのアプローチ手法がつかめる
- 文法、構文、表現を一つひとつ詳しく解説

定価:1,320円(本体1,200円+税10%)/ISBN:978-4-8141-2169-4

理科

短期間で弱点補強・総仕上げ

実戦問題演習・公立入試の理科

- 解き方のコツがつかめる! 豊富なヒント入り
- 基礎~思考・表現を問う問題まで
  重要項目を網羅

定価:1,045円(本体950円+税10%)
ISBN:978-4-8141-0454-3

社会

弱点補強・総合力で社会が武器になる

実戦問題演習・公立入試の社会

- 基礎から学び弱点を克服! 豊富なヒント入り
- 分野別総合・分野複合の融合など
  あらゆる問題形式を網羅
  ※時事用語集を弊社HPで無料配信

定価:1,045円(本体950円+税10%)
ISBN:978-4-8141-0455-0

国語

最後まで解ききれる力をつける

形式別演習・公立入試の国語

- 解き方がわかる! 問題内にヒント入り
- 基礎~標準レベルの問題で
  確かな基礎力を築く
- 実力確認用の総合テストつき

定価:1,045円(本体950円+税10%)
ISBN:978-4-8141-0453-6

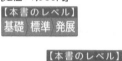

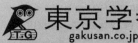

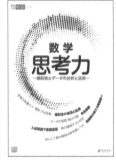

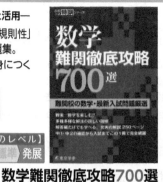

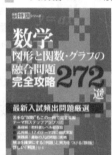

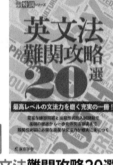

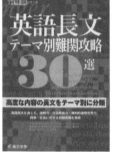

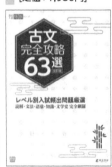

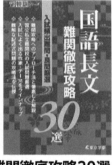

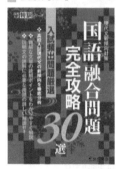

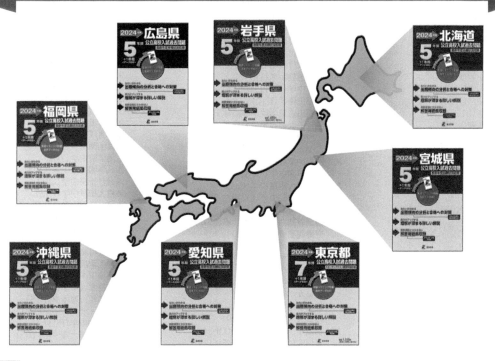

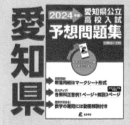

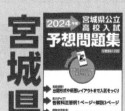

東京学参の

中学校別入試過去問題シリーズ

＊出版校は一部変更することがあります。一覧にない学校はお問い合わせください。

東京ラインナップ

あ　青山学院中等部(L04)
麻布中学(K01)
桜蔭中学(K02)
お茶の水女子大附属中学(K07)
か　海城中学(K09)
開成中学(M01)
学習院中等科(M03)
慶應義塾中等部(K04)
啓明学園中学(N29)
晃華学園中学(N13)
攻玉社中学(L11)
国学院大久我山中学
（一般・CC）(N22)
（ＳＴ）(N23)
駒場東邦中学(L01)
さ　芝中学(K16)
芝浦工業大附属中学(M06)
城北中学(M05)
女子学院中学(K03)
巣鴨中学(M02)
成蹊中学(N06)
成城中学(K28)
成城学園中学(L05)
青稜中学(K23)
創価中学(N14)★
た　玉川学園中学部(N17)
中央大附属中学(N08)
筑波大附属中学(K06)
筑波大附属駒場中学(L02)
帝京大中学(N16)
東海大菅生高中等部(N27)
東京学芸大附属竹早中学(K08)
東京都市大付属中学(L13)
桐朋中学(N03)
東洋英和女学院中学部(K15)
豊島岡女子学園中学(M12)
な　日本大第一中学(M14)
日本大第三中学(N19)
日本大第二中学(N10)
は　雙葉中学(K05)
法政大学中学(N11)
本郷中学(M08)
ま　武蔵中学(N01)
明治大付属中野中学(N05)
明治大付属八王子中学(N07)
明治大付属明治中学(K13)
ら　立教池袋中学(M04)
わ　和光中学(N21)
早稲田中学(K10)
早稲田実業学校中等部(K11)
早稲田大高等学院中学部(N12)

神奈川ラインナップ

あ　浅野中学(O04)
栄光学園中学(O06)
か　神奈川大附属中学(O08)
鎌倉女学院中学(O27)
関東学院六浦中学(O31)
慶應義塾湘南藤沢中等部(O07)
慶應義塾普通部(O01)
さ　相模女子大中学部(O32)
サレジオ学院中学(O17)
逗子開成中学(O22)
聖光学院中学(O11)
清泉女学院中学(O20)
洗足学園中学(O18)
捜真女学校中学部(O29)
た　桐蔭学園中等教育学校(O02)
東海大付属相模高中等部(O24)
桐光学園中学(O16)
な　日本大中学(O09)
は　フェリス女学院中学(O03)
法政大第二中学(O19)
や　山手学院中学(O15)
横浜隼人中学(O26)

千・埼・茨・他ラインナップ

あ　市川中学(P01)
浦和明の星女子中学(Q06)
か　海陽中等教育学校
（入試Ⅰ・Ⅱ）(T01)
（特別給費生選抜）(T02)
久留米大附設中学(Y04)
さ　栄東中学(東大・難関大)(Q09)
栄東中学(東大特待)(Q10)
狭山ヶ丘高校付属中学(Q01)
芝浦工業大柏中学(P14)
渋谷教育学園幕張中学(P09)
城北埼玉中学(Q07)
昭和学院秀英中学(P05)
清真学園中学(S01)
西南学院中学(Y02)
西武学園文理中学(Q03)
西武台新座中学(Q02)
専修大松戸中学(P13)
た　筑紫女学園中学(Y03)
千葉日本大第一中学(P07)
千葉明徳中学(P12)
東海大付属浦安高中等部(P06)
東邦大付属東邦中学(P08)
東洋大附属牛久中学(S02)
獨協埼玉中学(Q08)
な　長崎日本大中学(Y01)
成田高校付属中学(P15)
は　函館ラ・サール中学(X01)
日出学園中学(P03)
福岡大附属大濠中学(Y05)
北嶺中学(X03)
細田学園中学(Q04)
や　八千代松陰中学(P10)
ら　ラ・サール中学(Y07)
立命館慶祥中学(X02)
立教新座中学(Q05)
わ　早稲田佐賀中学(Y06)

公立中高一貫校ラインナップ

北海道　市立札幌開成中等教育学校(J22)
宮　城　宮城県仙台二華・古川黎明中学校(J17)
市立仙台青陵中等教育学校(J33)
山　形　県立東桜学館・致道館中学校(J27)
茨　城　茨城県立中学・中等教育学校(J09)
栃　木　県立宇都宮東・佐野・矢板東高校附属中学校(J11)
群　馬　県立中央・市立四ツ葉学園中等教育学校・
市立太田中学校(J10)
埼　玉　市立浦和中学校(J06)
県立伊奈学園中学校(J31)
さいたま市立大宮国際中等教育学校(J32)
川口市立高等学校附属中学校(J35)
千　葉　県立千葉・東葛飾中学校(J07)
市立稲毛国際中等教育学校(J25)
東　京　区立九段中等教育学校(J21)
都立大泉高等学校附属中学校(J28)
都立両国高等学校附属中学校(J01)
都立白鷗高等学校附属中学校(J02)
都立富士高等学校附属中学校(J03)
都立三鷹中等教育学校(J29)
都立南多摩中等教育学校(J30)
都立武蔵高等学校附属中学校(J04)
都立立川国際中等教育学校(J05)
都立小石川中等教育学校(J23)
都立桜修館中等教育学校(J24)
神奈川　川崎市立川崎高等学校附属中学校(J26)
県立平塚・相模原中等教育学校(J08)
横浜市立南高等学校附属中学校(J20)
横浜サイエンスフロンティア高校附属中学校(J34)
広　島　県立広島中学校(J16)
県立三次中学校(J37)
徳　島　県立城ノ内中等教育学校・富岡東・川島中学校(J18)
愛　媛　県立今治東・松山西中等教育学校(J19)
福　岡　福岡県立中学校・中等教育学校(J12)
佐　賀　県立香楠・致遠館・唐津東・武雄青陵中学校(J13)
宮　崎　県立五ヶ瀬中等教育学校・宮崎西・都城泉ヶ丘高校附属中学校(J15)
長　崎　県立長崎東・佐世保北・諫早高校附属中学校(J14)

公立中高一貫校「適性検査対策」問題集シリーズ

総合編　作文問題編　資料問題編　数と図形編　生活と科学編　実力確認テスト編

私立中・高スクールガイド
THE《ザ》 私立
私立中学＆高校の学校生活がわかる！

東京学参の

高校別入試過去問題シリーズ

＊出版校は一部変更することがあります。一覧にない学校はお問い合わせください。

東京ラインナップ

あ 愛国高校(A59)
青山学院高等部(A16)★
桜美林高校(A37)
お茶の水女子大附属高校(A04)
か 開成高校(A05)★
共立女子第二高校(A40)★
慶應義塾女子高校(A13)
啓明学園高校(A68)★
国学院高校(A30)
国学院大久我山高校(A31)
国際基督教大高校(A06)
小平錦城高校(A61)★
駒澤大高校(A32)
さ 芝浦工業大附属高校(A35)
修徳高校(A52)
城北高校(A21)
専修大附属高校(A28)
創価高校(A66)★
た 拓殖大第一高校(A53)
立川女子高校(A41)
玉川学園高等部(A56)
中央大高校(A19)
中央大杉並高校(A18)★
中央大附属高校(A17)
筑波大附属高校(A01)
筑波大附属駒場高校(A02)
帝京大高校(A60)
東海大菅生高校(A42)
東京学芸大附属高校(A03)
東京農業大第一高校(A39)
桐朋高校(A15)
都立青山高校(A73)★
都立国立高校(A76)★
都立国際高校(A80)★
都立国分寺高校(A78)★
都立新宿高校(A77)★
都立墨田川高校(A81)★
都立立川高校(A75)★
都立戸山高校(A72)★
都立西高校(A71)★
都立八王子東高校(A74)★
都立日比谷高校(A70)★
な 日本大櫻丘高校(A25)
日本大第一高校(A50)
日本大第三高校(A48)
日本大第二高校(A27)
日本大鶴ヶ丘高校(A26)
日本大豊山高校(A23)
は 八王子学園八王子高校(A64)
法政大高校(A29)
ま 明治学院高校(A38)
明治学院東村山高校(A49)
明治大付属中野高校(A33)
明治大付属八王子高校(A67)
明治大付属明治高校(A34)★
明法高校(A63)
わ 早稲田実業学校高等部(A09)
早稲田大高等学院(A07)

神奈川ラインナップ

あ 麻布大附属高校(B04)
アレセイア湘南高校(B24)
か 慶應義塾高校(A11)
神奈川県公立高校特色検査(B00)
さ 相洋高校(B18)
た 立花学園高校(B23)
桐蔭学園高校(B01)
東海大付属相模高校(B03)★
桐光学園高校(B11)
な 日本大高校(B06)
日本大藤沢高校(B07)
は 平塚学園高校(B22)
藤沢翔陵高校(B08)
法政大国際高校(B17)
法政大第二高校(B02)★
や 山手学院高校(B09)
横須賀学院高校(B20)
横浜商科大高校(B05)
横浜市立横浜サイエンスフロンティア高校(B70)
横浜翠陵高校(B14)
横浜清風高校(B10)
横浜創英高校(B21)
横浜隼人高校(B16)
横浜富士見丘学園高校(B25)

千葉ラインナップ

あ 愛国学園大附属四街道高校(C26)
我孫子二階堂高校(C17)
市川高校(C01)★
か 敬愛学園高校(C15)
さ 芝浦工業大柏高校(C09)
渋谷教育学園幕張高校(C16)★
翔凜高校(C34)
昭和学院秀英高校(C23)
専修大松戸高校(C02)
た 千葉英和高校(C18)
千葉敬愛高校(C05)
千葉経済大附属高校(C27)
千葉日本大第一高校(C06)★
千葉明徳高校(C20)
千葉黎明高校(C24)
東海大付属浦安高校(C03)
東京学館高校(C14)
東京学館浦安高校(C31)
な 日本体育大柏高校(C30)
日本大習志野高校(C07)
は 日出学園高校(C08)
や 八千代松陰高校(C12)
ら 流通経済大付属柏高校(C19)★

埼玉ラインナップ

あ 浦和学院高校(D21)
大妻嵐山高校(D04)★
か 開智高校(D08)
開智未来高校(D13)★
春日部共栄高校(D07)
川越東高校(D12)
慶應義塾志木高校(A12)
さ 埼玉栄高校(D09)
栄東高校(D14)
狭山ヶ丘高校(D24)
昌平高校(D23)
西武学園文理高校(D10)
西武台高校(D06)
た 東京農業大第三高校(D18)
は 武南高校(D05)
本庄東高校(D20)
や 山村国際高校(D19)
ら 立教新座高校(A14)
わ 早稲田大本庄高等学院(A10)

北関東・甲信越ラインナップ

あ 愛国学園大附属龍ヶ崎高校(E07)
宇都宮短大附属高校(E24)
か 鹿島学園高校(E08)
霞ヶ浦高校(E03)
共愛学園高校(E31)
甲陵高校(E43)
国立高等専門学校(A00)
さ 作新学院高校
（トップ英進・英進部）(E21)
（情報科学・総合進学部）(E22)
常総学院高校(E04)
た 中越高校(R03)＊
土浦日本大高校(E01)
東洋大附属牛久高校(E02)
な 新潟青陵高校(R02)
新潟明訓高校(R04)
日本文理高校(R01)
は 白鷗大足利高校(E25)
ま 前橋育英高校(E32)
や 山梨学院高校(E41)

中京圏ラインナップ

あ 愛知高校(F02)
愛知啓成高校(F09)
愛知工業大名電高校(F06)
愛知みずほ大瑞穂高校(F25)
暁高校（3年制）(F50)
鶯谷高校(F60)
栄徳高校(F29)
桜花学園高校(F14)
岡崎城西高校(F34)
か 岐阜聖徳学園高校(F62)
岐阜東高校(F61)
享栄高校(F18)
さ 桜丘高校(F36)
至学館高校(F19)
椙山女学園高校(F10)
鈴鹿高校(F53)
星城高校(F27)★
誠信高校(F33)
清林館高校(F16)★
た 大成高校(F28)
大同大大同高校(F30)
高田高校(F51)
滝高校(F03)★
中京高校(F63)
中京大附属中京高校(F11)★
中部大春日丘高校(F26)★
中部大第一高校(F32)
津田学園高校(F54)
東海高校(F04)★
東海学園高校(F20)
東邦高校(F12)
同朋高校(F22)
豊田大谷高校(F35)
な 名古屋高校(F13)
名古屋大谷高校(F23)
名古屋経済大市邨高校(F08)
名古屋経済大高蔵高校(F05)
名古屋女子大高校(F24)
名古屋たちばな高校(F21)
日本福祉大付属高校(F17)
人間環境大附属岡崎高校(F37)
は 光ヶ丘女子高校(F38)
誉高校(F31)
ま 三重高校(F52)
名城大附属高校(F15)

宮城ラインナップ

さ 尚絅学院高校(G02)
聖ウルスラ学院英智高校(G01)★
聖和学園高校(G05)
仙台育英学園高校(G04)
仙台城南高校(G06)
仙台白百合学園高校(G12)
た 東北学院高校(G03)★
東北学院榴ヶ岡高校(G08)
東北高校(G11)
東北生活文化大高校(G10)
常盤木学園高校(G07)
は 古川学園高校(G13)
ま 宮城学院高校(G09)★

北海道ラインナップ

さ 札幌光星高校(H06)
札幌静修高校(H09)
札幌第一高校(H01)
札幌北斗高校(H04)
札幌龍谷学園高校(H08)
は 北海高校(H03)
北海学園札幌高校(H07)
北海道科学大高校(H05)
ら 立命館慶祥高校(H02)

★はリスニング音声データのダウンロード付き。

都道府県別 公立高校入試過去問 シリーズ

- 全国47都道府県別に出版
- 最近数年間の検査問題収録
- リスニングテスト音声対応

公立高校入試対策 問題集シリーズ

- 目標得点別・公立入試の数学（基礎編）
- 実戦問題演習・公立入試の数学（実力錬成編）
- 実戦問題演習・公立入試の英語（基礎編・実力錬成編）
- 形式別演習・公立入試の国語
- 実戦問題演習・公立入試の理科
- 実戦問題演習・公立入試の社会

高校入試特訓問題集 シリーズ

- 英語長文難関攻略33選(改訂版)
- 英語長文テーマ別難関攻略30選
- 英文法難関攻略20選
- 英語難関徹底攻略33選
- 古文完全攻略63選(改訂版)
- 国語融合問題完全攻略30選
- 国語長文難関徹底攻略30選
- 国語知識問題完全攻略13選
- 数学の図形と関数・グラフの融合問題完全攻略272選
- 数学難関徹底攻略700選
- 数学の難問80選
- 数学　思考力―規則性とデータの分析と活用―

〈ダウンロードコンテンツについて〉

本問題集のダウンロードコンテンツ、弊社ホームページで配信しております。現在ご利用いただけるのは「2025年度受験用」に対応したもので、**2025年3月末日**までダウンロード可能です。弊社ホームページにアクセスの上、ご利用ください。

※配信期間が終了いたしますと、ご利用いただけませんのでご了承ください。

高校別入試過去問題シリーズ

日出学園高等学校　2025年度

ISBN978-4-8141-2989-8

[発行所] 東京学参株式会社

〒153-0043　東京都目黒区東山2-6-4

書籍の内容についてのお問い合わせは右のQRコードから　⇒

※書籍の内容についてのお電話でのお問い合わせ、本書の内容を超えたご質問には対応できませんのでご了承ください。

2024年6月14日　初版